本书获得国家社会科学基金项目资助：15BGL117

美丽乡村建设中
乡村记忆旅游产品的创新开发研究

MEILI XIANGCUN JIANSHE ZHONG
XIANGCUN JIYI LVYOU CHANPIN DE
CHUANGXIN KAIFA YANJIU

李玉新 杨 晶◎著

经济管理出版社
ECONOMY & MANAGEMENT PUBLISHING HOUSE

图书在版编目（CIP）数据

美丽乡村建设中乡村记忆旅游产品的创新开发研究 /
李玉新，杨晶著. -- 北京：经济管理出版社，2025.
ISBN 978-7-5243-0227-8

Ⅰ．F592.3

中国国家版本馆 CIP 数据核字第 20258ZR735 号

组稿编辑：任爱清
责任编辑：任爱清
责任印制：许　艳
责任校对：陈　颖

出版发行：经济管理出版社
　　　　　（北京市海淀区北蜂窝 8 号中雅大厦 A 座 11 层　100038）
网　　　址：www. E-mp. com. cn
电　　　话：（010）51915602
印　　　刷：唐山玺诚印务有限公司
经　　　销：新华书店
开　　　本：720mm×1000mm /16
印　　　张：16.5
字　　　数：324 千字
版　　　次：2025 年 6 月第 1 版　　2025 年 6 月第 1 次印刷
书　　　号：ISBN 978-7-5243-0227-8
定　　　价：88.00 元

走在希望的田野上
（代序）

玉新博士寄来《美丽乡村建设中乡村记忆旅游产品的创新开发研究》的书稿，从展卷始，三个联想一直盘踞在我的脑海中。

第一个联想关涉两部大作：一部是费孝通先生的《乡土中国》，另一部是周其仁先生的《城乡中国》。费先生的著作初版于1948年，在改革开放后受到广泛关注。从1985年至今，《乡土中国》经多家出版机构再版，被广泛认为是打开传统中国的一把钥匙。周先生的著作出版于2013年，比费先生的书晚了65年。据统计，我国的城镇化率，在新中国建立之初不到11%，到1978年接近18%，至2011年首次超过50%，由此乡土中国转身为城乡中国，城乡统筹成为各界热议的焦点问题。诚如周先生所言：中国虽然大，只有两块地方，一是城市，另一是乡村；中国虽然人口众多，只有两部分人，一部分叫城里人，另外一部分叫乡下人。尽管城市化是现代化的主流，但是若无农村、农业和农民状况的根本改善，不仅国民经济是搞不起来的，社会主义制度的优越性也无从体现。正因如此，党的十九大提出实施乡村振兴战略的重大决策部署，并视之为决胜全面建成小康社会、全面建设社会主义现代化国家的重大历史任务。必须指出，实施乡村振兴战略以来，我国的乡村经济社会发展进入了快车道，城乡关系得到明显改善。其间，乡村旅游获得全面发展，并被实践证明是实现乡村振兴的一条高效路径。

第二个联想有关我国农业人口规模的数据。据最新统计，2024年中国的城镇化率达到67%，比2023年提高0.84个百分点。如果据此认为，中国农业人口数占比不到1/3，则把复杂的现实情况简单化了。2023年，陈锡文先生在"当前农业农村的若干重要问题"一文(载于《中国农村经济》2023年第8期)中指出，中国农业人口数统计有三个口径和三个对应结果，"按在农村居住半年以上的时间算，农村常住人口不到5亿人；加上没在城镇落户的农民工及其家属，就有7亿多农业户籍人口；再加上村委会改居委会、乡镇改街道后，虽然在户籍上农转居了，但人还是农村集体经济组织的成员，于是就有了9亿农村集体经济组织成员。"三个农业人口数据表明，我国的城镇化虽然速度快，但具有鲜明的"半城市化"特征，在当下的城乡中国结构体系中，低估乡村的地位与作用是错误的，高估城镇的承载力是不切实际的，只有统筹城乡发展，才能全面推动中国式现代化的伟大进程。

第三个联想是余光中先生那首脍炙人口的《乡愁》。乡愁是游子对故乡的绵绵思念，是故乡对游子的永远牵引，是人类普遍具有的深刻情感。早在《诗经·小雅·采薇》里，乡愁情绪就得到浓烈渲染，"昔我往矣，杨柳依依；今我来思，雨雪霏霏。"堪称摹写乡愁的千古佳句。唐宋以来，乡愁是诗词歌赋的一大主题，如李白的"举头望明月，低头思故乡"、宋祁的"客眼登楼外，乡愁把酒前"、何景明的"蛮音闻渐异，迢递动乡愁"、管讷的"千里故乡愁共远，一春白日梦相牵"。余光中先生的《乡愁》，一直被认为是现代诗的巅峰之作，感染并撼动了几代中国人，究其缘由，固然脱不开余先生的特殊经历和卓然才情，但也同现代社会与日俱增的流动性相契合。从乡土中国到城乡中国的转变，表现为数亿村民向城市的迁徙，也意味着数亿人的乡愁涌动。从某种程度上讲，乡村旅游是城镇化的伴生物，乡愁是乡村旅游的情感发动机，城镇化水平越高，乡村旅游产业越繁荣，乡村记忆旅游产品开发越发重要。

表达自己的上述三个阅读联想，意在说明，李玉新和杨晶的这部专著具有宏阔的历史背景与鲜明的时代意义。如果我的联想能够引起广大读者的共鸣，或许我们就能更好地理解该著作的内容与价值。

这部专著是玉新博士主持完成的国家社科基金项目研究成果的延伸，因而在结构安排和表达方式上具有严谨的学术风格。但是，作为一名长期耕耘乡村发展与乡村旅游的学者，玉新博士对"知行合一"有着深刻的洞察和自觉。她把乡村建设和乡村记忆产品开发首先放在世界版图中予以考察，旨在总结人类历史经验，并为中国相关实践提供借鉴。她对乡村记忆旅游、乡村记忆旅游产品、乡村记忆语境下的旅游体验等专题内容的研究，既引入了多学科的理论与方法，又始终立足于旅游市场经济的土壤之中。第八、第九两章均为案例研究成果，突出了由下而上、从经验研究到有限抽象的实证科学法则。第十、第十一两章的内容指向现实，体现出"经世济用"的良好学风，让人读出了王阳明所谓"知是行的主意，行是知的工夫"的深意来。

无须赘言，这部专著的创新性是有目共睹的。当然，无论美丽乡村建设，还是乡村记忆旅游产品开发，都是复杂的研究课题，都是与时俱进的社会话题。从创新扩散的视角出发，我期盼这部专著的问世能够引发一些新的学术讨论，哪怕是激烈的学术争论。玉新博士曾是我指导的硕士研究生，现在是我主持的中国旅游研究院乡村旅游研究基地的专家成员，在我的认识里，她始终是一名纯粹、坚韧、包容的标准学人，一定会乐于迎接一切善意的学术批评。

2025年1月22日，中共中央、国务院印发《乡村全面振兴规划（2024－2027年）》，提出到2027年，乡村全面振兴取得实质性进展，农业农村现代化迈上新台阶；到2035年，乡村全面振兴取得决定性进展，农业现代化基本实现，农村基本具备现代生活条件。美丽乡村一定是具有现代文明的乡村，同时，文明进步意味着乡村传统越来越丰富，意味着乡村记忆越来越丰满，意味着乡村记忆旅游开发的空间越来越广阔。

有必要提及，2011年12月11日，余光中先生在华南理工大学讲学时，曾在千余学生面前亲自朗读了自己为《乡愁》续写的第五段：

> 而未来，
> 乡愁是一道长长的桥梁，
> 你来这头，
> 我去那头！

期待玉新博士在希望的田野上越走越远，越走越宽广。

是为序！

马波

2025年2月14日

于青岛听涛庐

前 言
PREFACE

　　我国正在统筹推进新型城镇化和乡村全面振兴，在发展中保持乡村特色是各国的共识，依托乡村特色自然文化资源发展旅游业可以带动乡村建设，研究美丽乡村建设中乡村记忆旅游产品的创新开发很有必要。本书通过采用文献分析法、调查研究法以及案例分析法等对我国典型地区游客及目的地进行了研究。研究发现，乡村记忆旅游是乡村旅游的核心部分，包含多样化的旅游方式。选择实验数据表明，大多数的城市居民被乡村特色吸引，每年都有多次旅游行为；受访者对传统文化、特色食宿以及管理服务支付意愿较为强烈，而自然环境达到一定程度即可，娱乐项目受欢迎程度较低，不同游客偏好异质性比较明显。支付意愿法分析结果表明，城市居民对乡村非使用价值强烈认同，并且具有较强的帮扶意愿，方式多样。结构方程分析发现，乡村记忆也会影响旅游体验、幸福感以及乡村认同。案例研究表明，在美丽乡村建设中引入乡村记忆旅游开发可以促进乡村系统自组织，实现美丽乡村建设与旅游发展"双赢"。根据以上研究结果可以得出以下结论：在美丽乡村建设过程中，必须保持乡村记忆，通过发展旅游振兴乡村路径可行；不仅需要进行产品创新开发，提升游客体验，也需要将设施进行现代化改造；在此过程中还需要构建利益相关者的合作平台，整合内外部资源，重构乡村系统，协同推进乡村旅游高质量发展与乡村全面振兴。

李玉新

2025 年 2 月

目 录
CONTENTS

·第一章·

绪　论

第一节　研究背景

一、现代社会农业与农村功能的变化

作为自然界的一个物种，人类最初只是进行狩猎和采集活动，后来过渡到原始农业生产活动。围绕农业生产，世界各地都出现过高度发达的农业文明，产生了政权、社会制度、风俗习惯以及宗教哲学，深刻影响着人类文明的进程。进入工业社会以后，虽然工业生产作为主流的经济形态占有更为重要的地位，但是在全社会，农业仍然发挥着不可替代的功能，除提供食物外，还发挥着重要的生态服务功能。由于各地的自然条件的差异，农业生产具有不同的形式，既包括种植业，也包括林业、牧业、渔业。自古以来，这几种生产形式可以满足人们不同季节对食物的基本需求，对人类生存和繁衍起到重要作用。现代农业不仅要满足人们对食物越来越高的需求，还需要为人类营造更好的生存环境以及提供游憩机会，在人类聚居的城市周边表现得尤为明显，尤其是在人口密集的大都市，往往会形成与传统农业功能相异的都市农业，而且，传统农业正在向具有多元化功能的现代农业转变，与各个行业融合越来越紧密，拥有越来越多的内涵，在经济社会和生态等方面都发挥着重要的作用。作为农业生产场所的乡村地区，新时期的建设与未来的发展需要审视农业本身承载的历史的和现代的各项功能，掌握和顺应变化规律，促进人类社会和自然生态的和谐，以及保留传统农业承载的精神财富。

人类从最初的山洞群居，到原始社会的部落，再到封建社会，无论是以种植业为主，还是以牧业、渔业为主，甚至在林区，都以宗族、各种社会关系为纽带的共同居住为主要特征，居住的空间被称为农村或乡村。世界各国的乡村地区，不仅是农村居民的居住空间，还是一种生产组织形式、当地特色文化的展示空间，以及传统文化和社会的载体，都具有社区的含义和功能。联合国教科文组织

已经意识到一些传统村落的独特价值和存在价值，将一些国家典型的传统村落列入世界文化遗产。目前，发达国家已经完成了城市化，发展中国家处于城镇化的进程中，大量农村人口移居到城镇，传统农业逐渐被现代农业替代，乡村地区的产业结构和居住人群不断发生变化，功能也发生了改变：一些新功能被赋予，但同时可能伴有原有功能的丧失。为了最大限度地发挥传统乡村地区的功能，一方面需要强化传统功能，另一方面需要在此基础上增加新功能，与原有功能较好地结合：在产业结构上，仍然要保持传统农业的优点，发展现代农业，并且引入物流、信息、创意、加工业等产业，做深做强农业；保持人居环境和生态环境的和谐，引入养老、养生等产业；加强建筑和民俗文化的保护，开展旅游、科考等活动。在这种发展方式下，乡村地区不仅可以为当地居民提供更好的"三生"空间，也能为旅游者和外来工作人员创造更大的价值。

二、我国农业农村现代化的必然要求

城镇化是一个国家或地区发展中的必然过程，北美和欧洲等发达国家或地区都已经完成了城镇化，与我国相邻的东亚国家如日本和韩国也有大量农村居民迁往城市，在形成大都市圈的同时，乡村人口持续减少和老化。近几十年，我国农村人口也持续向城市流动，包括大量农民进城务工以及农村大学生和少量农民创业者留居城市，但农民工不能在城市定居引发了一系列社会问题，影响了社会整体的公平与效率。2011年，我国城镇化率已经超过50%，形成了大城市、中小城市与城镇并存的城镇体系，进入城镇化的中期阶段。但是，以往的城镇化模式暴露出大量问题（倪鹏飞，2013）。在这种情况下，新型城镇化方式被提出，摒弃了以往城镇化的模式，在空间上要保留绿水青山和传统村落，大城市、中小城市和农村社区协调发展，而且，无论是城市和还是农村，都将享受均等的基础设施和公共服务。为达到建设目标，需要考虑补充和完善传统农村不具备的多项功能，新的建设与传统建筑和设施的保留可能会面临冲突，新的产业也可能对传统的农业生产造成冲击，外来资本进入也可能产生新的组织形式，现代公司需要的契约精神与社区原有的以道德为约束的准则并不相符，原有社区的传统观念、行为方式、风俗习惯都可能在发展中改变甚至消失。面对新型城镇化给小城镇建设和农村建设带来的机遇与挑战，必须采取多方面的措施予以应对，尽最大可能在指导原则下解决各类问题。

我国如期实现了小康目标之后，进入全面建设社会主义现代化国家阶段，农业农村现代化是重要的组成部分，而且也是最具挑战的部分。党的十九大提出了实施乡村振兴战略，以面向农业农村现代化为总目标，从生态、产业、组织、人才、文化五个方面全面推进。从我国乡村的具体情况来看，一些农村地区刚刚脱离贫困，大量农村地区的基础设施和公共服务水平较低，农业生产脱离市场，效益低下，农村人口正以各种方式逃离农村。随之而来的不仅是经济凋敝、社会涣散、文化消失，还有日益恶化的环境。历史上支撑中国乡土社会的村落正在快速消失。据农村研究学者调查发现，偏远山区的农村生活条件和生产条件较差，导致很多人搬离；城郊农村不同程度地被大拆大建，导致村落特征消失。即使有些村落还有村民居住，宗祠等传统建筑以及乡村手工艺和艺术也在消失，中华传统美德在一些地区被功利化的理念取代(朱启臻等，2014)。农村发展一直是我国党和政府的工作重点。2004 年以来，中共中央和国务院一号文件都是关于农业农村发展问题的，不仅取消了农业税，还在农村发展现代农业和各种新产业，大力改善农村环境和基础设施，并在 2013 年提出"美丽乡村"建设方案，农村面貌得以改善。党的二十大提出在 2035 年实现农业农村现代化的目标以及建设农业强国的远景目标，农村发展任务依然艰巨。

三、乡村多元价值亟须保护

历史上，农业社会的乡村地区生活着大部分人口，一切生产、生活都围绕土地开展，随着经济社会发展而不断进行传承和变迁，显示出自身的生机和活力。在此基础上形成的乡村聚落具有多方面的价值。在城镇化的冲击下，乡村地区的生产生活方式产生了巨大变化，小农经济和乡土社会不断瓦解，但仍然具有重要价值，需要在新的条件下进行保护性开发，才能保留传统价值和增加新的价值。

乡村地区尤其是传统村落为依旧生活在农村地区的居民提供了生产空间。即使在城镇化率非常高的发达国家，农业生产也并未停止，村落也没有完全消失。我国人口众多，农村地区依然居住着大量人口，无论是从事传统农业还是现代农业，仍然需要依靠农村大面积土地进行生产。虽然农业部门在国民生产总值中的比例不断下降，但农业生产关系到粮食安全问题，其重要价值不言而喻。农田生态系统是一类重要的生态系统，是人类适应自然和改造自然的成果。虽然经过人类干预，但也具有其他自然生态系统的价值和功能，在维持生物多样性、固氮、保持水土等多个方面发挥着重要作用。同时，田园风光具有美学和艺术价值，能够给人以灵感和启迪，因而具有游憩价值。散落分布在乡村地区的农村居民点经常是当地居民和农村新居民的生活场所。相比城镇，农村地区更加贴近自然，具有良好的生态环境，生活节奏慢，居民之间信任程度高，吸引一部分偏好农村生活的城市居民。同时，有一些当地居民已经习惯了这种生活方式，不愿意迁移。

因此，农村地区仍然是人类居住的重要生活空间。

乡村地区除是重要的"三生"空间之外，还是传统社会和文化存在的基础。我国传统乡土社会具有典型特征，以个人为核心形成差序格局，关系起到重要作用，依靠礼制、宗族和宗法制度进行治理，乡村精英在维持社会运转中起到重要作用。这种社会具有一定的存在意义，尤其是社区内部自治在封建时期对稳定社会起到积极作用，至今依然不可忽视。我国农业社会存在时间较长，农村居民在生产生活以及与自然相处中形成一系列具有特色的文化，既有物质文化，也有非物质文化，包括古建筑、乡村街道与交易场所、宗祠等传统聚落景观，还包括农业生产景观以及土地利用方式、生产生活方式、风俗习惯、精神信仰和历史记录等。这些文化记录了人类过往的历史，具备遗产价值（周睿等，2016）。

工业化和信息化给全社会带来颠覆性的变革，乡村地区也受到较大影响。随着乡村地区人口的减少和经济地位的下降，城乡差距愈加明显，进一步加剧了人口流出和经济萧条，这必将影响乡村价值。在新时期，我们需要对乡村价值进行重新审视，以便在乡村发展中增强这些价值。城镇化仍然需要乡村地区具备生产价值，但不同于以往的小农经济只用于农村居民自给自足，现代农业需要参与社会化大生产，需要参与市场交换和贸易，但这并非否定小农经济的生产。传统种植业在生态、文化、经济等方面仍具有重要价值，在整体生态系统中也具有重要意义。现代农业经济效益较高，但农村地区仍然需要因地制宜保留传统的生产方式，也可以将传统农业生产和现代农业结合，传承其精华。农村地区的生活空间随着社会发展要求的提高也有着更高水平的基础设施和公共服务，但传统的村落布局和院落功能分区以及与自然相协调的景观需要保留。除此之外，还需要增加服务元素，以满足游客游憩需要。传统农业一直是对自然的适度利用，发挥着重要的生态服务功能，现代农业仍然需要采用自然友好型的发展方式，保护好青山绿水。农村凋敝也造成传统社会特征和传统文化消失，而这些物质和精神遗产仍然具有教育、文化、科学、艺术多方面的价值，也是乡愁的重要组成部分，对中华民族具有重要意义，必须采用多样化的方式予以保护。

四、乡村旅游在高质量发展中的作用日益增强

乡村旅游起源于19世纪70年代的意大利，随着城市化进程的加快受到城市居民的欢迎，20世纪在欧洲、北美和亚太地区得以普及。一方面，随着经济社会的进一步发展，乡村需要依靠自然和文化资源发展旅游业来挽救凋敝的经济，逐渐向消费空间转变。虽然我国乡村旅游起步较晚，但在经济快速增长的驱动

下，发展十分迅速，已经成为旅游业非常重要的组成部分，对乡村振兴也起到积极作用。党的二十届三中全会之后，我国进入全面深化改革、推进中国式现代化的阶段，推动经济高质量发展是其中的重要任务，其中，提振消费是重要的举措之一。我国服务业消费增长潜力较大，旅游业的作用举足轻重，从近期的发展趋势来看，旅游消费增长迅速，已成为拉动内需和就业的重要产业。结合党的二十届三中全会培育乡村新产业新业态的要求，提升乡村旅游发展质量可以提振消费、推进乡村振兴、助力经济高质量发展。另一方面，随着人们工作生活节奏的加快，借助旅游放松身心进行疗愈十分必要，因此，旅游业也是重要的民生行业，而且成为幸福产业之一，乡村旅游作为便利的旅游方式和回归自然的方式，直接关系到城乡居民的生活质量。

在乡村旅游的最初发展阶段，产品仅局限于田园观光、采摘、农事劳作、休闲度假等，一些农场只提供简单的床位加早餐，随着游客需求多样化，乡村旅游产品也逐渐增多。由于乡村旅游可以保护乡村文化和繁荣农村经济，在振兴农村中发挥着重要作用，受到政府的重视，无论是发达国家，还是发展中国家，政府在农村发展计划中都加入了乡村旅游发展计划，而且承担了改善公共服务和基础设施以及指导发展和促进消费的任务。

我国乡村旅游已有几十年的发展历史，最初在大都市周边和景区周边以及重要的交通路线附近，现在已经遍布中小城市和城镇。乡村旅游对我国农村经济发展也起到重要作用，尤其是被中央政府作为重要的产业扶贫手段，取得了不错的成效。我国乡村旅游资源丰富，包括不同地区特色自然环境、田园风光和传统古村落，还有劳作方式、民俗节庆等非物质文化，但是，单一、低层次的产品已经不能满足现代乡村旅游者的需要。在多数地区，许多乡村旅游项目仍局限于农村观光和农事劳作或农家生活方式的体验，缺乏休闲和度假设施，没有专门层次的产品，对资源的深度利用不足。我国农村地区基础设施严重落后于城市，不仅在水电、通信设施供应方面落后于城市，在制约可进入性的道路方面也存在较大差距，一些资源富集的乡村地区因此不能开展旅游活动。大部分发展旅游的乡村地区最初依托农村居民的房屋作为接待设施，虽然具有一定的特色，但卫生状况、舒适度却越来越难以满足游客需求，服务水平和管理方面也屡屡暴露出诸多问题，制约了乡村旅游进一步发展。另外，城市居民需求增长迅速，供需存在缺口和差距，乡村旅游需要进行转型升级才能满足需求，达到通过旅游拉动乡村经济和保持乡土社会特征以及传统文化的目的。

随着我国城市化率的提高，乡村各种旅游资源会吸引越来越多的城市居民，尤其是和中国传统文化密切相连的乡村景观、意境以及民俗、聚落景观，可以满足人们对传统乡村的回忆，承载着中华民族的乡愁，合理开发这些资源不仅可以传承文化，还能够满足人们多种需要。在城乡融合发展的背景下，承载乡村记忆的旅游资源需要和美丽乡村建设进行全面结合，采用创新手段，融入时尚元素和科学技术手段，借助多方面的力量，开发具有观光、体验、休闲度假、科考、会议、康养等多功能的旅游项目，同时加强基础设施和服务设施建设，提升管理和服务水平，促进乡村旅游转型升级。

第二节　研究目的与意义

一、研究目的

(一)分析乡村建设与乡村旅游的联系

通过查阅文献总结国外乡村记忆旅游产品类型、特征、形式与未来的开发趋势，分析各国农村建设与发展的特点以及与乡村记忆旅游产品的开发之间的联系；发现游客需求变化规律及影响因素，分析美丽乡村与乡村记忆旅游产品的耦合关系，研究不同美丽乡村建设条件下乡村记忆旅游产品的开发创新案例。通过查阅资料、与经营者交流、实地考察，厘清我国乡村记忆旅游产品开发主体、产品开发现状，政府出台的相关政策与采取的支持措施，利益相关者的参与情况。通过分析国外可供借鉴的经验、我国的优势与不足之处，以及如何发挥现有优势，克服面临的障碍以实现高质量发展。

(二)厘清乡村记忆旅游产品需求

通过以上发现，明晰乡村记忆旅游资源的范围、类型、特征，可以开发的内容、形式，产品之间的关联和组合。通过对潜在游客的访谈及问卷调查，发现游客对乡村记忆旅游产品的需求特征、不同游客间的差异及影响因素，调查游客支付意愿及影响因素。通过访谈、调查，发现游客对乡村记忆各属性及管理和服务的需求。进一步分析城市居民对乡村记忆保护的支付意愿及旅游从中发挥的作用，并验证乡村记忆对旅游体验生成的具体影响。

(三)揭示乡村记忆旅游产品创新的规律

通过典型的成功开发的案例研究，充分借鉴国内外经验及其他产品开发的经验，对乡村记忆旅游产品开发的具体产品设计和运营模式、原有乡村存量资源和美丽乡村建设中获得的新资源在旅游开发中的利用，以及利益相关者合作延长乡村旅游产业链等方面进行探索，寻求与乡村生态与文化的保护以及农村新的发展趋势相结合的发展道路。主要研究以下四个方面的创新案例：①集中各种乡村记忆旅游资源，结合现代元素形成产品体系；②结合美丽乡村建设对原有产品功能进行提升，增加商旅、康养、养老、会议、健身等新功能；③多元主体参与的乡村记忆旅游产业链的培育与形成；④将乡村记忆元素与当地传统产业与新产业相融合进行特色开发。

(四)总结美丽乡村建设中乡村记忆旅游产品创新的路径与政策

在分析我国目前乡村记忆保护与旅游产品开发的基础上，结合游客需求调查的结论及国内外成功案例和已有的成功经验，总结美丽乡村和乡村记忆旅游开发相互结合的一般路径，重点研究人才、土地、资源要素配置和多功能利用及利益相关者的合作机制与政策支持问题。

二、研究意义

(一)理论意义

20世纪中叶，乡村旅游已经被从事农村研究和旅游研究的学者纳入相关的研究范围，但至今并没有形成统一的定义和权威的分类方法以及评价体系。作为乡村旅游组成部分的乡村记忆旅游资源概念尚不清晰，范围和分类也未确定，对产品类型和表现形式也缺乏总结。尤其近一个世纪以来，农村变迁加速和旅游需求快速变化导致其内涵和外延以及范围都具有不确定性。本书将乡村记忆旅游产品开发放在中国快速城镇化和美丽乡村建设的背景下，研究乡村记忆旅游资源特征和分类以及产品内涵、类型和功能，从一般到特殊，延续和推动乡村旅游相关研究。

有关乡村旅游需求的研究已经较多，以往研究表明有些需求和乡村性关联密切，有些和乡村性无关，本书通过采用问卷调查与访谈等研究方法揭示与乡村记忆有关的需求有哪些、游客对这类旅游产品的需求与属性偏好以及支付意愿如何，借助陈述性偏好的选择实验模型评价乡村记忆旅游产品使用价值，询问非使用价值的存在和遗产价值，补充目前已有研究的不足以供同行参考。

本书将乡村记忆旅游产品开发与美丽乡村建设相结合，研究不同情况下，美丽乡村建设中进行乡村记忆旅游产品创新的典型案例，从行动者网络理论和系统自组织理论入手剖析了两者耦合，对实践进行了创新性的理论总结。

(二)现实意义

我国正处于快速城镇化阶段，乡村地区村落快速减少，其中一些古村落已经有多年的历史，对中国传统文化传承具有重要价值，而且，新型城镇化也要求保留生态空间和文化灵魂，因此保留乡村记忆是美丽乡村建设任务之一。借助适度的、保护型的旅游开发是保留乡村记忆的重要手段之一，但目前这类产品开发刚刚起步，乡村地区基础设施和公共服务落后，所需投资往往较高，与美丽乡村建设结合可以取得双赢的效果，通过开发多类型、多功能、多种表现形式的乡村记忆产品，并结合农村发展与建设的背景创新开发途径，最终达到保护与适度利用乡村记忆的目的。

城镇化还导致对乡村地区游憩需求的增加，乡村记忆不仅承载着从农村迁入城市居民的乡愁，而且是中华传统文化的根源，可以满足游客寻根探源的需要。另外，旅游需求的变化需要乡村旅游转型升级，产品升级和开发方式的转变是其中的重要组成部分，基于游客对乡村记忆旅游产品的需求，将传统乡村生态、生产和生活等乡村记忆元素进行创新开发，不仅可以改善目前产品单一雷同、效益较低的状况，还能够留住更多游客，创造经济效益，拉动农村就业创业和脱贫，留住绿水青山，促进乡村地区生态、经济、社会和谐发展。

我国旅游业发展也随着经济发展不断变革，经济收入增加以及休闲时间的变化使人们增加了周末和短假期的旅游休闲需求，乡村成为这类旅游活动的重要目的地。近几年，乡村旅游在扶贫富农中发挥了重要作用，全域旅游概念被提出之后，充分利用乡村资源、整合多方面的要素，发展旅游业对区域整体经济社会发展能够起到很大的带动作用，研究游客需求、寻求整合路径才能实现发展旅游业以及促进区域发展的目的。

第三节　研究思路与主要内容

一、研究思路

本书的研究首先在文献和理论以及国内外先进实践的基础上，归纳乡村记忆旅游产品的概念、内涵和外延，并通过成因、属性等进行分类，总结这类资源和产品的性质和特征及其在新的条件下具备的旅游功能；其次在此基础上设计调查问卷，研究旅游具体需求、体验的影响因素并进行非使用价值评估；最后总结目前的典型案例，同时结合前面的研究进行进一步策略研究，形成一般性的结论。从研究过程来看，包括准备资料过程、数据获取过程、分析问题过程和解决问题过程。本书研究思路框架如图 1-1 所示。

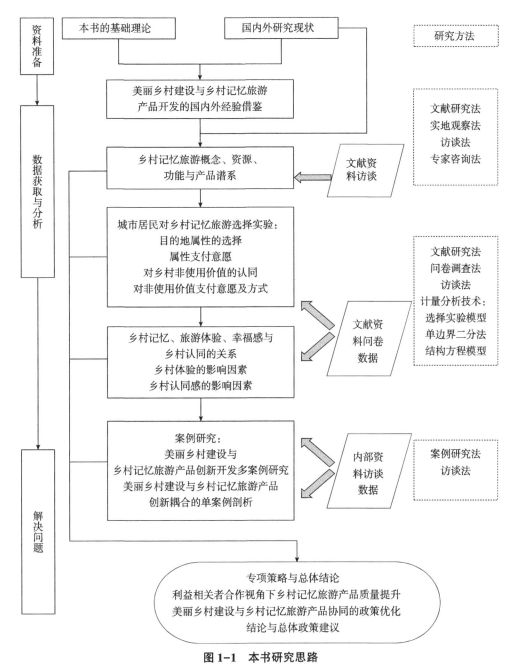

图 1-1 本书研究思路

资料来源：笔者自制。

二、研究内容

（一）乡村记忆旅游产品内涵、类型、功能与开发中的问题分析

本书采用文献分析、实地考察以及国内外的对比研究，界定了乡村记忆旅游产品的内涵和外延，划分出基本类型；研究该类产品在美丽乡村建设生态、经济、社会、文化等方面的作用以及满足游客观光、休闲、度假、求知等各种功能；通过考察已经进行乡村记忆旅游开发实践的浙江、山东等地，研究开发保护的宏观环境以及内部的微观要素投入、组织方式、产业联系以及社区支持参与，发现开发存在的障碍、负面影响以及影响效益的因素。

（二）游客对乡村记忆旅游产品的需求、偏好及支付意愿研究

调查城市居民对乡村记忆旅游产品功能、品质、表现形式的需求与影响因素；采用意愿支付法评估游客对乡村记忆旅游产品的使用价值、存在价值、选择价值与遗产价值的支付意愿；采用选择实验法研究游客对乡村记忆旅游产品生态性、物质性、精神性以及舒适性等属性的偏好；在已经开展乡村旅游的地区对游客行为进行调查，进一步研究乡村记忆与旅游体验、幸福感以及乡村认同的关联性。

（三）乡村记忆旅游产品创新研究

在前两部分研究的基础上，选择国内不同类型的已经开展乡村记忆旅游的"中国美丽乡村"，在现有产品基础上进行全方位的创新案例研究。主要体现在以下四个方面：①结合生态保护、文化挖掘充分利用乡村资源，对现有产品进行补充和完善，形成以乡村记忆为特色的产品体系；②结合农村现代化、信息化建设以及乡村基础设施和服务设施完善，在保护乡村记忆的基础上融入现代元素，对产品功能进一步提升，促进乡村记忆旅游产品涵盖观光、休闲、度假以及养生、摄影、科考等专项功能，开发涵盖吃、住、行、游、购、娱六大要素的旅游产品，并积极拓展商务旅游、研学旅游、养生旅游等新业态，形成本土特色、传承乡村记忆的产业链；③研究社区与外部力量如何参与，解决旅游发展的要素配置问题；④研究美丽乡村建设中乡村旅游如何进行管理创新。

（四）乡村记忆旅游产品创新开发策略研究

考虑"美丽乡村"对乡村记忆旅游产品的约束条件和内在要求，确定乡村记忆旅游产品保护与开发目标、不同类型产品适合的开发模式；结合目前乡村记忆旅游产品开发中存在的问题及原因，研究乡村记忆如何融入农村地区一、二、三产业，如何将传承保护与美丽乡村建设相互结合，实现保护与发展的"双赢"；

注重研究土地、资源与能源等要素如何发挥多功能性、循环利用以及产生更大的经济、社会、文化与生态效益；探索建立以社区和社区居民为主体，政府、企业、专家、游客与旅游志愿者广泛参与的分工合作机制、利益分配机制和冲突协调机制，以保证保留乡村记忆并实现产品开发；对现有的国家政策进行回顾，给出进一步优化的建议。

在以上四个研究中，主要解决以下三个科学问题：①乡村记忆旅游资源、产品、概念和分类以及特征；②游客对这类旅游产品的需求特征，包括动机、需求差异、支付意愿以及背后的影响因素；③现有成功产品的开发模式。解决这些问题不但需要密切关注乡村旅游尤其是乡村记忆旅游的起源与发展历程，还需要相关利益主体通过各种途径表达自己的观点，并要通过实地调研和关键人物访谈提取重要信息推导出结论。重点问题有两个：①要找出符合游客需求的乡村记忆旅游产品，对其具有更加明确的认识；②需要寻找与美丽乡村建设相结合的创新开发方式，以便在城镇化进程中控制乡村记忆的消失，能够保留传统文化和良好的生态以及多姿多彩的民俗。

第四节　研究方法

一、文献分析法

与本书研究相关的文献众多，一方面需要从心理学角度理解人类群体记忆形成的原因与特点、记忆内容以及对行为的影响，由此可以推导出可能的乡村记忆旅游资源以及适合的产品；另一方面需要查找旅游相关文献，包括发表在期刊的文献以及互联网文献资料，分析以往研究者的观点以及对游客调查得出的结论。除此之外，本书还参考旅游公司利用预定大数据的分析和调查得出的结论，并充分利用互联网大数据，浏览旅游在线预订平台、旅游社区分享的文本、图片和视频资料，并且查阅国家层面和部门层面出台的政策文本。借助以上各种文献的分析，研究乡村记忆旅游产品范围，总结共性形成概念；总结国内外乡村记忆旅游产品开发与农村建设的互动关系以及开发中出现的问题，发现游客可能的动机和偏好；并借鉴国内外成功经验进行产品创新以及制定具体策略。

二、实地研究法

乡村记忆旅游涉及的问题比较复杂，需要对一些开发成功的典型进行实地考察，观察资源种类，开发的产品形式、功能，游客选择类型、组织形式以及他们的满意度。实地考察典型还包括其他类型产品的开发，如历史街区开发以及博物馆开发等。通过对这些方面进行实地观察与考察，总结该类产品开发现状、存在的问题以及与美丽乡村建设相互结合和冲突；结合文献分析研究乡村记忆旅游产品开发与美丽乡村建设的全面融合所采取的具体措施。

三、调查研究法

在实地观察和文献分析基础上，为获得更加详细的一手资料以及了解背后的原因规律，本书采用问卷调查、结构化访谈和非结构化访谈等多种方式，选择合适的调查对象和适量的样本，获得足够的数据，同时进行深度访谈以及进行进一步实地观察。

在调查研究的基础上，获得适量的调查数据，采用描述性统计方法研究游客对乡村记忆旅游产品的感知、需求以及具体的行为；在不同类型的城市进行城市居民的陈述性偏好下的选择实验，采用计量经济学方法揭示他们对目的地属性的偏好以及支付意愿异质性，并且利用潜分类模型进行分类；利用结构方程模型衡量游客体验的影响因素、乡村记忆对旅游体验的影响；计算城市居民对乡村非使用价值的支付意愿。

四、案例研究法

目前，我国乡村记忆旅游产品开发正在逐步深入，与美丽乡村的结合也已经有一定的经验，选择这些案例从某个方面进行深入研究可以得出科学的结论。本书选择了国内先进典型的美丽乡村建设中乡村记忆旅游产品开发的成功案例，对这些案例进行深入剖析和研究，分析乡村旅游产品类型、体系与表现形式，研究集约化开发中各投入要素的结合模式以及具体的开发策略。

五、跨学科研究法

旅游业具有很强的系统性，又和各行各业相互渗透，所含要素组成了庞大的旅游系统。旅游本身既是一种经济行为，也是一种社会现象，还是一种文化消费，旅游资源来源于自然和人类创造，因此旅游学科与其他学科关联较大。本书研究涉及管理学、经济学、系统科学以及心理学、社会学、人类学等诸多学科知识与方法，当研究的具体对象涉及这些关联学科，这些学科的知识和方法可以被使用，便于更好地揭示现象、归纳总结、探求规律，共同分析乡村记忆旅游产品开发中的问题并寻找解决方案。

结 论

　　首先本章分析了研究背景。一方面，我国农业和农村功能都在发生巨大变化，同时，美丽乡村建设中必须保存我国传统文化承载的乡村记忆。另一方面，乡村旅游面临转型升级，乡村记忆可以开发为旅游产品，满足传承和丰富旅游产品的需要，因此，将乡村记忆旅游开发和美丽乡村建设相结合具有可行性。其次说明了本书的研究目的和意义，主要是分析乡村记忆旅游产品内涵、分类和特征、游客需求以及具体的产品体系和开发策略，这些不仅有助于解决目前学科面临的科学问题，也有助于我国乡村旅游实践。再次阐明了本书的研究思路，经过收集资料、发现问题、分析问题和解决问题并开展研究，具体内容沿着乡村记忆旅游产品的基本问题、游客具体需求与支付意愿、典型案例研究与总结以及一般性的开发策略等几部分展开。最后阐述了研究方法，包括经济学、管理学、人类学、社会学等多学科的方法。

·第二章·

相关概念、基础理论与国内外研究进展

旅游是一类重要的人类行为，自古以来，人类一直都热衷于对自然界及人类社会进行研究和探索，宗教旅游、商务旅游以及知识分子、艺术家的游历活动伴随着人类历史的发展逐渐出现。工业革命之后，生产力的提高使越来越多的人具备闲暇时间和可以支撑旅游的收入，现代旅游活动成为普遍的人类行为。乡村旅游则于更晚的时间出现，例如，19世纪中期，以意大利成立"农业与旅游协会"为标志。在此后的一百多年里，世界许多国家和地区陆续进入城镇化时期，乡村旅游作为一种旅游形式在世界范围内日益普遍。由于城市和乡村存在较大不同，人们怀旧、向往乡村自工业革命开始一直延续至今，乡村性自始至终是乡村旅游的"卖点"。然而，作为乡村旅游的吸引物却随着时代的发展不断创新，日益多元化，乡村旅游功能也在不断增强。各国在城镇化过程中，城乡二元结构以及"中心—外围"的发展模式越来越不适应发展的需要，后工业化时代和城镇化后期采用城乡一体化发展模式是一种必然趋势。在现代化冲击下保留传统乡村是城乡一体化发展阶段必须要处理的一个问题，通过旅游进行保护、传承并加以开发利用则是较好的一个方案。本书建立在相对复杂的历史及发展背景下，只有厘清相关概念及内涵才能对本书研究的框架及涉及的内容有更深入的理解。

当旅游人数达到一定规模时，会产生一定的社会、经济与生态影响，旅游研究必须以这些学科相关理论为基础，才能揭示旅游者、旅游资源以及旅游业的面貌及内部规律，并解释一些现象、原因以及通过相应的方法和手段预测未来。作为旅游研究分支的乡村旅游研究，涉及宏观经济学、微观经济学、公共管理和企业管理、消费者心理行为研究、社会学等多种理论，这些理论为质性和量化研究的方法和手段提供了依据和基础，也是研究的出发点和分析视角。

自20世纪中期以来，对乡村旅游的研究逐渐增多，早期比较注重研究乡村旅游对乡村的影响，尤其是经济和社会影响。20世纪末，学者对乡村旅游概念与特征及其对农村的发展作用进行了较为深入的研究；21世纪以来，旅游者需求也受到关注，不仅研究本真性的追求，也采用更为科学的方法研究具体需求以及对乡村旅游者进行分类。学术界一直关注旅游对乡村生态、经济、社会的影响，方法和手段更加深入；还采用多种方法对旅游目的地或单项产品进行估值。近期对乡村旅游发展的典型模式比较关注，而且在发展过程中的利益主体问题也引起关注，中小企业经营者、社区参与和居民利益保障受到更多重视。这些研究既为了解国内外乡村旅游发展提供了丰富的视角和多样化的方法借鉴，也对研究设计有一定启发，为研究结果提供了对比和验证的基础。本书在一定程度上弥补了以往研究的不足，并为后续研究提供了一定的参考。

第一节　相关概念

一、旅游及乡村旅游概念界定

(一)旅游

我国古代便存在旅游行为，"旅"强调异地性，"游"强调因旅游审美而达到美好的精神境界。但近代旅游业起源于西方，主流定义也源自发达国家学者和组织。

学者和机构从不同的角度出发为"旅游"一词进行过定义，主要有概念性定义和实践性定义两种，艾斯特(Aiest)定义比较有影响力，主张"旅游是非定居者的旅行和暂时居留而引起的现象和关系的总和。这些人不会导致长期定居，并且不牵涉任何赚钱的活动"这一定义揭示了旅游者的主要目的并非定居，也不是为了获得经济收入，而是暂时居留，其引起一系列的现象和关系总和称为旅游。但是探亲访友和因商务产生的旅游行为客观存在，因此，也有学者主张在此基础上，根据客观事实，认为商旅活动也是旅游的组成部分，将旅游定义为"非定居者出于和平目的的旅行和逗留而引起的现象和关系的总和，这些人不会导致在旅游地定居和就业"(李天元和王连义，1999)。

1993年，世界旅游组织从技术性的角度认为"旅游是人们为了获取报酬以外的目的向日常环境以外的地方旅行并在该地停留不超过一年所产生的活动"。该定义非常有利于统计旅游者，也基本上写出了旅游的最基本特征，但是却无法区分各种目的；随着对旅游本质、属性与特征研究的不断深入，一些学者主张旅游定义应该涵盖这三个方面，其本质是寻求愉悦，属性包含消费性、社会性和休闲性，并以暂时性和异地性为主要特征，是一种经历(谢彦君，2011)。

（二）乡村旅游

乡村旅游没有统一的概念，与乡村和旅游业密切相关的组织提出一些概念，世界旅游组织认为"旅游者在乡村（通常是偏远地区的传统乡村）及其附近逗留、学习、体验乡村生活模式的活动。该村庄也可以作为旅游者探索附近地区的基地"是乡村旅游；经济合作与发展组织（OECD）、欧洲联盟（以下简称欧盟，EU）这两个组织在欧洲乡村旅游快速发展阶段提出了"乡村旅游应该是发生在乡村的一系列旅游活动，乡村性是乡村旅游整体推销的核心和卖点"。部分学者也对乡村旅游的概念提出了自己的见解。Inskeep 给出的定义强调了社区视角，认为乡村旅游需要和传统乡村有关，游客和村民参与这种旅游都可以受益。国内一些著名旅游学者也提出了乡村旅游概念，杜江和向萍（1999）认为，乡野农村的风光和活动是乡村旅游的吸引物，并且动机多样化，主要以城市居民为目标市场；吴必虎（2001）从空间角度强调了乡村旅游的发生地是乡村地区；邹统钎（2005）在肯定乡村旅游发生在乡村地区的同时还提出其需要依托乡村性。由此可见，各种概念对发生在乡村地区是没有争议的，是否依托乡村性存在一定争议，世界旅游组织的定义显然没有强调必须依托乡村性，而在现实实践中也有越来越多的与乡村性无关的活动也发生在乡村地区，如一些体育活动以及游乐场可能建在乡村，因此，广义上的乡村旅游较为宽泛，而狭义的乡村旅游还需要以乡村性为依托。本书的核心概念——乡村记忆旅游在狭义的定义上进行了进一步研究，在研究展开时关注广义的乡村旅游，以便更好地解决现实问题。

二、其他相关概念

（一）乡村性

乡村与城市在多个方面呈现不同的特征，如人口密度、聚居规模、聚落之间的连贯性、经济活动、社会结构以及居民生活水平和景观特征等。有观点认为，乡村是以农业生产活动为经济活动的聚落总称，也包括非建制镇的集镇；王声跃和王龚（2015）则认为，乡村是位于城市之间的非城市化的区域，具有特定的经济、社会和自然景观特点。乡村性既是乡村有别于城市的主要特征，也是对城市居民产生吸引的主要原因，因此乡村性的内涵和本质及概念需要厘清。从时间、空间、观念和行为的角度来说，乡村性体现在时间角度代表着传统和过去、生活节奏慢、生产时间遵循自然四季变化；在空间角度表现出自然环境优美、乡村聚落适应自然、具有特色而且注重整体架构体现出传统文化的影响；在观念上遵循天人合一，表现为对自然与社会规律的遵守；在行为方面，农事活动组织性和纪律性较弱，各种活动既包括农场内耕作，也包括农场外的游憩以及娱乐和节事的参与和体验（这也是重要的旅游吸引物之一）（朱启臻和鲁可荣，2008）。由此可见，乡村性的定义来自与城市不同的、专属于乡村的本质属性，包括乡村空间呈现的各种自然环境、乡村聚落、农事活动以及生活方式和可感知的深层次的各种价值（李开宇和张传时，2011）。

（二）城乡一体化

由于大多数的乡村地区以农业生产为主，聚居规模比较小，许多地区未采用先进的生产方式，导致生产效率低下，一些公共服务因人均成本较高而缺失，城乡居民在收入上也存在较大的差距，在某些权利方面也有较大的不同。世界上的发达国家城乡差距并不明显，城乡一体化是因二元经济结构即城乡发展不平衡而出现的阶段性发展目标，未来随着城乡要素市场逐步统一，会实现国家公共服务和城乡居民权利均等（党国英，2016）。同样，专家和决策者对城乡一体化认识并不统一，有的学者主张城乡一体化是一种过程并非结果；也有学者认为城乡一体化要在市场、生态环境、政治、就业与社会保障、空间布局、产业布局、社会发展多个层面实现一体化（王景新等，2005）。

（三）集体记忆

记忆是人类基本的生理功能之一，从社会学视角进行研究源自 20 世纪 80 年代，哈瓦布赫最先将集体记忆概念确定为"一个特定社会群体成员共享往事的过程和结果"。他认为脱离社会的个体记忆是不存在的，集体记忆会不断变化；有些学者还认为集体记忆是有选择性的，甚至是扭曲的或者错误的，这是由于群体的心理倾向导致的（邵鹏，2016）。

第二节　基础理论

一、二元经济结构理论

城乡发展的不平衡在中国等发展中国家以及发达国家工业化发展初期普遍存在，形成城市和农村两个不同的发展部门，在这种二元经济结构下如何发展是发展经济学始终关注的问题，因此，二元经济结构理论成为发展经济学的奠基理论。刘易斯因为系统论述了发展中国家的二元经济结构获得了诺贝尔经济学奖，并提出刘易斯发展模式。该模式建立在两个假设前提下，其中一个就是存在非资本主义部门和资本主义部门，两者的典型代表分别是农业部门和工业部门；另一个假设前提是劳动力无限供给，因为存在差距，现代部门在第一阶段可以源源不断地从农业部门获取闲置劳动力，当资本积累超过劳动力供给，会出现工资增长。拉尼斯—费模式认为二元经济结构转换要经历三个阶段，在这个过程中，农业边际生产率会因为现代农业而增长，劳动力的增长需要高于人口增长。后来的乔根森更重视农业发展和技术进步，托达罗找出了农业人口流入城市的影响因素是城乡预期收入差异和城市部门的失业率，可见，解决发展国家的问题需要发展农村经济(李冰，2013)。

二元经济结构理论在发展中国家具有普遍性，也成为解决这些国家发展问题的重要理论。在发展实践中，农村劳动力流向城市生产部门，使之获得发展所需的劳动力，同步推动城镇化，但是，也出现了农村凋敝和落后的现象，由此看来仅从劳动力转移角度来解决发展中国家的发展问题并不完全正确。我国地域广大，1949年之前工业较为落后，农村以自给自足的自然经济为特征；1949年之后的计划经济体制强化了二元经济结构，在这一时期我国建立了工业体系；1978年农村改革建立乡镇企业，农村也具备了工业生产的条件，苏南一些地区获得迅速发展(胡鞍钢和马伟，2012)。

我国学者认为，二元结构理论在中国存在一定的特殊性，如双层二元结构理论认为，我国农村社会传统农业和现代农业以及农村工业并存，而城市也是传统工业和现代工业并存(任保平，2004)；一些学者还提出了"三元经济结构"理论，在新中国成立之后，农村地区工业和传统农业并存，还有城市工业共三种经济部门(陈吉元和胡必亮，1994)；胡鞍钢和马伟(2012)提出，1992年后我国存在乡镇企业、农业部门以及城镇正规部门和非正规部门的"四元经济结构"；发展经济学奠基人张培刚认为，中国的现实状况更为复杂，由于地理环境和社会经济发展的历史背景不同，存在最为先进的东部和东南部、较为先进的中部和最为落后的西部地区，在生产技术与生产规模上存在巨大差异(李冰，2013)。这些理论都是对"二元结构理论"在中国进一步深入的研究，也突破了二元经济结构理论的局限。无论哪一种分析或者二元结构理论本身，都是为了解决发展问题，但单一依靠农村部门劳动力向城市部门流动并不能真正解决问题，城乡一体化发展或城乡融合发展在发达国家和发展中国家都受到较高的重视。

我国一直重视农村的发展，新中国成立以后也曾进行农村工业化的尝试，乡镇企业在一定历史时期也为非农就业和经济增长贡献良多，但发展问题并非仅为经济发展问题，还存在公共服务、环境、社会等多方面的问题，它们相互联系，在城镇化发展过程中日益突出。发达国家城乡发展较为均衡，城乡收入差距较小，一体化和融合发展特色明显，基本消除了二元经济结构。城乡共同发展问题也一直受到政府的重视，不同时期采用了结合、协调、统筹以及融合发展的策略，学者也提出应从不同角度进行城乡一体化发展。在实践层面，上海的"城乡统筹模式"、北京的"工农协作、城乡结合"以及苏南的"乡镇企业带动模式"都具有一定意义（刘家强等，2005）。2002 年，党的十六大和党的十六届三中全会逐步重视统筹城乡发展。在深化改革的时机，党的十九大提出，新的城乡关系是城乡融合发展，乡村振兴战略以及农村优先发展同时受到重视，要求借助一系列改革，在多个方面彻底打破城乡二元经济结构，发挥城乡各自作用，实现共同的经济增长与发展的新型发展模式，党的二十大更进一步强调了城乡融合发展。① 城乡一体化的理论和探索也是二元经济结构的延续，但解释和解决问题的原理、方式和方法更加丰富和多元化。

二、新制度经济学相关理论

新制度经济学出现在 20 世纪 30 年代，70 年代之后逐渐受到更多重视，新制度经济学的代表人物科斯和诺斯先后凭借对经济学的贡献获得了诺贝尔奖，说明该学派受到越来越多的认可。相比之前影响较大的新古典主义经济学，新制度经济学继承了它的内核，但是对它进行了修正，使之更符合现实客观世界（袁庆明，2012）。古典经济学仅强调生产和成本，新古典经济学注重以需求为核心进行分析，边际效用理论代替劳动价值理论，而且强调价格自身对经济的调节作用，反对政府干预，在这种情况下，隐含了交易成本为零以及制度作为内生的增长要素。事实上，现实经济社会交易成本普遍存在，制度也是非内生变量，新制度经济学继承了新古典经济学的资源稀缺性、人的理性、在约束条件下追求效用最大化等核心观点（袁庆明，2012），但变成有限理性以及强调了交易成本和产权等约束条件，并且从经济史的角度研究经济变迁，丰富了经济学的研究方法。

交易成本理论是新制度经济学的起源和核心观点。科斯从解释企业存在的理由方面反思了新古典经济学价格机制运转自动达到最优的假设，认为市场运行具有成本，才会出现企业和市场并存的情况，因此企业内部管理成本、市场成本、国家制度成本都是交易成本。

制度变迁理论由诺斯提出，他认为经济不断变迁，制度和组织在约束条件下相互作用致使制度不断变迁，个人和组织不断学习新的技能和知识，也改变了个

---

①　根据政府相关文件总结。

体和组织间的契约甚至修改规则，即制度发生改变，而且，认知也可能会改变制度。组织依赖于制度而存在，经常出现路径依赖，但当新的利益代表集团出现时，则会出现变革。制度不仅具有正式规则，也包含非正式规则，并且两者的强制性也在制度框架内，政府制度对经济绩效影响较大，成功的改革需要同时改变制度和信念（诺斯等，2002）。制度变迁理论为制度不断改变提供了合理的解释，也为人为改变不合理的制度和观念有助于效益提升和减少交易成本提供了依据。

三、供求理论

供求理论是西方经济学的基础理论，其中需求指消费者既有购买的欲望还要有购买的能力所愿意购买的商品和服务的数量。需求曲线经常是向下倾斜的一条曲线，在价格不断升高的情况下需求量不断下降，但在特殊情况下也可能出现同向变动，吉芬物品和炫耀性消费品即是这种例子。影响商品需求的因素多种多样，一方面是消费者的偏好，另一方面是价格、收入等约束条件。商品的供给是指生产者在一定时期内愿意在各种价格下提供的该商品数量。影响因素是生产成本、生产技术、价格和价格预期以及供给者数量。供给量和价格呈同方向变动，因此，供给函数是向上倾斜的一条曲线；供给的特殊情况往往出现在劳动力供给领域，当代表劳动力价格的工资增长到一定水平，数量反而会减少；一些特殊土地、古董也不会因为价格上涨而增加供给。

在完全市场条件下，当需求量等于供给量，这样会达到一个均衡状态，出现均衡价格和均衡数量。需求变动会引发均衡价格和数量同向变动，供给变动会引起均衡价格反向变动，而均衡数量会同向变动。不同的商品，需求弹性不同，一般生活必需品缺乏弹性，而非生活必需品有较高的需求弹性（曼昆，2015）。

四、系统论

中国和西方国家先贤都已经提出了系统论观点，近代系统论最初起源于生机论和机械论的对立，有机体理论吸收了两者的部分观点，产生了以"关系"为中心的第一代系统理论——动态平衡理论（河本英夫，2016）。贝塔朗菲在继承有机体理论的基础上逐渐完善了系统理论，主要体现在以下三个方面：①认为有机体都是一个整体，在时空上具有有限的复杂结构，而且各部分之间存在联系，在整体上表现为具有一定功能和属性；②系统具有动态性，是开放性系统，可以保持动态稳定，从而可以抵御环境对系统的侵犯；③认为系统内部存在阶层，是按严格的等级组织起来的。这种一般系统论问世之后得到了较大的认可，但 20 世纪 60 年代的耗散结构理论以及随之诞生的协同论、突变论、混沌学等新理论使人们认识客观世界的能力有所提高，开始关注系统的自组织等非平衡现象，第二代系统理论随之出现。第二代也认为系统是个开放系统，但是在和环境进行物质能量代谢时形成自我，而且可以通过系统形成使周边环境发生变化；这种系统论让人们重新审视了阶层形成过程，认为阶层是要素在相互过程中形成的；而且系统存在从流动的无序状态到自我生成秩序的状态，这便是系统自组织（河本英夫，2016）。

在系统论的发展过程中，德国学者 H. 哈肯创立了协同学，他关注到了物理学的一些现象，吸收了其他学科的观点，发现了系统内部从无序到有序的一般规律（魏宏森和曾国屏，1995）。协同学发现各种不同的子系统在一定条件下，通过非线性的相互作用产生协同合作和自组织，并且通过这种作用产生出结构和功能有序的系统。协同学产生之后，在自然科学和社会科学应用得都比较广泛，可以解释和解决多个领域的多种问题（季玉群，2011），自组织的现象也引起了自然科学和社会科学的普遍关注，H. 哈肯（1988）提出，在没有外界的特定干预的情况下，如果系统也可以获得空间、时间以及功能上的结构，便可以认为系统是自组织的，外界干预指的是结构和功能非外界强制安排，而仅以非特定的方式作用于系统。耗散系统理论也是系统自组织理论中的重要理论，1967 年由诺贝尔物理学奖获得者普里戈金提出，研究非平衡系统的自组织理论。该理论指出，一个远离平衡态的非线性的开放系统，在与外界不断进行物质、能量交换的过程中，在某个参量达到阈值时，会突然产生突变，由原来的混沌无序状态变为时间或空间或功能上的有序状态。在现实社会，如果掌握条件、机理以及规律等，系统开放性、远离平衡态以及非线性的相互影响使系统自组织成为可能，内部各部分形成有机整体。达到变化主要有三种途径：①外部环境发生变化时达到临界值时会产生自组织现象；②改变系统组分，也会产生自组织；③瞬变引发自组织。

系统论不仅被用于自然科学，越来越多的经济学家认为它也可以很好地解释经济现象。该理论的出现不仅有助于突破古典经济学仅机械地关注到资源与要素，还注意到多主体、多要素之间复杂的相互依赖、相互影响的关系。因此，有学者认为，小到企业，大到国家，经济体的增长包括物质性以及制度性增长，两者必须相互耦合才能够促进可持续增长，这种增长需要外部力量推动，但是内部也需要有变迁的动力，而真正变迁的动力，归根结底来自人（李桂花，2007）。由于人的能动性，人造系统和自组织系统的差异性并不明显，人可以通过构造系统，使之以自组织的形式产生功能（H. 哈肯，1988）。

系统科学不仅可以较好地解释为什么在成功的发达国家，计划经济和市场经济是统一的，自组织理论认为有序可以在无序中涌现出来，当达到临界值就会产生新的结构，这一现象不仅表现在物理的微观领域，也可以在市场与计划的博弈中出现，从而形成新的组织形式(张彦和林德宏，1990)。外部的干预在有些情况下有助于系统自组织，特别是掌握了系统自组织的规律以及条件，就可以有目的地加速自组织的速度和方向，使系统达到预期的状态，这在人类社会复杂系统中同样适用，如农村社区的发展(高春凤，2009)。乡村社区本身是一个开放系统，但开放程度因村庄各异，各种物质、信息、能量可以从外界输入，政府政策、新技术、市场等对乡村内部系统也有较大的影响；各种要素处于不平衡状态，容易促使乡村地区系统内部自组织；而且内部子系统之间并非线性的叠加关系，而是可能出现竞争和协同，这也有助于系统自组织的形成，从而产生新的功能和结构。自组织的村庄可以出现自会聚、自创生等现象，最终形成多个产业、多种组织，使乡村系统更具活力，达到发展的目的(高春凤，2009)。

五、消费者行为理论

经济发展使产品日益丰富，生产从最初的以生产为中心的阶段逐渐过渡到以消费者的利益结合企业、社会利益的整合营销阶段，消费者的地位不断提升，消费者的心理动机、决策行为、满意与忠诚以及行为影响因素和规律被企业、社会以及学术研究广泛关注。消费者作为理性决策者会追求劳务和商品对自身的最大化满足，即获得的效用最大化；受教育程度较高的和高卷入度的消费者更愿意在决策过程中对信息进行搜寻和加工，倾向于减少购买风险，而且通过商品购买标识自己，购买行为容易在正强化作用下建立消费习惯。另外，即使环境和刺激相同，不同消费者也存在差异性(冉陆荣和李宝库，2016)。

在消费者一般理论框架下，旅游消费者行为关注了旅游行业和旅游者的特殊性，例如，对于旅游动机提出了推—拉理论，在一般情况下推动游客出游的是逃避惯常生活的动机，外部拉力则包括寻求自我、声望、回归、人际关系等多方面的要素。另外，由于旅游者人口统计因素和偏好差异较大，对不同类型旅游者进行细分研究消费行为十分普遍，可以根据年龄、性别、家庭周期等进行区分或者根据观光、追求理想经历、完全沉浸等不同层次来分析不同的消费行为。不同的旅游消费行为研究显示了消费行为受到外部文化、阶层、亲朋好友、经济等影响，还受到个人特质以及学习认知等影响，收入、经历等约束条件也起到一定作用。旅游者消费行为的一个研究重点是旅游目的地和旅游产品的选择问题，旅游产品的状态和目的地的属性经常是影响消费者选择的一个重要因素，离散选择模型可以从定量的角度研究某个特性的价值以及哪些因素更为重要，手段—目的方法也可以进行目的地的选择，并且通过聚类分析进一步发现影响因素(亚伯拉罕，2005)。

1966 年兰卡斯特提出了消费特性理论，认为消费者追求效用最大化，商品的属性是效用的来源。1974 年加州大学伯克利分校的教授麦克法登提出随机效用理论并完善了相应的计量方法，也因此获得了 2000 年诺贝尔经济学奖，他认为作为决策单位(个体或家庭)在多个方案中选择某个方案，追求效益最大化，但是由于存在信息不完备，所以存在不可观测部分以及可以观测部分，可观测部分是确定的效用，可以表示为商品的不同属性，而不可观测部分是由随机变量组成的，包含消费者个人特性(乔娟和张振，2014)。因此，这一理论符合旅游目的地或产品选择的实际，在旅游产品选择中，游客存在异质性，随机误差项分布可能会多样化，计量方法也从最初的假定符合极值分布或正态分布到后来的混合模型，并且可以利用潜分类进一步研究。

六、行动者网络理论[①]

行动者网络理论出现于 20 世纪 80 年代，由法国巴黎学派卡龙、罗尔和拉图尔创立，最初产生于科学技术哲学领域，后来从实验室扩展到宏观社会。该理论吸纳了以往"行动元"的理论，放弃了二元划分，不再区分主客体、自然与社会、人与非人以及物与非物，而是以行动者来表示存在于行动过程中的因素，这些因素十分多样，地位平等，具有异质性，并无阶层划分。这种网络是一种联结的方式，强调行动中的工作、互动、流动、变化等过程，也并不具有实质的有形连接。该理论否定实体社会的存在，认为一切都是处于联系之中，搞清楚联系也就理解了社会，采用的方法是跟随行动者，看他们在聚合和分解中留下的踪迹，要探明群体是如何通过方式和行动构建出来而且存在的，包括群体中的代言人、对立面和以各种方式为自己划定的边界等。

在行动者网络理论中，"转译"是一个核心概念，指的是行动者不断通过努力将其他行动者的问题和兴趣转换出来，这也是一个角色界定的过程，通过这个过程，行动者才能被组合到一起。由于每个行动者不是中介者而是转译者，所以他们会对事物形态发生作用，研究异质性之间的联系以及它们互动的过程十分必要。

---

① 本部分参考了多本相关书籍及网页介绍，经笔者理解后写出。

行动者网络构建分为多个步骤，最初要有一个脚本，建立脚本是为了向其他行动者描述要建立怎样的网络，去吸引其他行动者参与；而问题界定是行动者强调自己的主体地位以及使自己成为共同强制通行点，并且发现其他行动者的兴趣利益，增加参与可能，识别非人和人类要素；兴趣激发是招募成员的第一个步骤，主要是要通过策略将一些主体和客体"转译"为网络成员，而简化和并置为了控制行动者的行动，使该成员为网络中的问题服务，这样可以整合所有要素，使之成为网络联盟。通过这几个过程，形成了包括人与非人的，有特定目的与动态的网络，因为行动者之间的异质性，因此被认为是异质性工程。在这其中，异议是行动者网络组建的障碍，需要排除才能形成相对稳定的行动联盟（郭明哲，2008）。

行动者网络出现之后，在社会学界引起了较大反响。后来不仅被用于社会学的研究，还被用于商业研究和人文地理的研究，在旅游研究中应用也比较多，尤其是乡村旅游研究领域。乡村旅游是由多个行动者构成的，既有非人的要素也有人的要素，这些要素相互结合，形成行动联盟，这个网络往往有一个共同强制通行点，在网络中起到关键作用。网络中的其他成员也有各自的角色，起到不同的作用，需要做出贡献，而且这些行动者经常发生各种联系，维持旅游网络各种功能的实现。行动者网络理论可以通过行动者行为较好地发现其中的各种联系，从而发现网络组合的一般规律。

七、利益相关者理论

利益相关者理论最早指代那些在活动或企业中下注的人们，可以追溯到1708年，到20世纪30年代开始用于管理学研究与实践，60年代，斯坦福研究所将利益相关者定义为"失去其支持，企业就无法生存的个人或团体"，后来经过一系列学者的研究，利益相关者还增加了受影响的团体和个人。事实上，从系统论的角度，无论哪个团体和组织以及个人，对其影响和受其影响的利益相关者都是存在的（程励，2008）。利益相关者的界定和识别以及管理、冲突和协调等都是研究的热点问题，学者从多学科角度运用该理论作为理论基础进行研究，管理实践中也对利益相关者进行界定、分类、识别、审计来分析不同利益相关者的影响，以便于形成互惠互利的合作关系，制定利益相关者战略也已被用于管理实践（盛亚等，2011）。旅游业由多个主体控制，利益相关者紧密合作是生产旅游产品的基本模式，因此，该理论在旅游研究和实践中也十分重要，在乡村旅游可能涉及的领域，我国学者的研究已经涉及社区利益相关者的管理、旅游中环境保护问题的利益相关者合作，以及古村镇发展中不同阶段利益相关者的变化等。

　　乡村旅游利益相关者众多，涉及政府、协会、高校、社团等非营利组织，也涉及投资商、中小企业以及个体户，同时与社区、当地居民、游客密切相关，在不同的发展模式中，核心的实体并不相同，政府主导型、企业主导型和社区主导型不仅使各利益相关者贡献、作用和利益分配不同，而且构成与相互联系方式都有差异。美丽乡村建设已经强调了农民的主体地位，这也意味着乡村社区和居民作为建设的主导力量，是重要利益相关者；乡村记忆旅游产品开发中，由于联系社区的过往以及相关资产产权为社区所有，而且社区居民是乡村记忆的重要组成部分以及文化的传承人，也决定了他们是乡村记忆旅游的最重要力量，但旅游开发也同样需要其他利益相关者紧密合作。无论美丽乡村建设还是乡村记忆旅游，考虑社区及居民多方面的局限，多个利益相关者从中发挥的作用非常重要，建立合作关系并且纳入战略管理层面也十分必要。

第三节　相关研究综述

一、乡村旅游与乡村发展的互动关系研究

(一) 国际研究

　　乡村旅游对乡村发展具有促进作用，较早地被政府、业界和学者认可，两者的关系从多个角度被提及，并有大量案例可以证实。尤其是乡村旅游对乡村地区发展的带动从 20 世纪 80 年代后受到学者关注，持续至今，在大多数涉及乡村旅游研究中都被提到，但在不同的研究案例中侧重不同，并且协同效果具有差异。研究中提及的乡村旅游可以给乡村社区带来经济和社会以及环境等多个方面的改善在全球范围内都比较普遍，因此被作为乡村发展的工具之一，在发达国家和发展中国家都得到应用。一些文献也注意到了乡村旅游对目的地的支撑作用，即目的地具备一定的资源条件以及设施才能够发展旅游。

　　早在 1980 年，就有学者提出夏威夷地区的旅游规划没有将旅游扩展放入乡村发展的过程之内是不合适的，应该将旅游与乡村发展整合 (Chow, 1980)；经济合作与发展组织 (OECD) 也在 20 世纪 80 年代讨论了乡村旅游对乡村发展的作用，认为乡村旅游在促进乡村发展方面具有独特作用；在新的全球资本主义和意识形态变化的背景下，全球许多地区旅游业发展是乡村经济发展的政策选择，而

且旅游扮演着"救世主"的角色（Mair，2006）。20世纪末美国佛罗里达州的数据也证实旅游发展可以提升乡村社区生活质量，但是应该考虑潜在影响，使旅游发展战略更加恰当和可持续（Crotts & Holland，1993）。

1994年，Journal of Sustainable Tourism推出专刊，集中讨论了乡村旅游的概念、在乡村发展中的作用。肯定了乡村旅游在乡村经济转型、环境及文化遗产旅游中的作用，可以作为撬动经济社会发展的杠杆，并且研究了促进乡村旅游可持续发展的一些方法，包括调和供求，兼顾社区和旅游者的利益，以及利益相关者共同规划等。在发达国家，乡村旅游对农村发展起到了一定作用。如在西欧国家，乡村旅游迅猛发展趋势在20世纪已经不可阻挡，在这个过程中，发展乡村旅游应该既满足游客需求，为他们提供设施和经历，也要适合当地东道主社区以及环境和当地供应商的需要；而且，乡村旅游必须由当地社区和当地商业参与，否则可能产生没有温度的旅游，产生不幸的结果（Bramwell，1994）。乡村旅游本质是以乡村性为吸引特色的旅游，在实践和研究中出现了大量通过乡村旅游促进乡村发展的案例（Lane，1994）。在转型期，乡村旅游可以使乡村经济从农业转向多元化（Gannon，1994），并且可以作为乡村经济社会发展的杠杆，但同时必须有政策跟进，需要提供设施以及扩大供应，对相应人员进行培训（Greffe，1994）。20世纪90年代，爱尔兰认为乡村旅游可以拉动乡村地区就业，进行了较大投资，将乡村发展与自然景观和人类遗产的保护相结合开展旅游（Phillips，1994）。加拿大在新乡村建设时注重保护遗产资源，借助旅游可以整合各种保护手段（Brown，1996）。荷兰基于市场需求，并计划吸引日本长途旅行游客进行乡村旅游，因此需要建立区域农村组织、评估市场产品匹配、营销以及提高经营者意识（Murphy & Williams，1999）。休闲与旅游发展不断地重塑美国乡村地区，经过科学详细的评估，发现这些地区收入、人口、经济结构、住房等方面对非当地的旅游活动依赖性要高于其他地区（English et al.，2000）。借助成本效益和成本效率分析方法，以色列乡村旅游在公共部门的帮助下可以获得可观的回报，证实了小规模旅游适合作为农村经济发展的方式（Fleischer & Felsenstein，2000）。西班牙不同地区案例表明了城乡移民对于参与乡村旅游活动高于乡村发展的其他活动，而且以自我创业为主兼有其他动机（Paniagua，2002）。加拿大东部法国特色乡村发展旅游使乡村文化得到保护，社区主体的参与方式在旅游中发挥着重要作用（Macdonald & Jolliffe，2003）；美国伊利诺伊州经验也能够证实欧盟在乡村开展的"支持和促进落后地区综合乡村旅游"项目还强调旅游需要和当地资源、活动、产品、生产和服务业联系在一起，而且需要社区参与，开展该项目需要本地社区居民合作，有效利用当地资源以及外部力量促进本地活动（Oliver & Jenkins，

2003）；这种旅游通过旅游业将本地各种要素建立起联系网络，并根据需求进行动态调整（Saxena，Clark et al.，2007）；有学者采用评价方法，发现不同的利益相关者对这类旅游价值评价不同，有些形式使两者融合得更好（Clark et al.，2007）；在综合乡村旅游模式下，有学者开发了考虑到乡村各种资源以及利益相关者的模型以便探索促进作为乡村发展战略部分的旅游业的方法，表现出较强的适用性，可以促进价值增值以及目标实现，避免一些问题（Cawley & Gillmor，2008）。

在第三世界国家，旅游可以在生态和经济层面促进乡村发展并提升居民生活质量，但需要合理的规划和有效的交流体系调和游客需求与居民需求的差距（Odendal & Schoeman，1990）。斯洛文尼亚与南斯拉夫分离后，为了发展旅游业启动乡村改造项目，其中有100多个项目涉及旅游，为旅游业奠定良好基础，进行营销、推广和提升经济效益（Koscak，1998）；在罗马尼亚，快速农业机械化剩余的大量劳动力需要借助发展乡村旅游来分流，因此乡村规划需要考虑旅游部分（Turnock，1990）。20世纪末，罗马尼亚在乡村人口失业率较高的情况下，提出乡村经济来源需要多样化，其中一项措施就是发展乡村旅游，通过在该国一个山区的研究发现，主要的成功因素包括财政激励、环境政策以及各机构水平的增长（Turnock，1999）。多米尼加沿海社区通过发展旅游业促进了家庭收入和就业，对扶贫具有重要作用（León，2007）；博茨瓦纳三个社区发展旅游业使社区在多个方面受益，改善了生计，证实旅游业可以促进乡村发展（Stronza，2010）。

在这一时期，旅游发展本身以及促进乡村发展方面都出现过一些问题，欧盟系统分析了存在于乡村旅游业方面的问题，认为乡村旅游对产品创新有贡献，尤其是对绿色产品和特殊设施，但回报往往很难达到农民期望的水平，主要原因是农民依然沿袭传统农业，工业化农业和商品化的旅游业结合得不好，社区间组织在营销和质量控制方面创新缓慢，这些组织也没有被纳入本地供应链（Hjalager，1996）；芬兰乡村旅游带动农村发展的经验表明，不切实际的目标和期望会给乡村社区带来问题，主要源于对旅游动态认识不足、缺乏对计划的有效研究以及其他有效知识，而且发展理念和可持续性也存在矛盾（Saarinen，2007）；公共部门在乡村旅游中的作用一直受到重视，这些部门作为引导者，被认为可以起到推动作用，但是发挥的实际作用却很令社区失望（Briedenhann，2007）；南美一些传统村落开展旅游由于过于追求经济利益而导致遗产破坏，需要建立一种平衡的模式（Morosi et al.，2008）；在旅游业与当地农业联系研究中也发现，由于社区能力、住宿业采购者与当地社区缺乏交流以及厨师、游客等各方面的原因，旅游和本地农业联系不明显。社区团结也会受到来自旅游的冲击，居民之间以及与社区之间的关系都会发生变化，需要采取一定的手段解决这种冲击以便保持社区团结（Huang & Stewart，1996）。澳大利亚土地保护项目借助旅游给游客提供教育机会，但对旅游机制的不理解使农村企业丧失了机会（Beeton，2002）；伊朗被列入旅游发展的村庄则表现出对旅游带来的负面影响更为关注，并且认为对社区没有好处，必须进行变革（Ghaderi & Henderson，2012）。

近年来，乡村旅游发展出现了更为复杂的现象，世界发达国家的乡村旅游仍在不断增长并成为世界范围内的普遍现象，但是需求层面已经发生变化，从观光转向体验，与新潮的户外活动以及生活方式的变化有一定联系；欧盟共同农业政策培育了农场之外的农村生产和服务业态，也增加了旅游的可选择性，但是还需要进一步朝向可持续发展目标（Corinto，2013）。在供给层面，生活在乡村地区的居民也接受了将乡村旅游作为经济发展的可行选择，不再反对将一些有景观价值的保护区开发出来作为良好管理的乡村旅游项目，而且公共部门的农村发展政策也助力了乡村旅游发展，尤其在基础设施层面（Lane & Kastenholz，2015）。韩国洪洞村旅游和乡村发展共同演进，居民、农场主和新加入者利用历史实践和文化知识创造了具有创意的高品质的产品和教育经历，对可持续的农村生计和文化传统具有很大的贡献（Kim & Jamal，2015）。韩国研究表明，乡村旅游政策对非农收入具有重要影响（Hwang & Lee，2015）。挪威通过城市居民第二住宅拉动乡村发展，高标准的住宅具有一定吸引力，可以拉动乡村经济发展（Velvin et al.，2013）；该国学者通过建立乡村性分析框架分析了四个乡村案例也证实了旅游开发可以将多个要素相互结合，把乡村真实性融入了旅游产品，"乡村田园"作为"真实"的乡村性在乡村旅游中发挥了作用，并且得到主客双方的认可（Frisvoll，2013）。丹麦借助地方美食节日吸引内外部公众来打造地方品牌，以避免被边缘化（Blichfeldt & Halkier，2014）。巴厘岛借助创意旅游解决了非物质文化遗产保护的资金缺乏问题，还重新激发了人们对已消失文化的兴趣，本地人由服务者角色转变为指导者角色，主客间关系重新定位（Blapp & Mitas，2017）。南部非洲纳米比亚的研究发现，社区基础的自然资源管理和社区基础的旅游业确实可以互补，使当地生计多样化，旅游业可以解决就业问题，减少了自然资源无限制使用（Gronau et al.，2017）。纽芬兰正在通过文化遗产旅游促进经济多样化，旅游使乡村产生了创业和就业行动，影响了旅游发展和当地生计（Mitchell & Shannon，2018）。意大利乡村研究也发现，旅游正在成为经济社会变革的重要力量，需要相匹配的"转型治理"模式管理这种转型（Salvatore et al.，2018）。日本一些乡村借助艺术和创意促进乡村振兴，举办艺术节成为重要的手段，该模式需要外生艺术发展和内生社区活动之间的长期共同创造，当地的艺术企业起到了尤为关键的作用，形成新的内生的发展模式（Qu et al.，2022；Qu & Zollet，2023）。

无论是20世纪末乡村旅游起步的初级阶段，还是发展成熟甚至转型阶段，无论在发达国家和地区，还是在发展中国家和贫困地区，旅游都可以帮助乡村解决一部分发展问题，近期，旅游对促进乡村转型更是起到了重要作用。但旅游促进乡村发展的作用大小及效益还取决于各种发展条件、支持力量以及组织和运营方式。

（二）国内研究

中国国内研究和国际研究相对一致，20世纪后期在全国各地开展乡村旅游的同时，旅游研究也开始起步，我国学者发现了乡村旅游与乡村发展密切相关，并将成果发表在国际重要期刊上，得到了同行认可。发表在国际期刊的文献以我国典型的发展模式为主，充分肯定了乡村旅游在乡村发展中的作用。成都郊区乡村旅游案例表明，旅游业还在城市边缘乡村城市化进程中发挥作用，使这些地区保留了乡村特色。有学者总结了我国乡村旅游可以归结为六种模式，在乡村经济社会再生中起到了一定的作用，但也面临一些问题（He et al.，2011）。我国一些典型社区（如著名的蟹岛模式）探索了社区驱动模式的乡村旅游发展路径：供应链本地化、社区外部投资者共生和决策民主化，这种模式对其他地区发展具有很好的借鉴意义（Zou et al.，2014）。袁家村发展验证了乡村振兴可以通过乡村旅游实现，而且通过自下而上和内生发展以及合作取得了非常好的效果（Gao & Wu，2017）。安徽河图村的研究也证实当地居民可以将旅游业和其他行业协同，作为生计多样化的选择，但资产较少的居民不能参与旅游业，因而导致社区收入差距加大，需要建立合理的利益分配方案（Su et al.，2019）。旅游发展较为成熟的重渡沟，乡村旅游发展改变了乡村形象，困苦形象被宜居形象代替，作为农村人感到自豪而不是羞耻，社区认同感总体提升但不是农村认同，这种变化来自政府政策转变、生活水平提高以及主客互动（Xue et al.，2017）。我国各省份统计数据表明，旅游业有助于我国城乡差距缩小，但城乡差距过大却不利于旅游业发展（Liu et al.，2017）。近几年，在乡村旅游驱动下，乡村非农就业及建筑物高度等发生很大变化，证实乡村旅游活动可以促进经济发展和增加就业（Yang et al.，2021）；绅士化成为振兴的主要成果形式，中产阶级为了实现和商品化他们想象中的乡村性而进行的搬迁和投资引发了旅游业和乡村绅士化的发展。除经常强调的土地所有权，在乡村振兴的背景下，地方政府在推进农村绅士化和乡村旅游方面也发挥了作为代理人的关键作用（Yang & Xu，2022）。旅游同时也是乡村空间重构的重要力量，推动了经济与文化重构，促进乡村振兴，但这一过程具有阶段性，不能仅依靠土地整理，还需要动员各方力量参与乡村发展（Gao & Cheng，2020）。

何临昌(1986)提出，我国贵州省可以借助丰富的旅游资源发展乡村经济，而且还可以促进当地居民接受先进的思想意识和科学文化。发展农村旅游业不仅是旅游业发展的需要，还可以带动农村经济外向型发展，给当地带来文化、人才交流以及基础设施改善等(刘天福，1990)。通过检索知网文献，[①] 可以发现国内对于乡村发展与乡村旅游发展关系文献数量较多，自进入 21 世纪以来各年份都有分布(见图 2-1)；主题词主要集中在乡村旅游发展、旅游各种形式以及新农村建设的各种表述(见图 2-2)；而且受政策影响，第一个快速增长期是 2006 年，当时正在鼓励新农村建设，并提出乡村旅游是一个较好的手段；第二个激增期是 2017 年，提出了乡村振兴的政策，持续至 2019 年(见图 2-1、图 2-3)。最近几年，受各种因素的影响，发文量有所下降。从主要主题词年度分布来看，休闲农业反而要早于乡村旅游；乡村振兴的战略提出之后，乡村振兴的相关主题才有所增加(见图 2-3)。

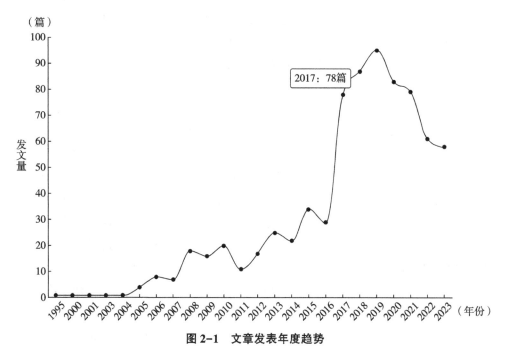

图 2-1　文章发表年度趋势

资料来源：根据笔者检索结果知网自动生成。

---

① 本次检索到文献总数 757 篇；检索条件为(主题：乡村旅游)AND[摘要：农村发展(精确)]AND[(主题：乡村旅游)AND(摘要：农村发展(精确)]，专辑导航：哲学与人文科学，社会科学Ⅰ辑，社会科学Ⅱ辑，经济与管理科学；时间：1979~2023 年。

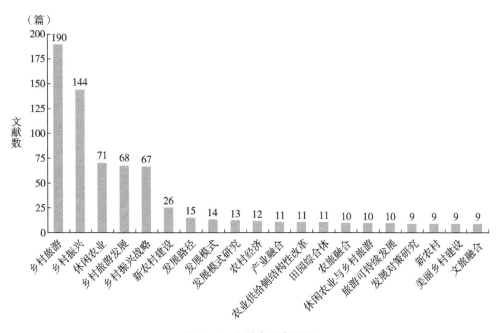

图 2-2　文献主要主题词

资料来源：根据笔者检索结果知网自动生成。

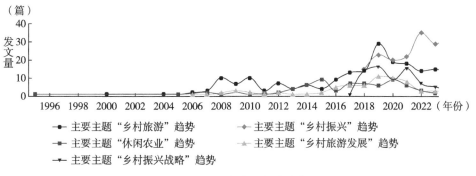

图 2-3　研究主题年度趋势

资料来源：根据笔者检索结果知网自动生成。

2006 年，受到新农村建设重大政策的影响，乡村旅游开始受到更多关注。有学者认为它代表了一种新的消费需求，肯定了对农村发展的促进作用，同时也认为农村发展对乡村旅游有支撑作用(刁宗广，2006)；有的学者通过对杭州郊区的三个乡村旅游社区的调查，发现影响不仅有经济和社会文化层面，还包括道德文化、资源环境和生存环境等多个层面，促进可持续发展也需要针对各受益主体制定相应政策(郎富平和杨眉,2006)。学者也分析了它们的互动关系,认为乡村旅游在乡村发展中扮演着重要角色,不仅可以促进经济发展和提升生活水平,对精神文明和民主管理以及推动基础设施建设都有重要作用(李庆雷等,2007);也对农业调整和增收,改变乡村面貌和引进城市资金等具有重要作用,而新农村建设对乡村旅游的支持也十分必要,可以在政策支持、商业环境和发展空间等方面为乡村旅游发展带来机会(孙冬玲等,2007)。乡村旅游对农民生计影响也十分显著,不仅使农民生计多样化,还增加了生计储集,改善了生计环境,但同时出现农业衰退现象(贺爱琳和杨新军,2014);少数民族地区不仅具备较高等级的自然旅游资源,而且具有丰富的人文资源,但这些地区虽然资源富集,基础设施和公共服务却非常落后,新农村建设与乡村旅游发展更需要互动协同发展。这些地区发展乡村旅游首先要具备基本的基础设施和公共服务条件,同时要加强自然和人文资源保护,其次要改善外围的科技与经济环境(王金叶,2011);而乡村旅游业应该对少数民族地区乡村建设带来产业优化升级、对外交流合作以及提升劳动力素质和促进法治等贡献(杨柳,2015)。袁家村案例表明,通过整合乡村旅游和可持续生计,使家庭资金、物质和社会资本都得以增加,政府、居民家庭主体以及外部力量都必不可少,才能促进旅游发展以及社区转型与发展(陈佳等,2017)。

许多学者认为需要将乡村旅游纳入乡村发展系统,提出两者需要协调发展。通过一系列指标分析发现,乡村旅游的成果与乡村建设的目标一致,而且乡村旅游出现的一些问题可以通过乡村建设得到解决,两者可以构建相互促进的模式(林德荣和潘倩,2009);通过利用灰色关联度分析法进一步进行耦合分析发现,两者关联度确实较高,验证了新农村建设中的科技、区域经济以及资源目标影响较大,旅游管理与景观质量可以促进新农村建设,从时间发展角度来看,两者耦合存在波动性和阶段性特征(王芳,2011);通过测度发现,杭州地区两者处于中度耦合阶段(张玉祥,2013);研究者还进行了较为详细的案例研究,借助实地观察和问卷调查,利用SWOT分析等工具对县域或具体的村庄进行研究,肯定了两者之间的互动关系,但同时发现仍然存在许多问题,主要体现在基础设施、产品开发、品牌建设、运营管理以及可持续发展等多个方面(李盛,2015;周晓,2015);在更大的区域范围内也能证实这个观点,利用多模型对福建省的实证研究发现,该省乡村旅游与新农村建设的耦合度较高但协调度却比较低,而且不同资源、区位、经济、社会等因素会对两者的耦合产生影响(郑石和林国华,2017)。

2017年,党的十九大报告提出乡村振兴战略之后,研究者开始转向乡村振兴战略背景下发展问题和两者耦合问题。在乡村振兴背景下,乡村旅游需要政府充分发挥服务主体作用，还要培养市场主体以及打造具有乡村特色和竞争优势的产品以及推动产业融合和各种创新（宋慧娟和陈明，2018）；当前时期，乡村旅游不仅要抓住乡村振兴战略的政策红利，还必须得适应和响应该重大战略，在符合条件的地区推动乡村振兴；政策、基础设施以及人才问题仍然是要解决的关键问题，因此需要在多个方面进行调整以适应新要求，并且需要在产业、政策、利益分享机制等多角度将两者有机结合（银元和李晓琴，2018；吴小霞，2018）。乡村振兴战略吸引了更多的利益主体加入乡村旅游开发，借助行动者网络进行分析可以更好地识别各自作用以及关键点，还要在行动者之间加强知识分享效率，以提升乡村旅游本身水平（郑辽吉，2018）。

乡村振兴与乡村旅游的耦合问题也已被关注。李志龙（2019）通过在两个方面各自构建指标，使用面板数据进行实证研究，划分阶段并得出了演化规律；在实践中，两者形成了耦合动力系统，由多种力量的动力机制组成，在不同阶段表现也各不相同，根据耦合表现方式可以划分为不同类型（何成军等，2019）。中国学者对乡村旅游引导的乡村振兴进行了集体讨论，认为应该运用科学方法，从理论、实践、保障等多层面进行研究（陆林等，2019）；已有学者在社区能力——制度建设层面对发展成熟的村落进行了案例研究，发现这两个方面是发展模式构建的关键因素（张洪昌和舒伯阳，2019）。

在发达国家，乡村旅游也是其乡村振兴的手段之一，一个世纪以来，法国在促进乡村旅游发展方面进行了大量的工作，尤其是产业融合、产品创新以及整体的行业规范与管理方面，这可以被我国一些乡村旅游地区借鉴，从而寻找可持续发展的路径，珠三角地区两个案例点的经验表明乡村文化的体验营造和管理非常重要（李晓莉等，2018）。我国正在积极借鉴发达国家的经验，在发展条件方面进行扶持，而且加强了资源、产业和监督管理等措施；但我国国情决定了需要在投资、营销、基础设施建设、人才、产品特色等多个方面进行努力，才能实现目标（丁晓燕和孔静芬，2019）。旅游、舒适移民等消费与创业投资行为共同推动了乡村绅士化（谭华云和许春晓等，2021），这种自我绅士化受政策端、消费端和供给端的影响，遵循一定的演化规律（储德平和黄成昆，2023）。大型公司的社会创业对乡村旅游发展及乡村振兴也发挥了积极作用（徐虹等，2023）。总之，乡村旅游通过多元主体参与以及利益联结，带动了消费，土地利用向旅游转化的过程中也拉动了基础和服务设施投资（李志飞等，2022；李燕琴等，2023）。在国内大循环背景下，这种发展依然面临挑战，需要在数字技术支持下使文旅融合、保护自然和文化做到可持续发展，而且城乡、主客协同创新，挖掘资源和创造品牌实现差异化（张圆刚等，2023）。

二、乡村旅游需求与产品开发研究

(一) 乡村旅游需求与产品开发的国际研究

乡村旅游在工业化时期已经出现，离开农村到城市的人经常会返回到农村度假 (Barke, 2004)。Perales (2002) 研究发现，西班牙回乡度假促进了乡村住宿 (Farm Accommodation) 的发展，19 世纪以后的现代乡村旅游者追求环境和原真性，两类旅游者对自然资源敏感，应该开发多活动才能为本地机构带来固定利益。Barke(2004)也指出一类传统主义者需要的是原真性、传统文化以及平和安静。其他学者验证了这些结论，并发现影响过夜旅游者主要因素包括成本、收入、乡村声望和设施特色 (González & Roget, 2006; Molera & Pilar Albaladejo, 2007)。马德拉群岛 (Madeira) 乡村的研究显示，部分旅游者寻求的利益与乡村特色有关，样本中 43% 的旅游者喜欢在自然中休闲，对乡村活动也有兴趣 (Almeida et al., 2014)。通过调查葡萄牙牧区的两个旅游住宿设施的旅游者发现，景观、建筑和生活方式是旅游者体验的关键的三个因素，旅游者对田园牧歌体验存在差异 (Silva & Prista, 2016)。芬兰的四类乡村旅游者都喜欢平静的、无拘无束 (rush-free) 的氛围和美丽的景观 (Pesonen, 2012)。具有代表乡村性的农业景观，包括自然和文化部分，尤其是荒野 (wildlife) 水系以及大片的本地植物，农业旅游景观特色以及住宿在木屋，社会经济特征以及与农场和林地的联系会影响游客偏好，形成不同的细分市场 (Gao et al., 2014)；对地中海山区的调查也发现，农地植被层对吸引公众旅游发挥着重要作用 (Sayadi et al., 2009)。近几年，法国游客会花较高的费用去乡村地区欣赏当地景观和品尝美食 (Bel et al., 2015)。美国的乡村旅游者也增加了对遗产、传统和原真性以及乡村生活的兴趣，有些人利用乡村生活方式增进健康，寻求在安静的自然中独处 (Gartner, 2004)。20 世纪，以色列乡村游客受自然娱乐和乡村生活吸引，住宿设施主要为 B&B 产品，许多方面与其他国家类似 (Fleischer & Pizam, 1997)。28.9% 韩国的乡村旅游者去乡村地区的主要目的是参与乡村重要性的活动 (Kim, 2005)，他们相比欧洲更重视文化要素，不仅欣赏风景并且学习历史文化知识，还喜欢韩式风格的食宿设施 (Park, et al., 2014)。日本游客也喜欢具有地方特色的文化遗产旅游，如乌冬面制作体验 (Sangkyun & Iwashita, 2016)，许多国家的老年人喜欢乡村地区与健康相关的和遗产类的活动 (Lee & Thomson, 2006)。

除旅游吸引物以外，其他要素也会影响需求。南非一些落后地区的乡村旅游表明需要景点和活动集群、当地合作以及线路开发，也强调了公共部门以及社区参与的重要性(Briedenhann & Wickens, 2004);英国案例研究发现,乡村地区大型的景点或旗舰型的吸引物对乡村游客吸引力量显著,可以支持当地乡村旅游可持续发展(Sharpley, 2007);日本千叶县退休者到乡村参与旅游开发之后,为学童和城市游客提供了农事体验,还带来了成熟的技术,取得了生态效益,同时开发了游憩娱乐和教育功能(Ohe, 2008);日本群马县乡村公路开通后,采摘旅游因此受益(Ohe, 2010);乡村公共汽车开通对于旅游也有帮助作用,使没有汽车的游客可以进入乡村并且进行消费(Guiver et al., 2007);乡村旅游经营者和营销组织在消费和营销乡村性方面发挥了作用,如食品加工、创意和艺术,遗产和户外娱乐等(Ilbery et al., 2007);加拿大烹饪业作为地方旅游品牌,两种不同的组织方式对品牌定位有一定的影响(Lee et al., 2015)。法国南部乡村借助遗存的物质文化开展遗产旅游,也使之在记忆实践中发挥作用,两者在微观层面可以相互结合并植入到现代记忆实践(Hodges, 2009);利用内涵价格法发现农业景观(草地和牧牛)可以对乡村旅游产生正向影响,游客也因此愿意支付更高的住宿价格,集约化的玉米种植则会产生负面影响(Vanslembrouck et al., 2010)。乡村目的地品牌需要考虑多样化的因素,由当地社区和网络驱动的有机形成的场所感(Wheeler et al., 2011),对保护本土资源有重要作用(Polo Peña et al., 2013)。不同的人群旅游需求存在差异,20 世纪,日本乡村旅游发展过程中也曾经出现了需求和供给不匹配问题,一个原因是青少年和年长者对乡村价值的认识不一样,再有就是乡村过多重视硬件建设而忽略了信息等服务提供(Gray, 1981);丹麦研究表明,不同类型旅游者期望和需求不同,需要考虑当地生活方式和旅游者生活方式,以便实现旅游可持续发展(Hjalager, 2010)。

现阶段的乡村旅游产品已经成为复杂的多方面的商业活动,包括一系列小众细分市场组成的大众市场,可分为多种类型,例如,农场和农业旅游(康养、农场参观、务农体验和志愿者旅游)、事件旅游(体育活动与节庆、马术旅游、骑行)、文化与遗产旅游(有不少游客将乡村生活方式作为文化体验,美食与酒也从中发挥了重要作用,可以塑造乡村目的地形象,也是大家去乡村的动机之一),而且乡村住宿产品也有了露营、帐篷、精品酒店等多种类型(Lane & Kastenholz, 2015)。农村小镇通过旧建筑翻新利用、精品住宿、鹅卵石表面装饰以及主题咖啡来包装成乡村,成为城市居民逃避的理想场所(Frost et al., 2014)。日本老龄化严重的山区,通过举办节日吸引游客,成为前居民聚会的重要场所(Okubo et al., 2014)。葡萄牙在地游客体验调查表明,植被类型、颜色和建筑文化成为主要体验元素,还有声音、气味、人与人接触以及广义的"自然"和过去(Carneiro et al., 2015);该国另一项研究表明乡村旅游者包括主动访客、被动自然观察者、不活动的人以及夏天家庭度假者，不同游客与乡村关系以及人口统计因素不同，行为也有差异，需要为他们提供不同的产品（Eusébio et al.，2017）。法国研究表明，乡村地区正在以户外活动、当地景观和美食吸引花费较高的游客（Bel et al.，2015）。通过对参观乡村遗产的游客调查，发现他们有学习和娱乐两种动机，希望可以将遗产旅游和其他产品结合起来使旅游产品多样化（Huang et al.，2016）；乡村中农场旅游也朝向教育和休闲方向发展，包括各种各样的学习和活动：基础班/全日制课程/在学校农场举办短期讲习班（插花、在农场上烹饪、准备天然草药、展示传统的啤酒和葡萄酒获取方式、体验传统村庄的历史重建等），休闲活动有植物艺术、农业迷宫、品酒旅游、蔬菜采摘、自然植物和野生动物物种鉴定等（Petroman et al.，2016）。葡萄牙问卷调查表明，教育和美学有激发作用，而逃避和美学对记忆具有正向影响（Kastenholz et al.，2017）；根据抽样调查后聚类分析发现，巴厘岛借助非物质文化遗产开展创意旅游，在一定条件下，这个方向具备一定潜力（Blapp & Mitas，2017）；怀旧可以促进游客前往乡村，但是利益相关者认识不足，需要进一步系统开发触发怀旧感（Christou et al.，2018）。乡村旅游的游客体验有三个主要部分：场合驱动型游客、主动休闲寻求者和乡村沉浸追求者，所有游客都有一个共同的追求——"愉快的休息"（An & Alarcón，2020）。地方性土特产美食旅游吸引因素主要体现在当地美食和文化遗产方面，此外，推动因素还包括参观干燥机、牧场和火腿博物馆（De la Torre et al.，2022）；奶酪旅游也同样具有吸引力（Fusté-Forné & Cerdan，2021）。利用独特的资源，发展天文旅游以及传奇故事的体验也已经开始流行（Jacobs et al.，2019；Christou et al.，2023）。国际游客参与乡村旅游也有不同的动机，可以分为真实性学习者、与亲友休闲放松者、农场和自然探索者以及休闲游客（Lwoga，2020）。不同世代的人群的需要也已受到关注，Z世代重视当地美食和独特的景点，选择住宿单位时，价格是一个重要因素（Tanase et al.，2023）。

总体来说，国际已有的研究可以证实，游客自始至终都有到乡村地区去追求人类集体记忆中的乡村的动机，虽然在不同国家可能存在具体内容的差异，但都体现与城市迥异的自然、文化特色，涵盖内容十分丰富。乡村旅游发展之初，许多游客喜欢乡村性产品，特别是原真性的乡村，包括自然景观以及自然基础的活动、文化和遗产景观、民俗事件、传统的生活方式、地方特征的食宿等。现阶段更喜欢体验、教育以及在乡村性基础上深度开发的产品，而且还将现代项目和乡村背景进行结合，基础设施、服务、品牌等也会影响游客选择。一些研究表明了需求的异质性，不同年龄、收入、家庭周期的游客偏好不同。

(二)国内旅游需求与产品开发研究

我国学者也注意到了乡村旅游需求问题。通过中国知网在线查询并进行分析，发现有众多文献涉及需求与产品开发问题，[①] 在近 20 年中几乎都有分布，但并无显著规律(见图 2-4)；发现主题词围绕"乡村旅游""乡村旅游产品""乡村旅游产品开发""体验营销""体验式""体验经济""文化创意"等展开，说明产品开发是乡村旅游产品研究的主要内容，且体验产品的开发非常重要，并且出现了创意的元素，基本可以刻画国内该领域主要主题(见图 2-5)。

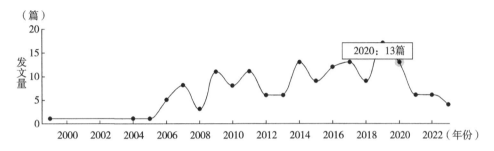

图 2-4 国内旅游需求与产品研究的发文量年度分布

资料来源：根据笔者检索结果知网自动生成。

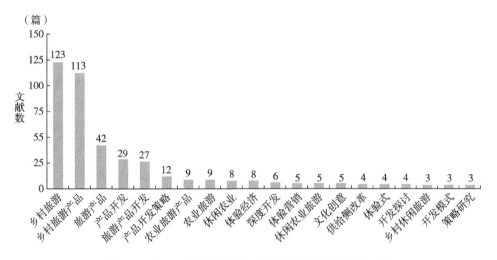

图 2-5 国内乡村旅游需求与产品开发的主要研究内容

资料来源：根据笔者检索结果知网自动生成。

---

① 检索式：关键词为乡村旅游+摘要，"产品"主题分类选择了与产品有关的。

美丽乡村建设中乡村记忆旅游产品的创新开发研究

20世纪末21世纪初，学者开始探索乡村旅游需求，杜江和向萍（1999）指出，乡村旅游必须保持乡土性，同时提升接待条件；乡村"意象"是最重要的需求（黄进，2002）。周玲强和黄祖辉（2004）认为，旅游者主要动机不仅是回归自然，也是回归先祖生活方式；邹统钎（2005）指出，应在主题、地格、氛围三方面塑造和维持乡村性。通过对阳朔游客的调查，发现乡村田园观光和休闲度假融合是主要的旅游要素，自行车、自驾车旅游具有很强的吸引力，阳朔本土文化与西方文化的交融构成的中西文化交汇以及人员交流也是阳朔文化的吸引要素之一，而且外国游客消费对国内游客产生了影响（张文祥，2006）。

2006年之后，由于国家层面的重视，相关研究快速增加，乡村性与可持续发展问题仍是核心问题，调查研究方法以及定量研究技术应用开始增加。周玲强、周永广和张环宙等自2007年起围绕乡村旅游内生式发展问题进行系列研究，主张以农民为主体的发展可以促进环境保护、资源利用、文化传承以及实现经济效益；冯淑华和沙润等（2007）利用定性和定量结合的方法测评了江西婺源的乡村性，吴丽娟等（2010）采用条件价值评估法对乡村旅游地乡村性非使用价值进行评估，发现乡村聚落、农耕文化以及环境等都具有一定价值。异质性也已被研究者发现，我国游客也喜欢乡村景观、历史民俗、乡村饮食等旅游产品，但人口统计因素差异导致对产品的偏好不同（葛学峰和武春友，2010）。刘沛林和于海波（2012）研究发现旅游开发影响下的古村落建筑、环境、文化与社会传承较好，乡村经济较弱；党的十八大召开后，生态文明与乡村旅游相结合的研究开始出现，在此背景下的转型升级更受重视。郑耀星等（2013）研究了生态文明视角下福建省乡村旅游如何进行转型升级的问题；廖慧怡（2014）以台湾桃园乡村旅游转型为例，提出乡村旅游发展中要注重与地方及自然环境的联结性。目前的乡村旅游产品确实已经异化，导致游客调整了自己的需求，不再关心"乡村性"，因此乡村需要重新回归"乡土—人性"结构，发挥养育生命、化育人性的根性功能（陶玉霞，2015）。在新型城镇化发展背景下，要求乡村旅游进行生态化转型，以相关技术为支撑，还需要城镇化作为途径促进乡村生态经济发展（李莺莉和王灿，2015）。近几年，随着产品升级，在一些城市出现了创意农业产品，可以更好地满足游客需求（林超群，2015；梁丹，2015），文化创意被植入旅游产品开发中，对引领消费、增加供给和乡村建设均有益处（于秋阳和冯学钢，2018）。

近几年，学者开始通过调查方法获取数据定量研究乡村旅游需求。葛学峰和武春友（2010）采用实证研究证明了乡村旅游者个人特征和行为特征影响着对产品的选择；刘旺和孙璐（2010）根据对成都市的研究，认为乡村旅游需求已经从单一观光向综合性转变，目的地应该保持乡村特性，在硬件、产品、服务和开发模式等方面进行创新；万绪才等（2011）对南京城市居民乡村旅游行为进行研究，提出开发特色产品，提升基础设施以及加大宣传等措施；杨新军和李佳（2013）对西安农家乐一般旅游者和生态旅游者的旅游动机进行研究，发现他们的动机有所不同，包含放松、休闲、户外活动求知和探亲访友多种；单浩杰（2015）调查了呼和浩特市居民乡村旅游需求，发现旅游者在各旅游要素方面追求传统、自然、特色。通过因子分析和聚类分析以及判别分析发现，乡村旅游动机复杂，既有娱乐教育，也有休闲放松，而且还有探索型游客，需求因不同的人口统计因素而存在差异（殷章馨等，2018）。消费需求不断变化，出现品质化、个性化、多元化的趋势，应根据需求在产品、服务和体验角度转型升级（贺斐，2020；欧丹，2021）；产品开发还需要注意代际差异，开发专类精品旅游项目（郭世奇等，2020）。游客对于参与性和趣味性较强的产品会产生重游行为，因此应该针对这些需求开发健身步道、游乐园和公园等产品（刘仲芸，2022）；为迎合这种需求，乡村涌现了很多新业态，如露营地、风景道、旅游小镇、田园综合体等（陆林等，2022）。观赏花景、追寻新奇事物、实现梦想、逃避减压和情感互动是游客前往乡村旅游目的地的主要驱动力，主要感受田园风光、景观建筑和当地习俗的氛围；行为参与包括摄影、社会互动和服务体验；情感表达包括放松和愉悦、陶醉和享受、回忆和钦佩、感激和感悟（Zhu et al.，2023）。

除定量方法，文本挖掘等新的技术方法也被用于旅游中，学者通过该方法发现婺源的乡村旅游形象与旅游中乡村性的代表事物以及乡村形象有所关联，与全球乡村田园形象有轻微的差异（Zhou，2014）。在线口碑评价和文本挖掘研究上海的乡村旅游需求发现产品类型较为单一，主要是多功能复合型、采摘体验以及景观观赏型，获得有关称号的点评数更高，高频词分析体现了乡村特征，但情感分析发现评价中并不涉及乡村性表述（金川和冯学钢，2017）。文本分析和内容分析应用于旅游研究也具有一定意义，但目前分析技术的限制使之对深层的规律发现不够。

三、利益相关者研究

世界范围内乡村旅游发展经历了产生、增长和巩固阶段，目前处于第三阶段边缘，部分地区开始产生目的地。在第二阶段，就出现了熟练劳动力和有技术的城市公民进入乡村，还出现了协调和支持组织等机构（Lane & Kastenholz，2015）。发展乡村旅游是摆脱仅依赖传统经济方式的战略之一，访谈结果表明社区方法在旅游发展中的重要性，当地的商人在发展创业中作用十分重要（Wilson et al.，2001）。加拿大一个山区的案例表明，自然环境、社区、公共部门和私营部门在旅游开展的过程中相互依存，规划和管理都需要多方参与（Getz & Jamal，1994）。挪威不同的利益相关者（游客、经营者和农民）对乡村景观价值和要求、体验方式以及未来发展前景看法不一，但都希望食品保持传统以及生产本地化，乡村景观定位从壮观变为多方面感知（Daugstad，2008）。乡村旅游中的领导作用十分重要，通过案例研究证实，他们掌握的社会资本对成功具有重要影响（Mcgehee et al.，2015）。用当地资源和活动互补的方式形成当地的合作商业网络至关重要，正式的和非正式的组织都有助于市场上产品供给以及非市场的协调，有助于应对复杂环境或者偏离理性决策，西班牙、希腊和英国一些案例证实这对综合性的乡村旅游具有支持作用（Petrou et al.，2007）；利用社会网络分析西班牙的案例表明建立网络有助于共享资源、建立更具凝聚力的目的地以及更好地应对挑战（Romeiro & Costa，2010）；挪威访谈结果也支持建立目的地企业间的网络有助于提升旅游体验，企业间可以联合营销、创新以及应对资源短缺（Tolstad，2014）；葡萄牙国家公园中的乡村旅游利益相关者在营销、行政管理、人力资源、培训和财政资源之间相互合作（Nogueira & Pinho，2014），在对综合乡村旅游关键变量研究中也证实利益相关者合作是保证乡村旅游的内生性、资源可利用性以及当地社会经济发展的必然选择（Marzonavarro et al.，2017）。日本农产品合作社的研究发现，产品品牌历史较长、质量控制严格、保护本地文化遗产的农产品与住宿餐饮业的本地伙伴关系有助于实现农产品收入和旅游发展（Saxena et al.，2007）；捷克的相关研究也表明区域品牌和乡村餐饮需要建立相互联系的组织进行合作（Spilková，2013）；作为旅游企业家的瑞典国际生活方式的移民对当地资本、互助网络学习和创新溢出具有贡献，但因为交流较少使这种贡献受到限制（Carson & Carson，2018）。发展中国家老挝的研究表明，建立社会网络以及为当地居民提供培训和就业的举措被认为是社会可持续性成功的关键决定因素，而创建符合当地文化的品牌也很重要，无差别的政策虽然有助于小型旅游企业的业务扩张，但在创造当地社会可持续性方面却不太成功（Zhang & Zhang，2018）。伙伴关系受到社会方面的影响，呈现一种生命周期的方式，社区发起的伙伴表现出更好的可持续性，为利益相关者创造社会和经济效益（Pilving et al.，2019）。当遇到挑战，城乡利益相关者合作对于共同进行决策、推动产品创新具有重要作用（Shrestha & Decosta，2023）。农村文化遗产的保护与旅游开发也需要旅游经营商与业主及社区合作（Sardaro et al.，2021）。在互联网背景下开展乡村旅游，利益相关者协作有助于去中介化（Fernandez-Villaran et al.，2022），在开展乡村旅游过程中，各利益相关者都赞成永续农业和简约生活理念，有助于乡村旅游业可持续发展（Epuran et al.，2021）；不同利益相关者表现出不同的自豪感，并具有不同的形式(Soulard et al.，2024)。

十几年前，我国研究者关注到了乡村旅游利益相关者的研究，将其作为一个分析视角或者分析利益相关者在旅游中的作用以及合作模式等。从知网已有的文献来看，① 年度分布呈波动型，规律并不明显，但几乎每个年度都有分布，说明其一直受到学者的关注(见图2-6)。从主题词来看，既有标志乡村旅游、利益相关者等核心词，也有乡村振兴、社区旅游、社区参与以及核心利益、开发模式等，说明社区是重要的利益相关者，而利益和开发模式是其主要需要解决的问题，关系到乡村振兴；另外，利益相关者的竞争合作关系受到一定程度的关注，博弈也是重要的主题，并且还出现了"价值共创"(见图2-7)。这些为研究提供了更为细致的方向。

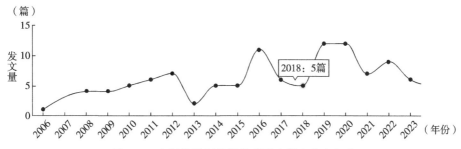

图2-6　乡村旅游利益相关者研究发文分布年度

资料来源：根据笔者检索结果知网自动生成。

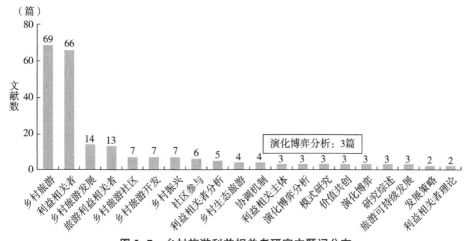

图2-7　乡村旅游利益相关者研究主题词分布

资料来源：根据笔者检索结果知网自动生成。

---

① 检索式：主题词＝乡村旅游+关键词＝利益相关者。

郭华(2010)系统研究了乡村旅游利益相关者，将其分为核心利益者和非核心利益相关者，他们诉求不同，制度变迁过程实质是利益相关者的博弈过程，并且提出了以核心利益相关者为中心的多方协作的治理模式。在古村落旅游中，政府、企业和居民处于关键地位，而且他们之间由于产权不清晰等引发各种矛盾，需要有利益协调机制，在各种合作模式中，村民集体经营是相对较好的模式(王燕华，2008)。陈志永和李乐京(2008)将贵州天龙屯堡旅游发展模式作为研究对象，认为"政府、旅游公司、农民协会、旅行社"四位一体的模式更好地促进了利益相关者之间的合作，对其他乡村具有借鉴意义。通过利用社会网络分析山东杨家埠村利益相关者网络，发现它们之间联系不够紧密，对决策公平性和有效性会有负面影响(王素洁和李想，2011)。古红梅(2012)以海淀西北部乡村为例，提出了利益共享机制，通过为旅游行业提供公共服务、市场监管以及财政支持，才能实现弱势群体增权以及和谐发展目标。通过对多个开展旅游的古镇与古村落利益相关者的深度剖析，发现他们存在博弈关系而且会使管理模式发生动态演变，他们之间的互动机制受到制度、经济、社会等多方面因素的影响(宋瑞，2013)。在我国，乡村旅游业发展早期经常寻求外来资本合作，外来资本持有者成为重要的利益相关者，企业家流动受到制度支持和社区开放等影响，他们融入当地可以增加潜在贡献(Zhou et al.，2017)。通过利益阶位指标体系构建，发现投资者是影响最大的利益相关者，各利益相关者综合不平衡程度比较高，在利益冲突时应优先考虑部分核心利益相关者利益(卢小丽等，2017)。总之，国内的乡村旅游利益相关者研究集中在角色与作用、利益分配、建立共享机制以及博弈等问题，涉及对象也集中在核心利益相关者，在我国乡村振兴背景下，会有越来越多的利益相关者加入，网络化的合作关系也会出现，需要进一步进行研究。乡村旅游产业振兴需要政府、市场和社会三方协同共治，多元主体合作，进行资金整合并协调各方利益(杜春林和孔珺，2021)。乡村绅士化过程中，需要政府、外来移民、农民和村委会之间进行利益协调，并配套相应的机制(张瑛和雷博健，2022)。乡村旅游服务体验包含多个维度，需要行业从业者和当地利益相关者之间的伙伴关系，才能提供更好的体验(Chen et al.，2023)。建立共识、共建、共享机制，旅游社区的集体行动和多中心治理可以促进乡村旅游在危机中恢复(Pan et al.，2022)。

四、选择实验模型在旅游与接待业研究中的应用

旅游和接待业产品包含多个成分，各成分属性水平不一致，游客在约束条件

下使自己的效用最大化。可以通过调查游客，设定假想市场来了解游客选择以及影响因素，为产品设计提供重要的依据。Rugg（1973）首先将选择实验模型用于旅游目的地的选择，Morley（1994）采用选择实验模型研究了国际游客对悉尼的选择及影响因素，证实了实验设计、离散选择模型以及陈述偏好数据三者组合是很好的旅游需求研究技术。此后，选择实验模型经常被用于旅游者对国内目的地的选择以及都市旅游者活动的选择（Dellaert et al.，1995；Seddighi & Theocharous，2002；Huybers，2003）。对于某些专项旅游，可以使用该模型揭示旅游者对吸引物的不同属性与水平的偏好。韩国观鸟旅游者喜欢解说服务以及多种鸟类（Choongki et al.，2010）。珊瑚鱼类丰度、大鱼数量会影响加勒比海潜水旅游者的消费者剩余（Grafeld et al.，2016），韩国邮轮旅游者更愿意为海景舱以及游轮上的活动支付更多钱（Lee & Yoo，2015）。研究者也用该方法来揭示游客对遗产与古建筑的管理和服务属性偏好，对遗产旅游具有显著的管理意义（Alexandros & Jaffry，2005；Willis，2010；Chen & Chen，2012）。接待业也引入该方法研究属性偏好，已经用于研究宾客对宾馆绿色属性和体验属性偏好（Kim & Perdue，2013；Chia-Jung & Pei-Chun，2014），该方法还可以测算住客对酒店属性的支付和受偿意愿（Román & Martín，2016）。

目前，该方法也被用于乡村旅游相关研究。西班牙蒙托洛（Montoro）地区增加地方特色的橄榄林和石头墙可以提升当地乡村景观，吸引更多游客（Rodríguez-Entrena et al.，2017）。借助随机参数 Logit 模型分析的选择实验，发现爱尔兰不同区域的受访者对农村景观属性偏好是异质性的（Campbell et al.，2009），德国和荷兰的对比研究也证实了这一点（van Zanten et al.，2016），同时两个研究也证实了农村景观的自然、文化等属性具有一定价值。去南非克鲁格国家公园进行生态旅游的游客，也偏好选择包含到周边农村旅游和参观工艺品市场的路线（Chaminuka et al.，2012）。在韩国六个城市的选择实验表明，居民也愿意为保护代表乡村性的农村自然与环境、景观、历史、文化以及公共活动支付保护金，证实了乡村的舒适性具有经济价值（Jung，2014）。农村居住是乡村旅游的重要吸引部分，西班牙的研究发现，民宿为翻新的传统建筑、有大一点的房间、获得服务质量认证、位于乡下和山间、提供租赁马匹可以增强吸引力，有孩子的家庭还喜欢有迷你小农场（Albaladejopina & Díazdelfa，2009）。西班牙的乡村游客在选择旅游目的地时，甚至会考虑位置、额外设施、户外活动和工作人员的接待情况（An & Alarcón，2021）。研究还发现需求动机对游客住宿属性选择也具有一定的影响（AlbaladejoPina & DíazDelfa，2021）。乡村旅游可以在大众旅游目的地成为替代产品，选择实验表明可以给游客带来效用，但大家对浮潜、观星看法不一致

（Fichter & Román，2023）。

　　总的来说，选择实验模型在旅游与接待业应用已经比较广泛，该方法也非常适合研究旅游者的偏好，不幸的是，只有很少一部分是关于乡村旅游的研究，而且，虽然受访者的异质性已经受到一定程度的关注，但还可以采用潜在分类模型进行更为精准的分析，因此，本书研究旨在补充这一差距。此外，选择实验模型在中国乡村旅游研究中应用非常少，也需要探索符合中国游客的选择规律。

　　本章首先对旅游、乡村旅游、集体记忆、城乡一体化等重要概念进行了界定；其次介绍了与本书研究密切相关的城乡二元结构理论、消费者行为理论、行动者网络理论、供求理论、系统论、新制度经济学等理论，阐述了这些理论在研究中的应用；最后从乡村旅游与乡村发展、乡村旅游需求与产品开发、乡村旅游利益相关者研究以及选择实验模型在旅游中的应用进行了文献回顾和评述，并用可视化方法分析了发表年度、主题词以及词频等内容。从研究结果来看，与本书研究有关的理论与文献都已经较多，但是需要在此基础上进一步将相关理论应用于美丽乡村建设中乡村记忆旅游产品创新的研究，才能深化理论应用以及揭示新的规律。

·第三章·

美丽乡村建设中
乡村记忆旅游产品开发的经验借鉴

我国将农业农村发展放在社会经济发展的优先位置，加大了乡村建设的力度，先提出新农村建设，后进行"美丽乡村"建设，再进行乡村振兴，不断从产业、生活、乡风、生态、基层治理等多个方面对乡村进行建设改造。在漫长的封建社会历史发展中，我国乡村经历了自给自足的自然经济阶段，形成了特色的生态系统、经济形态和社会文化，既有全国层面的相同性，也在不同地域呈现一定的异质性，这些特色是中华文明不可或缺的部分，因此，需要保留这些乡村特色，并在此基础上进行进一步建设。从旅游角度来看，近百年来由于移居到城市的乡村人口产生"怀旧"心理以及城市出生的居民对乡村特色的新奇感，乡村旅游的主要吸引物也以传统乡村的各种特色为基础进行开发，但随着旅游产品全面转型升级，承载传统乡村特色的旅游产品也必须从保持原始的形态或粗放式的开发转向集约型、精品化开发，以使旅游者获得更好的旅游体验，并提升旅游资源的价值，保护和传承乡村特色。

尽管世界上的其他国家和地区与我国的发展历程不同，但很多国家和地区同样经历了或正在进行美丽乡村建设。尽管全球乡村建设因面临的发展背景、发展条件以及政治经济体制不同存在相当大的差异，但是也有一定的共同性，因此可供借鉴的经验也比较多。一些国家和地区历史上的乡村地区同样是人口的主要聚居地，生态、经济和社会文化独具特色，并且已经开展乡村旅游，这些国家和地区的乡村记忆保护和传承方式以及相应的旅游产品开发也值得我们借鉴。我国地大物博，各地经济发展水平以及乡村特色有一定差异，先进地区在美丽乡村建设及乡村记忆旅游产品开发积累的一些经验可以为其他地区提供借鉴，因为国内的政治经济制度的相似性，各地区之间成功经验可以更好地交流和互鉴。

综上所述，总结国内外的美丽乡村建设以及同步进行的乡村记忆旅游产品的开发对厘清相关需求与实现路径具有理论与现实的双重意义，鉴于篇幅所限，本章国外案例主要来源于较为发达的北美、欧洲、东亚地区国家，并将中国作为单独的部分进行论述。

第一节　北美地区的乡村建设与乡村记忆旅游产品开发

一、北美乡村建设的主要措施与成果

北美的美国和加拿大都属于发达国家，虽然乡村地区也落后于城市，但仍然比其他国家发达，经历乡村建设历程之后，美国乡村基本上以规模大、现代化和信息化的农场为主要的生产单位，乡村地区在解决大城市病等方面发挥了一定作用；加拿大情况更为复杂，存在农业规模化、工厂化的趋势，但家庭农场却被作为乡村特色保留下来，事实上还出现了返乡居住的人群，呈现逆城市化趋势（刘祖云和何艺兵，2014）。

北美地区的乡村发展计划不仅涉及农业政策，也包含改善乡村产业发展以提升居民福祉，还以城乡一体化发展为目标，提升公共服务，加强乡村居民之间的合作，采用政府、社区、非政府组织、企业等多元参与的模式（胡月和田志宏，2019）。取得的主要成就主要有以下五个方面①：①废弃物再利用、建筑物设计、生态农业以及生态景观的整体改善方面都具有很大程度的变化；②基础设施和公共服务有较大程度的提升；③社区自身能力及合作组织的作用得以发挥；④农村现代化进程加快；⑤乡村建设内外部协作加强，形成伙伴关系，解决资金、技术等问题（刘祖云和何艺兵，2014；胡月和田志宏，2019）。

二、北美地区乡村记忆旅游产品的开发

美国和加拿大都十分重视社区的规划工作，而且致力于保持乡村特色，从而减少城市化对乡村的蚕食，相较于美国乡村大规模农场比较普遍，加拿大家庭农场则是将传统生产方式和乡村社区作为一种农业发展多样性进行了保留，而且还保持了文化的多样性。美国的乡村社区规划将乡村特色的保留作为核心要素之一，规定用地和开发密度，较好地协调了小城镇和乡村支撑关系；规划中不仅保持开放空间、自然景观和植被，也保持乡村生活方式和经济发展方式（屠帆等，2017）；加拿大乡村传统的自给自足的经济依然大范围地存在，经济意义和文化意义都很明显，在规划过程中也充分保留了当地的田园特色。在保留乡村特色的

---

① 本部分对相关文献材料进行了总结。

同时，两国政府的乡村规划都改善了乡村基础设施和公共服务，提升了乡村生活品质，缩小了城乡差距。

自 20 世纪 70 年代后，美国乡村旅游逐渐兴盛，形成了游憩郡，产品不仅包括与传统乡村密切联系的遗产旅游和农业旅游，还有大量的以自然为依托的生态旅游(石金莲等，2015)。具体的乡村旅游产品方面，美国主要充分利用自然景观开展观光活动，利用乡村游憩空间，开展划船、登山、打猎等户外活动；利用各地不同的生态系统以及当地特色生产方式，开展森林旅游、农场旅游、牧场旅游等体验旅游，主要可以参与当地特色的农事活动(包括采摘、挤奶、葡萄酒酿造等)，品尝当地特色饮食；并且结合文化开展古迹游览(战争遗迹、矿产开发遗迹)、民俗旅游(如牛仔风情和牛仔体验等)、节庆旅游(凌丽君，2015)。在这些旅游活动中，各地产品都依靠自己的地方特色，乡村旅馆作为主要住宿设施。加拿大在乡村建设过程中比较注意保护乡村生态与文化，因此具备比较丰富的乡村特色资源开展旅游，主要有乡村美食、乡村农业文化、乡村传统节庆或乡村特色体验项目等，而且还在此基础上利用乡村荒野、自然景观开展研学活动。

三、北美地区乡村建设与乡村记忆旅游产品开发融合的典型案例①

加拿大安大略省滑铁卢地区的圣雅阁小镇是门诺派教徒的聚居地，是一个具有德国风情的小镇，游客众多。该镇主要旅游产品是别具特色的北美田园风光以及典型的文化遗存，1975 年开始在圣雅阁镇建设饭店，后来陆续恢复了面粉厂、手工艺厂、葡萄酒厂、餐馆、剧院、枫糖博物馆等乡村生产与文化设施，保留着马车、蒸汽机车等交通工具，当地人也保留着传统的生活方式，并且还有著名的农夫市集，圣雅阁镇保留的面粉厂、裁缝店等生产场所向游客开放，并且出售产品，当地还有特色美食熏猪手，也有乡村旅馆提供住宿。

为促进旅游业的发展，针对游客的设施和商业得以兴建，例如，游客中心以及具有本地特色的蜂浆糖体验活动和"毛毯节"节庆活动，值得一提的是，还有国际连锁酒店以及 outlet 购物店等现代设施，使传统与现代较好地融合。商业为本地带来收益和活力，但并未淹没本地文化，在开发过程中，开发商注意到旅游业对当地特色文化的冲击，因此未对一些获利丰厚但违背当地人意愿的项目进行开发，也尊重当地人的宗教信仰，给门诺教徒留出一定的生活空间(覃群，2012)。

---

① 本部分既查阅了学术论文也借鉴了游客发表在博客上的游记，从双重视角整理了案例材料。

圣雅阁小镇的成功之处在于借助了美丽的自然风光以及特色文化，并且深度挖掘文化成为旅游吸引物，不仅形成了特色景观，而且注重游客体验，满足游客好奇心，提供参与机会；利用特色文化产品形成旅游产业链，补齐现代设施满足部分游客需求；在此基础上完善旅游咨询设施以及公共服务，而且尊重当地人意愿，保护独特的文化来获得可持续发展。

第二节　欧洲乡村建设与乡村记忆旅游产品的开发

一、欧洲地区的乡村建设主要措施及成效[①]

与北美地区不同，欧洲历史十分悠久，自给自足的封建社会存在时间比较长，工业革命之前，乡村地区生活着许多人口，积淀了欧洲各地特色文化。一些欧洲国家是以小农为主，但维持着比较发达的农业水平，同时，乡村建设也受到政府的重视。欧洲国家先是出台 LEADER(农村地区联合发展行动)的计划，开展了一期和二期以及"LEADER+"之后，成为欧洲共同农业政策(CAP)的一部分，该项目计划在许多地区得以开展，取得了较好的成效。高度发达的英国、法国和德国，都非常重视农村环境的改善。法国在欧盟共同农业政策框架下，开始致力于保护农村生物多样性、水土等环境，也规范了耕作方式，鼓励有机农业，并且实施生物燃料战略；英国不仅制定了相对系统完善的城乡规划制度体系，而且农业环境保护政策将环境保护和农业生产紧密结合，农民选择最佳耕种模式可以获得一定的补贴，在水资源保护和面源污染防治方面起到了很好的作用；德国20世纪初开始进行农村土地整理，到70年代将"乡村更新"写入法律条文，在生态环境整治、可持续发展理念方面努力，并对基础设施进行规划完善，还将乡村多重价值都考虑在内(刘祖云和何艺兵，2014)。

此外，其余的欧洲国家也有发达的农业以及美丽乡村。这些国家通过一系列的农业发展政策、农村规划与环境整治等"乡村更新"运动，最终保护了当地生态环境和生态多样性，而且逐渐缩小与城市在基础设施和社会服务方面的差距，吸引了城市居民返乡居住。欧洲一些国家也致力于发展乡村产业，像荷兰、丹麦

[①] 本部分通过咨询有关专业人员以及阅读有关机构数据库图情资料和互联网资料进行了总结，重要的文献引用部分已经进行了标注。

农业都比较发达，为了更好地组织生产，农业合作社成为普遍的模式(徐明水和张振乾，2016)。在这些欧洲国家，第二、第三产业被用来提振乡村经济，英国、法国等国家也有乡村工业建设，为解决乡村失业问题提供了有利条件；乡村旅游业也是乡村产业之一，如法国的普罗旺斯是世界级乡村旅游目的地，荷兰的花卉观光以及德国的市民农园都是受欢迎的乡村旅游形式。总之，欧洲乡村建设提升了乡村整体面貌，充分发挥了乡村在生态、文化、经济、生活各个方面的价值。

二、欧洲地区乡村记忆旅游产品开发

在历史上，由于地理环境、宗教以及社会文化制度等原因的影响，欧洲各国文化遗存较多，乡村文化也多种多样。现今，欧洲乡村不仅具有多样化的生态系统，还有独具特色的建筑，以及音乐和节庆活动，发达的现代农业也形成了新的乡村景观。乡村建设重要目标是保护本地特色，在此基础上更新传统建筑，与周围的自然环境协调，住宅建筑风格以及标志性建筑和一些教堂、水井、磨坊等也被保存下来，而且乡村建筑保留了低层和木结构的特点，呈现中世纪的原貌，有些设立了农具或农业博物馆，保留了乡村记忆(舒庆尧，2011)。

各国也各有成功的做法，法国的普罗旺斯省罗纳河两岸保留了中世纪的村落、古堡和修道院，还保留着峡谷和湿地，以及历史悠久的、著名的薰衣草花田和桃红葡萄酒；而且最大限度地保留了该地的乡村历史风貌，使这个地区成为法国最为著名的旅游目的地，游客主要到此进行自然和文化观光并且体验当地的葡萄酒等美食文化。英国"空心村"建设始于20世纪50年代，目的是带动城乡一体化发展，改善基础设施、服务设施方面，弥补城乡在就业、居住方面的差距；在建设之初，就提倡保护传统特色文化，原样保留乡村建筑，而且鼓励生产和经营地方特色农产品(刘祖云和何艺兵，2014)。为游客建设的接待设施同样与传统结合，这些村落成为许多游客了解中世纪英国文化、体验乡村生活的景点。德国"乡村更新"运动采取了自下而上的方法，对各种因素进行了分析，划定规划边界，将村庄和周边环境视作不可分割的部分；在规划中考虑风景或村落的特殊地点，注重保留凝聚了集体记忆的地方，一些承载集体情感的纪念物、标志性的地点和场所也被保留下来，公共历史建筑和私宅改造以及公共交通的改造都特地维持了原有的文化韵味，传统建筑在功能分区中被予以特殊标注，甚至制定专门的文件保护文物(王路，1999)。这些村庄开发了生态、文化、农业旅游等多种产品形式，游客可以观赏田园风光、采摘果蔬、度假、欣赏音乐和艺术等(王舒媛，2014)；作为接待设施的民宿，承办展览并与文化创意结合，对特色文化起到了很好的传承作用(陈可石等, 2016)。除此之外, 德国还在全国推行休闲农庄用以传承农耕文化。

三、欧洲乡村记忆旅游产品开发的典型案例

(一)法国贝弗龙古镇①

贝弗龙古镇位于法国诺曼底地区, 有着上千年的历史, 曾经是维京人的领地, 在法国大革命前期曾经是地区宗教、贸易和农业中心, 因而保存着许多木制建筑, 残存着 15 世纪的建筑庄园。然而, 20 世纪 80 年代, 小镇衰落到仅有 200 多人, 这一时期, 法国拯救和修复古镇计划启动, 并且开始评选"最美乡村"品牌, 小镇古老的风貌得以保留, 之后开始以发展旅游业为主, 年接待游客 20 多万人。小镇修复了木质结构的房屋, 不仅采用了原来的工艺, 还在此基础上涂上古朴的颜色以及采用绘画使之呈现中世纪的特色; 小镇至今仍然保留了古老的供水设施以及公共的生活设施, 许多手工艺人仍然居住在此, 手工艺品店面和作品都成为重要的旅游吸引物; 该镇处于法国苹果的主要产区, 是苹果威士忌酒的产地, 可以品尝苹果酒或参加 10 月的苹果酒会, 而且可以吃到法国乡村美食, 延伸产品主要是与邻镇开发的"苹果之路"、品尝系列苹果加工产品和学习相关的文化知识; 小镇沿袭了传统文化的习俗, 在街头处处摆满了美丽的鲜花。除此之外, 政府对过度商业化的管控以及对管理和服务水平的监管较好地规范了小镇旅游发展, 使之可以保持原有风貌, 以可持续发展方式开展旅游。

(二)英国拜伯里

英国的科兹沃兹是历史上有名的羊毛纺织基地, 古镇众多, 是英国重要的乡村旅游目的地, 而拜伯里是这些村庄中的代表之一, 被誉为"英格兰最美的村庄"。历史上该村的居民大多从事羊毛贸易, 延续达几百年, 曾经十分富有, 所以遗留下富有地区特色的别墅和庄园, 沿穿过村庄的小河则留下了当时特色的用于洗涤和晾晒羊毛的阿灵顿排房, 一些教堂等公共建筑有着悠久的历史, 这些建筑使当地富有英国传统乡村特色。村落古老的建筑经过鲜花装点, 和周边自然环境融为一体, 给游客童话世界的美感, 并且有回到中世纪的穿越感, 村庄中仍然有原住民居住。游客在当地可以观赏自然田园风光、古老的建筑、看鸭子、羊等小动物, 也有摄影爱好者前来摄影。村庄建有大型停车场, 休闲设施有咖啡馆和

---

① 根据互联网相关介绍材料整理而成。

餐饮店，以及旅游纪念品店，虽然开发程度不高，但也吸引大量国内外游客前来[1]。英国历史和地理条件为发展乡村旅游奠定了较好的基础，乡村环境的治理使乡村生态系统保持了乡村特色，后来又制定了很多法律法规，而且协会类的组织十分发达，国家对乡村旅游进行直接投资，在多个角度扶持，并成立旅游公司，取得了较好的成效(王铄，2007；杨丽君，2014)。

(三)德国欧豪村[2]

"二战"以后，德国曾经对乡村进行了一系列改造。由于德国出现了农村劳动力广泛流向城市的现象，导致乡村凋敝，该国农业部门开始自上而下拯救乡村，开展了乡村更新建设的竞赛活动。欧豪村位于北莱茵省的西伐利亚邦，村庄人口500多人，在20世纪60年代曾经进行现代化改造，包括铺设水泥路和建设金属围篱等。后来发现这种改造方式破坏了乡村生态，并且带来了噪声污染，影响了乡村特色，因此开始重新进行生态化改造，使欧豪村不仅获得了德国农村更新金牌奖，还获得了欧洲各国的赞誉，被称为欧洲生态示范村。主要措施有以下四个：①将原来的柏油马路缩窄，路面以植物、碎石和透水砖替代，两边铺设绿化带，可以使雨水渗入地下并收集屋顶雨水，使原有生态系统得以较好保持；②采用太阳能、沼气等新能源，减少碳足迹；③对垃圾进行分类、分别处理，使用可回收的生物垃圾堆肥；④对已经闲置的木结构旧农舍进行改造利用，建成咖啡馆等设施，农户可以利用这些旧农舍出售当地樱桃、草莓等食品。村庄仍然保留了当地特有的树种，保留干砌石墙，拆除金属围篱，种植灌木，保持了村落1000多年的传统风貌。欧豪村的生态化改造对美丽乡村建设具有重要意义，是乡村活化的主流方向，并在此基础上利用现代生态技术进一步完善村庄设施和管理，从而与原有的一切相得益彰。

第三节　东亚乡村建设与乡村记忆旅游产品开发

一、东亚国家的乡村建设概况与成效

亚洲地区的发达国家日本和韩国较早地采取了一系列措施进行乡村建设，也

---

① 根据互联网介绍材料与游记整理而成。

② 根据互联网资料整理而成。

取得了不错的成效；作为重要发展中国家的中国，乡村建设已经持续多年，近20年来加快了乡建步伐，并致力于乡村多个方面的发展。20世纪50年代，日本开始出现农村人口流失和基础设施落后等现象，因此发起了"新农村"建设，在此后的几十年陆续采取了多项措施，促进缩小城乡差距、发展乡村产业以及改善基础设施。日本的乡村建设以发现乡村多元价值为核心，进行各种资源的挖掘，注重传统农业价值延伸、乡村工业化、乡村文化价值挖掘与延续，以及乡村景观生态价值开发。在这个过程中，日本政府大幅改善了基础设施，在行动中逐渐建立了以村民为主体的乡建组织。这些措施使乡村获得了生态、文化、经济和社会等全面发展，城乡差距已经不大，乡村人口数量在20世纪70~80年代有一定数量的回升(王玉莲，2012；王国恩等，2016)，乡村生活也作为一种有特色的生活方式吸引了城市居民返乡。

韩国最著名的自上而下新村运动开始于20世纪70年代，由当时的韩国总统朴正熙发起，同样持续了数十年之久，对发展中国家具有很好的借鉴意义，对全世界农村发展史也有一定贡献。韩国当时面临农村经济崩溃、城乡收入差距加大以及农村文化道德沦丧等多种问题，通过新村运动，政府行动十分积极，依靠财政和政策的手段，辅以监管激励措施，改善农村电气、通信、道路桥梁等设施以及公共服务，在基础医疗和粮食生产方面也给予较大的支持。政府的积极行动逐渐得到民众认可，新村运动成为全社会参与的集体行动，各阶层民众积极投身到乡村建设中贡献自己的力量，大量民众进行投资，还吸引了诸多学者专家关注。韩国的新村运动改变了村庄生活环境，改善了基础设施和村民会馆等公共文化设施，开展了种植、制造手工艺品、乡村旅游等各种增收项目，改善了农民收入、生活质量、村民素质和能力以及精神面貌，并吸引了乡村精英和各阶层人士服务乡村(陈昭玖等，2007；刘祖云和何艺兵，2014)。

二、亚洲乡村记忆旅游产品开发

亚洲地区拥有独特的东方文化，但各地区、各民族也有区别，中国和东南亚及南亚的发展中国家还处于现代化进程中，尚有大量人口生活在农村，仍然保留着特色的乡村物质文化和精神文化；发达国家的日本和韩国在迈向工业化过程中的乡村建设也注重保护和传承各地特有的乡村文化，保留了乡村记忆。日本非常注重开发农业的多重价值，开展保护历史文化街区以及传统建筑，挖掘传统文化，形成田园观光、体验、教育、健康等多元化的旅游产品，增强了人们对乡土文化的认同，通过旅游为当地增加收入。日本也比较注重保护乡村生态和特色景观，以循环生产方式的"里山模式"独具特色（王国恩等，2016）。作为接待设施的民宿，在装潢设计等方面传承本地特色，通过活动策划展现本地农作、生活技术，还提供日式餐饮以及日式特色温泉服务（陈可石等，2016）。这些文化保护与挖掘之后成为具有吸引力的乡村记忆旅游产品，给一些村庄带来了生机和活力。韩国不同部门也发起了一系列活动，对生态较好的村庄进行基础设施和服务设施改造，游客可以体验自然风光、文化和进行农耕活动。开展"传统主题村落"和"民泊农庄"活动，深度挖掘当地特色文化，开发多样化的体验产品。在开发过程中，政府、农业协会起到重要作用，不仅在资金方面进行帮扶，还在技术指导和营销等方面进行指导和帮助（金慧子，2010）。在结合了乡村建设进行乡村记忆旅游开发之后，日本和韩国的乡村旅游成为国际发展典范，保持了村落的自然生态和地方特色文化，并在此基础上结合现代元素进行延伸产品开发，设施和服务以及管理都得到了保障，提升了游客的旅游体验。近十几年来中国也十分重视乡村旅游的发展，保护了一批古村落，在乡村建设过程中注重保持乡村记忆，并通过乡村建设改善了乡村条件，根据游客需求变化，各地不断进行乡村记忆旅游产品开发。

三、东亚乡村记忆旅游产品开发的典型案例

（一）日本合掌村

日本合掌村是一个传统村落，独具特色的茅草屋建筑与周边自然环境构成了具有日本传统特色的原生态乡村景观，被列入世界文化遗产。合掌村的茅草屋也曾受到现代化的冲击，但当地村民自发进行保护，政府也进行了资金和技术支持，修旧如故，新增的现代化的元素采用了遮掩方案，设施也尽量保持乡土风格和特色；不允许出租出售土地、山林、耕地和建筑等，并制定了《景观保护基准》。为了增加旅游产品，从传统文化中寻找了节庆活动进行系统设计，还建立了家园博物馆和自然环境保护基地；依托当地特色开发了民宿等富有吸引力的产品，在进行现代化改造的同时保留了地方文化元素，主人也会讲述当地风土人情，其他旅游必须的商业配套设施也充满了乡土特色。系列旅游产品开发和设施完善不仅保护了乡村原有风貌，同时通过发展旅游业使该地获得一定的经济收入，传统乡村因此得以活化（顾小玲，2013）。

（二）韩国大酱村

大酱村位于韩国江原道，大酱本来是韩国传统饮食，该村利用本国传统的大酱酿制技术以及本地食材，吸引游客参与民俗文化旅游。经营者是僧侣和大提琴

家，并以三千酱缸为背景举行大提琴演奏会，满足了游客好奇心；一些时尚的项目也增加了游客的体验性；该村也提供大酱拌饭等美食。大酱村当地的建筑保持了本地风格，以大酱酿制为主题考虑了吸引年轻人可以传承该手艺从而保护文化传统，而特殊的音乐会则融现代和传统于一体，其他旅游产品也充分利用了本地资源并且强化了本地特色，其成功经验得到了多方面的肯定。

第四节　中国美丽乡村建设与乡村记忆旅游产品开发

一、中国美丽乡村建设概况与成效

历史上的中国乡村经历过经济、社会的繁荣，在 20 世纪二三十年代，曾经有志之士致力于改造乡村社会，新中国成立之后也从未停止过发展乡村的步伐。近期系统的乡村建设比以前目标更加艰巨和长远：在经济上要求产业兴旺，在村容方面要求生态宜居，还要乡风文明、治理有效，在收入方面也由"宽裕"变为"富裕"。乡村振兴战略提出是乡村建设新的阶段，在理念和措施方面都有很大区别，旨在破除长期形成的城乡二元结构，将乡村作为人类的生产生活空间，使城乡之间融合发展而且缩小以往的城乡差距。在措施等方面，乡村也不再是仅靠原住民建设，而是吸纳各方面资源投入，吸引新村民进驻，打破乡村以农业为主的产业结构，改变设施和服务落后的现状以及乡村社会落后的意识。在乡村建设过程中，并不是推翻乡村原有的一切，以城市模式代替乡村，而是摒弃了大拆大建的做法，取而代之的是保留住乡村生态、文化以及经济社会中的特色和精华，在此基础上进行提升，最终可以留住人们记忆中美丽乡村，还能将现代文明与传统文明结合，与城市一样成为宜居、宜业的人类美好家园。目前，我国许多地区在经济、社会、生态等方面也有了较大改善，乡村面貌发生了极大改变，但是距离乡村全面振兴还有较大提升空间。在这个背景下，一些具备旅游条件的乡村，不仅要考虑当地居民的需要，还要顾及游客需求，在乡村建设中兼顾旅游发展的需要，创新开发具有乡村特色的旅游产品，才能繁荣本地经济，还能借此拉动多方面的提升和改变，从而推动乡村振兴。

二、中国乡村记忆旅游产品开发

随着中国经济发展和城市化进程加快，中国部分乡村逐渐成为重要的旅游目的地。20世纪末，邻近大城市、景区和交通便利的乡村开始利用当地的农业资源、自然环境、乡土建筑以及美食等开展旅游经营，吸引了大批游客。近几十年来，全国范围内乡村旅游增长迅速，但也产生了诸如产品单一、卫生条件较差、设施落后、管理和服务不到位等问题，需要进行转型升级。近年来，我国各地区在乡村建设中，借鉴国际经验，不断探索乡村旅游产品的新开发形式和模式，产品类型、内容、体验度以及开发融资模式和运营模式都逐渐丰富。在政策层面，与乡村建设相辅相成的新型城镇化建设也要求保留当地生态和文化特色，能够"看山、见水，忆乡愁"。在乡村建设活动中，整治乡村生态环境的同时，保留了乡村形态，并注重挖掘乡村文化，使乡村更具传统特色。在此基础上，开展观光、休闲、度假等旅游项目，增强乡村旅游功能，充分利用原有的建筑进行活化，吸引当地居民返乡和城市居民移居乡村，引入商业、休闲和接待设施，以乡村特色为主题，创新了大量具有乡村性又符合城市消费潮流的旅游吸引物，接待设施和基础设施以及管理水平也得以同步提升，收到了较好的市场效果。近几年，在政策的指导下，产业融合成为乡村记忆旅游产品创新的重要依托，在传统农业、农产品加工业基础上，文化创意、传播业、休闲产业、教育产业、物流业等多种产业与旅游业相互融合，产生了多样化的、高品质的旅游产品。由于各地经济社会发展的差异较大，有些地区已经完成乡村旅游升级，有些地区尚处于产品初级阶段，总结先进地区的经验可以供目前发展中的地区选择性借鉴，提高开发成效。

三、中国乡村记忆旅游产品开发的典型范例①

(一) 台湾省卓也小屋

卓也小屋位于台湾省苗栗县三义乡，最初是由民宿主人为保护猫头鹰幼雏而建，其爱心事迹令很多人感动。卓也小屋采用台湾地区早期农家的生活方式，完全恢复了乡村农家院落的场景，在众多台湾地区民宿中特色突出，是许多人追寻乡村记忆的目的地，年接待量非常可观。除了在街道和院落布置上采用台湾地区农家生活特色外，其他摆设和生活用品都采用天然蓝染制作，蓝染也作为该民宿的一个特色供游客体验；住宿是农家特色的谷仓样式，饮食由主人亲自种植和制作，保持食材的原有味道，并且建议游客慢慢品尝；接待方式也摒弃了标准化的流程，体现"自家人"的随意感，但通过精心布置使游客获得高质量的服务。卓也小屋受到中国台湾地区和大陆以及东南亚游客的欢迎，说明文化是乡村记忆旅

---

① 根据多种数据源的互联网资料整理。

游产品开发的灵魂，相关场景和接待布置能够迎合游客熟悉的文化内涵，从而引发美好的回忆体验。

(二)江西省婺源县

江西省婺源县原属古徽州，有较多的古建筑遗存，并且当地有种植油菜花的习惯，借助独特的徽州文化资源和自然景观，较早进行了乡村旅游开发，从最初的少量村落的油菜花观光到县域乡村进行系统开发，旅游产品不断迭代升级，吸引了国内外诸多游客。婺源春季油菜花海体现了江南特色，是许多游客儿时老家美好回忆的联想物之一；随着油菜花旅游开发，徽州古村落观光体验也随之开发，徽州古村落遗存较多，李坑、晓起和延村等古建筑群各有特色，一些村落还有古桥、古宗祠等古代建筑；富有江南生活场景的"晒秋"(秋季晾晒各种农产品)景观也吸引了大量游客观光体验；婺源森林覆盖率比较高，山地丘陵地貌加之河流众多，一些没有古建筑的村落也能以典型的江南水乡景观开展旅游。近几年，一些影视剧在婺源取景，影视旅游发展初见成效，当地也是摄影、绘画、探险等小众旅游的目的地；在一些游客比较多的目的地，如篁岭，还配套开发了一些现代化的娱乐设施，丰富了当地旅游产品。婺源县从整体进行了基础设施和服务设施改善，将全县村落划分为东、西、北等线路，开通乡村旅游巴士专线，而且和外部交通联结；在住宿、餐饮等接待设施方面引入了多样化的经营方式，使旅游商品保持地方特色的同时日益多样化。合福高速铁路开通进一步改善了当地交通，使当地乡村旅游获得了更快的发展，当地还全方位塑造"梦里老家"的品牌形象，知名度迅速提升。婺源县已经形成乡村旅游产品集群效应，统一品牌效应发挥了巨大作用，这也是未来转型升级的路径，除深度开发以外，产品差异化、丰富化以及不断的创新也值得其他地区借鉴。

(三)陕西省袁家村

袁家村位于陕西省礼泉县，是地理上的关中地区，借助乡村旅游开发，袁家村成功打造成为关中印象体验地，成为著名的乡村旅游目的地，并被评为"中国十大美丽乡村"。袁家村本身已经成为一个品牌，得益于全面的旅游产品开发。首先是村庄保持着明清时代的建筑风格，具有中国传统乡村的文化元素，营造出关中特色的村落气息；其次是旅游产品非常完善，既有古街区观光，还有集聚了一百多种小吃的小吃街和西安回民街的复制街区，并且有保留传统制作工艺可供游客体验的作坊街，此外还有代表现代文明的酒吧街和艺术街区；最后接待设施则是富有本地特色的农家乐，既保留了关中居住饮食特色，还可以解决游人的吃住问题；祠堂街、书院街有传统礼制建筑和戏台、书院等娱乐教育设施，还集中了可以售卖的手工艺品。另外，袁家村充分的社区参与和自我运营管理克服了我国大部分乡村旅游的管理和运营弊病，不仅达到了较高的管理和服务水平，而且充满浓厚质朴的陕西乡村气息，旅游收入大部分由当地居民获得，运营团队组织结构也十分简单，而且成本较低。作为我国乡村民俗文化的旅游村落，袁家村的成功源于多方面的因素，较为优越的地理区位以及独特的文化资源奠定了较好的发展基础，但旅游产品是成功的关键，而社区参与、管理和服务助力了当地可持续发展。

一、乡村建设是乡村发展的必由之路

从国际经验来看，世界上许多乡村在工业化过程中都经历过经济下滑、社会文化瓦解的过程，一些村庄从此走向凋敝，但是一些国家和地区从国家层面制定了乡村复兴的政策，采取了一系列措施提升乡村，缩小城乡差距，才使部分乡村走向复兴。主要建设的层面包括老旧建筑的维护与改造，乡村基础设施和公共服务的提升，乡村产业丰富化和经济提振，居民就业机会与收入改善，乡村生产和生活环境整治以及乡村文化与精神激发等多个方面。在导向上秉承了乡村原有的因地制宜、绿色发展，保持了良好的生态和各地特色。在运行机制上，多是政府、居民组织(协会或村委会)以及居民个体和外来力量共同协作，尤其是当地农民充分参与，可以使本地人力资源得到开发和利用。任何一个国家的乡村振兴都不能一蹴而就，通常会经历较长的过程，往往需要几十年持续不断的努力，投入大量的资金和人力、物力，才有可能获得成功。即使如此，一些村庄仍然会凋敝消失，因此需要选择合适的村庄进行建设。除此之外，在乡村建设中，外部力量的援助和当地居民自组织十分必要，必须依靠内外部力量结合，而且，外部力量所带来的现代文明是乡村振兴的另一重要动力，可以使乡村传统获得再生。

二、美丽乡村建设需要保留乡村记忆

世界上的许多国家在工业化之前大部分人口都生活在乡村，农业生产的特性与小农生产方式、自给自足的经济形态以及长期与自然相融合的生活方式导致乡村生产生活氛围与工业和服务业为主的城市有很大不同。即使在欧洲，工业化历史也并不悠久，亚洲地区也在"二战"之后才加速工业化进程，因此，城乡之间的联系尚未割断；另外，乡村地区相对城市来说的慢节奏、较好的生态以及文化特色也被城市生活中的居民向往，保留传统乡村特色可以寄托城市居民的"乡

愁"。历史上乡村曾经具有丰富的自然资源和人文资源，这些资源在现代仍然具有较高的科学、艺术价值和观赏价值，并具有生态服务价值，这些价值可以给城乡居民带来福祉，也可以通过发展相关产业转化为经济价值，保留乡村记忆是当地经济发展资源之一。

三、发展旅游业是传承乡村记忆的可行途径

许多国家和地区的乡村记忆都面临现代化的冲击，保留乡村记忆意味着需要投入大量各种资源，如果仅从公益角度进行保护，不能发挥其价值，也就失去了保护的意义而且不能进行有效传承，吸引公众观赏、体验和参与，才能使其承载的文化内涵能够传播，所有的功能价值继续发挥作用，变为民众福祉和财富。利用乡村记忆发展旅游业，才能够尽可能吸引更多公众，扩大各种价值，更好地发挥作用，不仅可以获得相应的资金和其他方面的支持，还能够使乡村记忆承载体在新时期获得新的角色，使之得以保护、传承并使乡村可持续发展。

四、乡村记忆旅游开发需要与乡村建设相互结合

乡村记忆可以满足游客怀旧、求知、观光以及度假、体验等多种需求，是乡村旅游的核心旅游资源。但是，必须进行开发利用才能成为核心产品，而且还需要其他配套产品才能使乡村成为旅游目的地。因此，只有乡村记忆旅游开发与乡村建设相互结合，才能达成这一目标。在乡村建设过程中，基础设施建设和公共服务提供不仅需要考虑游客需求，还需要充分利用乡土材料，与乡村文化相一致，成为乡村记忆的重要补充。接待设施要尽可能利用以前的建筑，但需要进行保护性改造以适应建设和旅游发展的需求。即使是原有的乡村记忆，也需要借助乡村建设进行生态、建筑等有形资源的恢复与修复，并对非物质文化遗产进行整理和挖掘，赋予它们新的内容和功能。旅游开发则可以为乡村记忆保护和乡村建设提供融资，解决人才和技术等问题，并且在运营之后持续为乡村建设提供后续资金和其他资源，使乡村建设可以持续进行，并带动现代文明进入乡村，为乡村整体提升提供源泉。

·第四章·

乡村记忆旅游：概念、资源与产品创新方向

世界上的许多国家和地区，乡村在人类历史上曾是重要的生产和生活的空间。工业化革命之后，生产方式的变化决定了人类需要一定程度的大规模集聚，生活方式也发生了巨大的变化，这些变化加速了城市的形成，城市人口的增加以及大量产业工人的出现。后工业化时代又产生了大量从事第三产业的人口，城市规模进一步扩大。与此同时，虽然许多乡村地区仍然是农产品生产基地，但从事农业的人口却急剧减少，农村经济、社会出现一定程度的危机，主要表现为经济贡献较少，当地居民收入较低，贫困人口较多，就业困难，基础设施和公共服务落后等。

在现代社会中，尽管乡村的经济地位已经落后于城市，但对人们依然有重要的价值。一方面，因为在人类发展进程中，乡村生产生活形成的物质文化和精神文化是一个庞杂而丰富多彩的体系，对人类适应自然、获得精神抚慰、促进社会进步等都有重要的意义，是宝贵的财富。许多地区开始重视保护特色的乡村文化。另一方面，与城市相比，乡村有更好的生态系统，可提供多样化的生态系统服务，包括城市稀缺的清洁空气、水、新鲜食品以及游憩空间。

无论是发达国家还是发展中国家，都十分重视乡村地区在工业化以及后工业化时代的发展，从生态、社会文化以及经济等方面促进其可持续发展。到乡村地区旅游在工业化初期就已经开始，起初是返乡和探亲访友，对乡村影响不大，后来又出现专门以乡村地区为目的地的旅游形式，尤其是以农村观光食宿最为普遍，以乡村为特色的体验产品也逐渐增加。大量研究表明，乡村性是乡村旅游的重要卖点，作为人类的群体记忆，乡村的许多要素和特征成为具有特殊吸引力的旅游资源，与其他元素相结合，开发成多样化的旅游产品，迎合了人们怀旧、放松、求知、亲近自然、体验文化等多方面的需要。

在新时期，我国新型城镇化和美丽乡村建设都已加速，在快速发展时期需要对地域性的乡村特色、物质遗产和非物质遗产进行原生态保护。因此，我国浙江、山东、陕西等一些省份启动了"乡村记忆"工程，保护的同时结合乡村旅游，形成独特的乡村记忆旅游，促进了乡村保护和发展的"双赢"。但这类旅游的概

念尚未厘清，资源类别边界不清，产品谱系不明确，本章在文献研究及实地考察基础上，对这类旅游的几个方面进行探索性研究。

第一节　乡村旅游概念与怀旧动机

乡村旅游起源于欧洲，但至今并无统一的定义。20 世纪末以来，许多国际组织和学者试图对其进行界定。一种说法认为只有具备"乡村性"并发生在乡村的旅游才能称为乡村旅游；另一种说法则主张发生在乡村地区的旅游都应该被称为乡村旅游。但是，各个国家和地区对乡村地区的界定不同，不同的旅游类型是否属于乡村旅游在各国也不一致。后来，有些学者从乡村地区的特征出发，界定了与城市性相对的乡村性，以乡村性为吸引物的旅游才被称为乡村旅游，这一主张得到世界旅游组织（UNWTO）和经济合作与发展组织（OECD）的支持（何景明和李立华，2002）。而且，通过研究发现，虽然去乡村地区的动机各异，但有一部分旅游者是被乡村独特的自然、文化所吸引。从供给角度来看，开发者也会将乡村独特的自然和文化作为资源。

目前，遗产旅游学者基于乡村旅游的特征、价值以及乡村实践，将乡村田园风光、乡村聚落以及美食和特色住宿纳入遗产旅游的范畴，这些恰恰是人类关于乡村集体记忆旅游的部分。乡村自然环境和人类物质遗产与非物质遗产均属于自然和文化遗产的组成部分，而乡村的确也是大部分人类曾经生活的区域空间，代表着过去，对于现代人类具有怀旧的意义，尤其对于曾经生活在乡村的游客，可能会有不一样的体验，而且也会向后代和其他人分享他们曾经生活的地方，探亲访友也经常是返乡旅游的一个动机，但这类旅游主要基于个人记忆（Timothy，2014）。

怀旧曾经被作为一个心理病症，后来成为一种文化情怀，西方用来自希腊语的 nostos 和 algia 的 nostalgia 表示这种状态，词根意思是思乡的焦灼感，因此有时也被译作"乡愁"（熊剑峰和王峰，2012）。董培海和李伟（2013）认为，怀旧是旅游的重要动机之一，旅游可以使旅游者逃离现代化，从而达到寻求过去美好的目的。包括乡村旅游在内的多种旅游形式都是集体怀旧的一种体现，个人怀旧也会导致因人而异的旅游行为。在欧洲，因思乡而导致的旅游是乡村旅游最初的形式。后来成为新旅游者的城市居民并无乡村生活经历，但作为人类对过去生活的向往和怀念，对原真性的一种追寻，乡村的建筑和自然环境以及非功利性的交往方式还是可以吸引许多城市居民的，可以解释为集体怀旧。在中国，目前许多城市家庭由农村迁入，或者有亲朋好友居住在农村，因探亲访友和怀念自己过去的生活而导致的乡村旅游也比较常见，熊剑峰等(2012)认为，怀旧旅游表现为重文化、重物、重情和重家园，在开发过程中需要突出地方文化，注重营造情境和氛围，还必须注重人文关怀。在古镇旅游中，怀旧情感对古式建筑与名人故居以及古镇文化有正向影响，而且还具有一定的中介作用(王琦娜，2015)。通过问卷调查和游记文本分析发现，怀旧旅游者在旅游之前处于想回到过去的消极情绪中，试图通过旅游行为摆脱这种情绪，而且具有整体同质性，旅游者与目的地之间有情感纽带，亲历者强于非亲历者(李禹，2015)。以上文献之间可以相互印证，说明对于怀旧旅游者来说，乡村旅游是人们对工业化城市化之后现代生活模式的一种逃避，怀念可以回到过去乡村生活的氛围中，既有个人怀旧的因素，也是集体怀旧的一种方式，怀旧的对象与乡村生活的要素有关，体现出与现代城市相对的、具有明显的乡村性特征。

第二节 乡村记忆旅游的概念

一、构词角度的乡村记忆旅游

单纯从字面理解，乡村记忆旅游由三个实词构成，这三个实词各有其含义。"乡村"指乡村地区，是与城市相对的具有特定的自然景观经济社会形态的地域综合体。乡村人口密度小，一般以农业(包括大农业各分支部门)为主要产业，自然景观、居民生活方式以及社会结构与城市有明显区别。"记忆"一词指的是人们对经验过的事物识记、保持和再认的一种基础的心理过程，个人记忆因个人经历不同具有一定的异质性，而与个人记忆相对的是集体记忆，哈布瓦赫指出，在社会层面，人们认为现实社会总给人以束缚和压力，由记忆连接的"过去"则可以超过这种束缚，一切美好的、神圣的事物都被封存在"过去"，需要营造这种"乌托邦"(罗杨，2011)。在乡村旅游实践中，无论中外，乡村性经常是这类旅游的重要吸引物，似乎验证了这一点，城市经常被认为是狂热的、忙碌的和紧张的，而乡村田园则是健康的和符合人类需要的(Timothy，2014)，人类在某一时段会认为记忆中的"乡村"要优于现今的城市，而出现逃离城市去乡村旅游的行为，回归乡村之后情绪由紧张变为愉悦而得到满足。"旅游"一词既包括了离开惯常生活的地方的含义，也有一定的休闲、娱乐、度假等目的，而且还会回到出发地。乡村旅游指以乡村为旅游目的地，旅游活动发生在乡村地区的旅游类型。因此，乡村记忆旅游也是以旅游者到乡村地区进行旅游为前提，且基于对乡村的美好记忆选择去乡村体验与日常不一样的生活形成了旅游这种行为。

二、动机功能角度的乡村记忆旅游

许多社会学研究者将旅游与现代性联系起来，一部分学者认为旅游产生由于现代性的推力，另一部分学者则认为由于现代性的拉力（王宁，1999）。推—拉理论由 Dann 于 1977 年提出，指出旅游者的旅游行为受推力和拉力两种力量影响，前者来自旅游者本身，是旅游产生的内驱力，后者来自旅游目的地的属性特征，是外部吸引力，此理论将需求和供给相联系，得到了许多学者的认同。我国学者进一步探求了旅游现象的社会学本质，认为旅游是现代生存条件下"好恶交织"的结果，既是对现代化带来的一系列的便利与优越的享受，也是对现代化带来的生活程式化以及环境恶劣等一系列不舒适的逃离（王宁，1999）。北京市相关研究表明，城市居民选择去乡村旅游，逃避日常规程和欣赏景观、增长见识是最重要的两个推力，自然景观在单项得分中最高；服务质量和旅游形象、旅游资源是重要的拉力，个人安全因素最受重视（刘聚梅，2007）。相比于其他旅游方式，乡村与城市的差异性是旅游动机的产生的原因，乡村优势主要体现在具有不同的生活方式，生态环境较好，传统文化保留较多，生活节奏较慢，人际关系良好，这恰恰是现代性所缺失的。基于对乡村美好记忆和印象，旅游者愿意前往乡村地区，使他们从日常繁杂的工作以及功利性的人际关系中逃离出来，满足放松身心、亲近自然、体验文化及增长见识等需要。在这个过程中，对过去的集体记忆使乡村具有良好的原生形象，促使旅游者在城市中产生打算逃离日常生活的紧张感时，产生去乡村寻求缓解情绪的动机；另外，乡村地区需要具备目的地的多种功能，因为仅让游客回归乡村并不够，在服务设施和服务质量上同样需要满足游客需要，在这一点上和其他目的地并无不同，这样使游客并未脱离现代性带来的优越。

三、乡村记忆旅游概念与内涵

基于上述解构与分析，乡村记忆旅游的内涵至少有以下三点：首先，这种旅游以乡村地区为目的地，旅游行为的核心活动发生在乡村地区；其次，这种旅游的吸引物被限定为个人对自己亲历的和集体记忆（社会普遍认可）的乡村事物、特征和形象；最后，这类旅游在实践中符合旅游的基本特征，是一种特殊的旅游形式。概括起来，乡村记忆旅游是以个人或社会认可的乡村特色的自然、经济、社会事物、风貌、氛围为主要旅游吸引物，主要以城市居民为吸引对象的，发生在乡村地区的一种特殊的旅游形式。

在这个概念中，核心问题是旅游吸引物的确定，决定了这种旅游形式的特色和性质。古今中外，怀旧、乡愁是普遍存在于各个地域、民族以及阶层，虽然个人因经历的差异性对过去的具体记忆有一定的差异，然而心理机制却相同，尤其在将过去乡村和目前城市对比的基础上，与城市相对的乡村的美好往往是最具有吸引力的部分，从社会群体层面容易形成集体记忆，概括出乡村的共同之处，结合怀旧的本质，往往是传统乡村所具备的各种特征；需要注意的是，并非乡村所有的特征和事物都值得思念和怀旧，因此可以作为旅游吸引物的是那些城市所缺乏的、能够给旅游者带来美好体验的特征和事物。乡村特征具有地域差异性，因此这种旅游吸引物也会因地区而出现具体差异，而且对于某一个旅游者个体，会因个人经历不同而不同。

四、乡村记忆旅游与其他旅游的联系和区别

由以上概念可知，乡村记忆旅游是以人类社会达成共识的、传统乡村特色为旅游吸引物的旅游，这些吸引物可以引发人们对人类曾经的美好家园的回忆，满足怀旧需求，在一定程度上，学者认可的严格的乡村旅游范围几乎一致，但是后者更强调乡村性特征，前者并非乡村性特征的全部，而是保存在记忆中的部分。

从空间角度以及实践中或在广义的乡村旅游（指全部发生在乡村地区的旅游）中，有些旅游形式和人们记忆中乡村并无关系，但是也发生在乡村地区，如体育赛事、高空旅游、现代游乐场、主题公园（乡村特色主题公园除外）等旅游形式，但乡村记忆旅游和这些旅游形式可以在乡村空间并存（见图4-1），在旅游开发实践中新兴旅游也可以较好地满足现代人的需求，起到相互补充的作用。

图4-1　乡村记忆旅游与其他旅游类型的关系（空间角度）①

资料来源：笔者自制。

---

①　大椭圆中空白代表乡村地区以外空间的各种旅游形式，大椭圆阴影部分代表发生在乡村地区的旅游形式，而两者交集之外是与乡村记忆有关联的旅游形式。

从时间角度来看，人类关于乡村的记忆是基于过去的景观和事物，因此，大部分旅游吸引物应该归入属于自然和文化遗产，虽然相对于城市地区的遗产以及以往供权贵阶层使用的遗产来说，乡村地区的遗产更加平常，而且存量较多，但仍然吸引大量游客前去旅游，尤其是少数地区独特性的自然遗产、人与自然共建的文化遗产以及高品质的具有代表性的建筑、遗址等吸引力尤其明显。乡村地区的遗产旅游还包括工业遗产以及宗教、战争和政治遗产等各种要素（Timothy，2014），这些并非人类集体记忆或个人记忆里与乡村相关联的特征，而只是恰好位于乡村地区，这部分遗产旅游应该被排除在乡村记忆旅游之外。乡村记忆旅游仅包括与乡村特征联系明显的那部分遗产旅游形式，并且是存留于人们记忆中的那些事物；另外，乡村遗产旅游是真实和客观存在的，而且是目前仍存在的，人们关于乡村的记忆则是抽象的和经过加工的，包含已经消失的，因此在可以利用的资源上以及产品开发上有所不同。但不可否认的是，很多乡村记忆旅游资源确实与遗产旅游一样面临消失的威胁，需要以遗产旅游的形式来开展旅游活动。

第三节　乡村记忆旅游资源

一、乡村记忆旅游资源概念与分类

（一）乡村记忆旅游资源概念

我国国家标准（GB/T 18972—2017）对旅游资源的定义强调了对旅游者的吸引力，以及可以被旅游业开发利用从而产生生态、社会、经济效益，包括自然界和人类社会多种事物、现象和因素。乡村记忆旅游资源也需要符合这些条件，但作为一种专项旅游，旅游资源的范围较小。在空间上，这类旅游资源主要分布在乡村地区，而且，无论作为个人记忆还是作为集体记忆的乡村，都和人类活动有关。在时间上，这些旅游资源主要形成于一个国家或地区大规模工业化和城市化之前，并在之后成为旅游资源。在资源赋存方面，资源保护较好，原真性较好的才具备吸引力和开发价值。因此，乡村记忆旅游资源指的是处于人类曾经生活过的乡村地区，至今仍保持着传统乡村的原真性或特征，对旅游者有吸引力，可以被旅游业开发利用取得生态、经济、社会效益的各种事物、现象和因素的总和。

（二）乡村记忆旅游资源分类

在影响比较大的资源分类方法中，二分法根据资源形成，将其分为自然资源和人文资源，每种资源再根据其他依据进行进一步细分。国家标准（GB/T 18972—2017）将旅游资源分为八个主要类型，这些方法普适性较好，但专项资源需要根据自己的属性特征进行分类以方便研究和开发。从形成角度，相比自然荒野和城市，人类聚居乡村不仅有完全自然形成的旅游资源，还有人与自然共同创造的而形成的旅游资源，在此基础上人类创造出物质文明和精神文明，因此将这类资源按自然类、半自然类和人文类分为三类。从存在状态角度，旅游资源分有形资源和无形资源两种，这在乡村记忆旅游资源中表现得也很明显，自然资源中气候和天象资源，自然和半自然生态系统提供的文化服务功能，人类社会的非物质遗产都属于无形资源，而且这些资源在旅游中对游客具有特殊的吸引力，在开发上也和有形资源有所不同。在前两种细分基础上再确定基本类型(见表4-1)。

表4-1 乡村记忆旅游资源分类

主类	亚类	基本类型
A 自然旅游资源	AA 有形自然旅游资源	AAA 自然景观综合体；AAB 地质与构造形迹；AAC 地表形态；AAD 自然标记与自然现象；AAE 河系；AAF 湖沼；AAG 地下水；AAH 冰雪地；AAI 海面；AAJ 植被景观；AAK 野生动物栖息地；AAL 天象景观；AAM 天气与气候现象；AAN 野生珍稀植物生长地；AAO 自然生态系统
	AB 无形自然旅游资源	ABA 舒适天气与气候；ABB 康养环境；ABC 宁静氛围；ABD 亲近自然机会
B 半自然旅游资源	BA 有形半自然旅游资源	BAA 人工地貌；BAB 人工岛礁；BAC 人工河段；BAD 人工湖泊与池沼；BAE 仿自然瀑布；BAF 仿自然泉；BAG 栽植树木；BAH 人工草地；BAI 人工花卉地；BAJ 植物园；BAK 自然放养动物展示地；BAL 农田；BAM 渔业作业区
	BB 无形半自然旅游资源	BBA 乡土气息；BBB 舒适宜居环境；BBC 人与自然和谐氛围；BBD 灵感获取机会；BBE 地方感；BBF 求知机会；BBG 游憩机会
C 人文旅游资源	CA 有形人文旅游资源	CAA 乡村经济社会文化场所；CAB 实用建筑与核心设施；CAC 景观与小品建筑；CAD 物质文化遗存；CAE 本地农业产品；CAF 本地工业产品；CAG 本地手工工艺品；CAH 乡村特色饮食；CAI 乡村特色住宿
	CB 无形人文旅游资源	CBA 非物质类文化遗存；CBB 人事活动记录；CBC 岁时节令；CBD 口头文学与语言；CBE 一定历史时期社会、经济、文化成就；CBF 传统乡村社会关系；CBG 生产方式；CBH 价值取向；CBI 生活节律

资料来源：笔者自制。

在表4-1中，在主类按成因以及亚类按存在形式进一步细分之后，结合乡村记忆旅游资源特点和实践需要，以国家标准的亚类作为参考，但国家标准普适性较好，用于该类旅游却有所欠缺，因此进行了调整和补充（楷体部分）。在有形自然旅游资源中的几个调整强调了自然形成和有形以及补充了珍稀植物类型。无形自然旅游资源改动较多，主要体现在以下三个方面：①乡村吸引力较强的舒适天气与气候，不仅是传统意义的避寒和避暑，还有更适合人类生活的风和日丽、干湿相宜等感官舒适感；②有利于身心恢复的康养环境以及宁静氛围，是自然界多种物质综合作用的结果；③大城市难以获得的作为人类动物本能亲近自然的机会。半自然有形资源中的调整更为强调人类顺应自然规律而对自然的改造和利用，一种是人类行为对自然地貌的改变，另一种是仿自然方式对水资源、土地资源和物种的利用，还有作为乡村基础的农、林、牧、渔业生产区和人工种植的花卉以及创造的自然园林。无形半自然类资源完全根据乡村资源补充，前三种是乡村地区人与自然形成具有特色的气息环境和氛围，后几种是乡村生态系统为人类提供的服务，这些服务有可能来自自然生态系统或半自然生态系统，但是因为人类文化才能够具备价值，因此归入无形的半自然资源类。人文类有形旅游资源主要补充了特色餐饮与住宿，在交通部分补充了交通工具，最重要的是将国家标准中的综合人文旅游地修改为乡村经济社会文化场所，这部分资源既是乡村的重要人文资源，也是乡村记忆的重要组成部分。无形的人文旅游资源除国家标准中的人文活动主类中的几个亚类资源外，还补充了口头艺术与语言以及乡村的生产和生活方式与传统社会的社会关系，这是乡村记忆的重要内容，对城市游客具有吸引力；在一些历史时期，某些乡村也曾有一些经济、社会成就，因此也补充了这类旅游资源。

二、乡村记忆旅游资源属性与特征

（一）乡村记忆旅游资源属性

乡村记忆旅游资源在基本属性方面也和其他旅游资源相似。其本身固有的也是最重要的一个属性就是对游客的吸引定向性，乡村记忆旅游资源吸引的是对乡村怀有美好情感和记忆的那部分游客，值得注意的是，并非到乡村地区旅游的人都受此吸引。在存在形态上，同样具有多样性的特点，包含各种成因不同、状态不同、形式各异的资源，并且多种资源组合在一起。在空间分布上，具有广域性，分布可以遍及全世界人类曾经聚居生活的地区；在具体地域中，这些资源具有地方特色，并且具有不可移动性。在时间上，这类旅游资源季节性变化也很明显，形成旅游淡旺季，另外随着时间变化，有些资源可能失去吸引力但也会增加新的资源。在经济方面，虽然这类资源可供开发产生价值，但本身价值不易确定；在利用方面，一般来说可以永续利用，但有些资源一旦毁坏便不可再生(马耀峰，2010)。

(二) 乡村记忆旅游资源的特征

虽然乡村记忆旅游资源与其他旅游资源属性较为相似，但具有明显的五个特征：①在吸引的客源上，以城市居民为主。这类资源吸引力范围与资源的代表性和开发程度有关，通常只能吸引附近城市的游客；在满足游客方面，除满足常规的旅游需求外，还可以满足游客的怀旧需求。②资源品位相对较低，规模较小。这类旅游资源原本只是先民聚居地，往往选择生存条件较好的地区，但并非高山大川，因人类活动较多，生态原始性欠佳，而且经济相对当时的城市落后，没有较著名的文化遗存，所以缺乏品位高、规模体量较大的旅游资源；或者乡村社区虽然位于著名旅游资源附近，但人们活动范围和控制范围也仅限于村落周边区域。③产权比较复杂。乡村地区土地和资源有些属于国有，有些属于社区共有，还有的属于社区居民所有，产权复杂会使旅游开发涉及较多的利益相关者，资源整合面临一定困难。④区位交通条件较差，吸引投资较难。由于长期处于城乡二元经济结构，乡村地区基础设施仍相对落后，区位条件也较差，乡村记忆旅游资源丰富的地区尤其突出，而且，这类地区很难吸引到旅游资源开发所需资金。⑤资源比较脆弱，保护难度大。资源所处地区生态较好但旅游容量有限，容易遭到破坏，人文资源由于自然损坏和人为拆除，正在加速消失，在开发过程中保护难度也相对较大。以上这些特征决定了乡村记忆旅游资源开发、保护不同于其他资源，需要充分考虑这些特殊性，有针对性设计产品，以改善区位交通条件，创新投融资方式。

第四节　乡村旅游产品谱系与创新方向

一、乡村记忆旅游产品概念及内涵

对于目的地来说，为旅游者提供的各种旅游吸引物和服务都是旅游产品；对于旅游者来说，旅游产品是他们购买的一次旅游经历。著名营销学者菲利普·科特勒将产品层次从三层次修订为五层次，即核心产品、形式产品、期望产品、延伸产品和潜在产品，该修订体现了对游客（消费者）在产品形成中的主导作用以及与提供者的互动性（宋咏梅和孙根年，2007）。无论从哪个角度，旅游产品都是多种事物因素的集成体，共同决定产品质量，影响游客满意度。乡村记忆旅游产品是由体现个人与集体记忆中的乡村特色为目标进行开发的，可以满足旅游者多种需要的旅游吸引物、相关管理和服务的整体。在这个概念中，这种旅游产品是以资源为基础，围绕传统乡村生态、经济、社会、文化特色而进行开发，尽量保持乡村原真性，但必须考虑游客的多种动机，不仅包括怀旧和体验乡村经历，还需要满足其他需求。另外，必须考虑产品的整体性，在吸引物之外做好具有乡村特色的服务和管理，与吸引物相辅相成。

二、乡村记忆旅游产品构成

旅游资源是产品开发的基础，旅游需求是产品的开发方向，因此必须进行资源和客源的分析评价。乡村记忆旅游资源种类较多，必须注意特色化和保持原真性；客源构成也较为复杂，消费能力、社会阶层、年龄都是较好的划分依据。确定资源开发方向和客源之后，需要开发各种旅游吸引物作为核心产品，用来满足旅游者各种效用，并且在形式上要注重乡村特色，达到顾客满意的质量，形成品牌，才能符合旅游者期望。附加产品在旅游产品中十分重要，研究表明，游客非常重视旅游服务和管理，尤其是安全管理（李禹，2015）。乡村记忆旅游也需要重视相应的服务和管理，不仅要使游客在旅游前可以获得充分的信息，还要提供预订服务和交通便利，除在旅游过程中提供具有乡村特色的服务、管理提升效率外，也需要结合乡村特点进行创新。在这些基础上，提供的增值产品可以让旅游者获得额外价值，如可以赠予游客礼品，提供个性化的亲情服务，为他们提供增进友情亲情的机会等，完善旅游产品，增加满意度。旅游吸引物、服务和管理需要由政府、社区、社区居民和外来经营者联合供给，以保持文化原真性及保护生态系统和环境为导向，以传统社会好客习俗作为经营宗旨，避免过度商业化。

三、乡村记忆旅游吸引物谱系

核心产品主要依托自然、半自然和人文资源，利用这几类资源开发多种旅游吸引物以满足不同类型旅游者的需要；这些旅游者除有怀旧需求之外，还有其他旅游动机，综合考虑旅游者偏好、效用和兴趣设计核心产品。1999年国家旅游局提出观光、度假、专项、生态四类旅游产品和旅游安全用品分类方法，其中可以将旅游安全用品归结到管理和服务中，其余观光、度假、专项也适用于乡村记忆旅游，根据这类旅游的特点和实践经验，还需要补充体验类和求知类型以满足分类的需要，而生态旅游几乎贯穿了乡村记忆旅游的各个类型，也是这类旅游的特色，因此不再将生态旅游单列。以资源—产品类型为分类矩阵，可以将乡村记忆旅游产品归入16个类型(其中专项旅游以主题性为特色，涉及各类资源)，形成产品谱系(见表4-2)，在表4-2中，仅列举代表性的类型，这些类型还可以再具体细分为更多的类型，并结合当地资源、客源与地域特色、投资情况等进行选择性开发。

表 4-2 乡村记忆旅游核心产品谱系

资源类型	产品类型				
	观光旅游	度假旅游	体验旅游	求知旅游	专项旅游
自然旅游资源	综合性自然风光、野生动植物观赏、特殊地貌地形景观、水体景观、冰雪景观等	综合自然地度假、温泉度假、野外露营、河滨湖滨度假、舒适气候度假	野外生存、森林游憩、草原娱乐活动、水上活动、冰雪娱乐、野生动物捕猎、野生植物采集、攀岩、徒步等	自然探秘、观察生态系统、野外学习、科学考察	绘画、摄影、商务会议、康养、研学、美食、环保、亲子、购物、红色文化、影视基地等
半自然旅游资源	综合田园风光、果园、菜园药用植物观赏、人工花海、大地景观、观光绿道、驯养动物观赏等	农场木屋等住宿设施度假、农场露营、山洞酒店度假	农田耕作及收获、渔业养殖及收获、林业种植及收获，动物饲养放牧捕猎、乡村田间林间休闲游憩	教育农园(包括单一品种和多个品种，涵盖农林牧渔多种)	
人文旅游资源	整体建筑景观、单体建筑观赏、博物馆、主题公园、展览会	传统民居度假、仿古建筑度假	农家生活体验、森林人家体验、渔家生活体验、草原生活体验、民俗节庆活动、农产品加工制作、技艺学习、村镇集会、民间游戏、艺术表演	乡土知识学习、当地历史展示、传统文化展示、建筑景观艺术、著名人物生平事迹	

注：此表中产品都是在乡村地区开发，具有地方乡村特色。

资料来源：笔者根据参考文献整理所得。

四、乡村记忆旅游产品创新方向

目前虽然乡村记忆旅游产品种类已经较多，但难掩产品单一、低端化和同质化的事实，在消费升级和供给侧改革背景下，产品创新仍然十分重要。根据产品创新理论，结合旅游业实际以及乡村记忆特性，创新方向集中在以下五个方面：①要素创新，从传统六要素到十四要素，不仅是数量的增加，而且每种要素都可以进行创新，可以对要素组合进行创新，并且可以添加多样化的主题元素；②功能创新，传统乡村旅游观光和休闲功能突出，在此基础上可以开发其他康养、体育、研学、文化等多种功能；③内容增加，目前主要问题是对乡村记忆旅游资源挖掘不够以及旅游项目开发较少，未来需要引入文创、科技以及充分发挥"旅游+"的作用，在单项产品设计、空间布局以及产业集群方面进行多样化的创新；④产品质量，也可以在现有产品基础上改进生产工艺以及原材料或者形式，进行多样化的创新；⑤旅游产品，除核心吸引物之外的产品层次也可以进行创新来提升游客体验，尤其是管理与服务质量提升以及在提供服务中的互动。

第五节　传统与新兴的典型乡村记忆产品

一、传统乡村记忆旅游产品

(一) 乡村记忆博物馆

博物馆是世界各国普遍用于保留过去人、事及生活场景的方式，同样适用于保存乡村记忆。工业化和城市化之后，为了保存乡村记忆，博物馆这种形式被作为记录过去生产生活、连接传统与现代、塑造地方感、地方认同以及满足怀旧的较好场所。以英国北约克郡为例，19 世纪就已经建立多种乡村博物馆，用以记录当地丰富的物质遗产和非物质文化遗产，采用露天和室内形式，陈列当地生活生产用品、生产方式、民俗以及保护传统乡村景观与建筑 (杜辉，2017)。我国山东、浙江、甘肃、贵州等地也建立了乡村博物馆，用以保存当地重要的文化遗产，多以场馆陈列物件与用品、保存档案记录和以雕塑、绘画等形式还原过往人们的生产生活，这并非为旅游所建，而是美丽乡村建设中展示地方文化的一种工具，能够加强社区的凝聚力以及内外部的交流、理解和认同。在旅游过程中，一般会以人员解说和机器解说等方式作为辅助，旅游者可以了解当地历史文化、著名人物、民间风俗，还可以起到氛围塑造的作用。在博物馆中，值得一提的是乡村原生态博物馆，以连片保护乡村整体为载体，并保留原有的生产生活方式作为展示的内容，比陈列、记录、再现等方式更具备原真性，吸引力更强，但仅适用于乡村文化尚未被破坏的区域，而且在现代化的改造和嵌入过程中需要更多的智慧。我国此类博物馆多分布在少数民族地区，不仅保护了多元文化，也作为旅游吸引物开展旅游。

（二）乡村主题公园与街区

著名的、有代表性的地域文化可以通过主题公园的形式进行集中展示，同时可以作为富有地方色彩的旅游吸引物。例如，韩国民俗村移建了各地朝鲜时代的村落，集中展示各地生产生活场景，用于观光、体验、娱乐和电视剧拍摄，并提供餐饮等服务，可以满足国内外游客了解韩国历史和体验过往生活的需求。除以民俗作为主题，还可以当地农业、某种农作物或畜牧产品、某地特色风格的农庄等作为主题，都可以体现地方性及传统文化。主题公园不仅主题特色明显，为了满足旅游者的需求，还必须提供多种配套设施和服务，集观光、体验、娱乐、度假多功能于一体，规模可大可小。在大多数情况下，除具有旅游效益外，还通过商品出售或文化展示获得其他额外效益。

（三）乡村生产体验

工业化和城市化使许多农村居民远离了农业生产，后来，农业生产逐渐发展为乡村旅游吸引物，但作为旅游吸引物的生产体验不以传统农业劳作中重复性、时间长和大量体力付出为特色，而是充满休闲、娱乐及收获的喜悦。生产体验有采摘、耕作、种植等多种形式，其中采摘特色农产品具有较强的吸引力，一方面可以直接亲近自然，直接品尝或购买新鲜农产品；另一方面还经常可以借此机会与家人朋友在一起，一些采摘活动还经常伴随着创意、加工、比赛等附加产品。其余活动也因为相似的原因富有吸引力，得到身心放松和观光、社交等利益，成为游客逃离城市和现代化的方式。

（四）乡村生活体验

出于对过去生活的怀念及猎奇等原因，体验传统乡村生活也经常是旅游者青睐的项目。早期欧洲地区进行乡村旅游的城市居民，喜欢在周末住在当地农场，参与农场的生产劳动，同时体验乡村传统饮食和住宿，而且越传统的具有地域特色的住宿设施和乡村美食越受欢迎；我国乡村旅游开展之初，以体验农村生活为主要内容的"农家乐"在全国各地十分普遍，受到城市居民的广泛欢迎，至今仍然盛行不衰。乡村生活体验与其他旅游吸引物相结合，同时具有接待设施的特性，而且保留了当地文化的原真性，随意性也较强，对于厌烦酒店标准化服务的城市居民吸引力较大，可以与当地人交流也是一些民俗文化爱好者愿意选择的原因。

(五) 乡村观光休闲

城市居民工作生活节奏较快，压力较大，环境非常单调，需要经常进行身心修复，乡村可以借助传统乡村的美好意象、景观和广阔的空间为旅游者提供观光休闲服务，同时也可以满足其他社交和猎奇等动机。世界上的乡村地区具有较强的地域性，不仅保存着较为原始的、多样化的生态系统，还有优美的田园风光和丰富的文化景观；既体现过去人类对自然的一种适应，又具有艺术价值和审美价值；尤其相对于城市的水泥森林和光怪陆离的色彩，乡村自然色彩具有更好的感官感受。乡村空间广阔，欣赏风景的同时还可以通过多种多样、随心所欲的休闲方式度过闲暇时光。

二、新兴乡村记忆旅游产品

(一) 乡村养生养老

在工业化和城市化后期，许多国家和地区都会平衡城乡差距加快乡村发展，一些乡村地区在公共服务以及基础设施方面不逊于城市，反而比城市生活更为舒适，因此出现"逆城市化"现象，一些退休老人和城市工作的年轻人热衷于回归乡村进行养老和养生。这种形式的旅游产品可以较好地利用乡村闲置的农宅，使它们产生更高的价值，而且还给当地居民创造就业机会，因此，乡村旅居在发达国家和地区比较常见，乡村民宿和民宅租赁也受到资本的关注，带动周边其他旅游资源开发。乡村养生养老吸引了城市居民返乡创业，带来资金和各种技术及管理经验，为乡村发展注入新的活力。

(二) 乡村研学

城市出生的孩子缺乏对自然的接触和对农耕文化的了解，乡村研学可以提供这些机会，使他们接触大自然，了解生态系统及其物种的知识，并且能够了解乡村传统文化，这些知识可以和课堂知识相互融会贯通，同时增强学生实践能力和自理能力。日本等国就以教育农园为主要载体开展研学旅游，我国也开始重视研学旅游，一些传统村落被列为研学旅游基地，传统的国学知识、当地的历史文化、乡土知识、生态现象和探究都可以成为学习内容，一些机构针对青少年开发了户外生存探险、童子军、夏令营等产品。但是，研学旅游产品的核心吸引物以及配套服务尚需完善。

(三) 田园综合体

田园综合体借鉴了城市综合体的形式，富有当地乡村特色，具有一定规模，集中了一二三产业，有多种旅游吸引物，集观光、休闲、体验、度假、研学等多功能于一体，对城市居民具有较强的吸引力，也能够创造较好的经济、生态、社会效益。在发达国家，如美国、法国、日本、韩国等地，由于土地已经集中规模，这种产品形式比较常见，被冠以农庄、农场等不同的名字。我国在 2017 年提出建设田园综合体，非常适合我国农地适度规模经营的状况，借助土地流转和农业专业合作社，促进一二三产业融合，在保持乡村传统的基础上引入现代要素，提供多样化的游憩、餐饮、住宿服务，提高产值，并为城市居民提供休闲空间。

(四) 乡村美食与民宿

食宿是旅游产品的重要组成部分，在其他旅游产品中一般不作为旅游吸引物，但传统乡村美食和民宿却因具有文化背景和地方特色，是重要的旅游吸引物，成为专项旅游。在发达国家，已经出现美食等特色旅游吸引高端游客，我国浙江一些地区也依托当地生态优势，开发优质特色美食，吸引杭州、上海等大城市高端人群。国内的乡村特色民宿结合环境优势和周边体验项目也取得了较大的成功，成为周末和假期城市居民回归乡村的吸引物，这两种形式保护了乡村传统建筑和饮食文化，将绿水青山等生态优势转化为经济优势，有助于乡村发展转型以及城乡融合发展。

结 论

自古以来，无论中外，乡村田园一直是人类美好家园的象征，在大规模城市化以及进入现代化以来，乡村地区更是人们向往的心灵家园，许多城市及居民怀念乡村美好的事物——无论是真的曾经美好还是人们向往的"乌托邦"。受到自然景观和人文社会氛围吸引，借助旅游这种形式，人们摆脱城市惯常的生活环境，回归乡村，产生了乡村记忆旅游。然而，这些游客需求与昔日生活在乡村的居民并不等同，需要将乡村记忆旅游资源加工为产品。整体产品概念也适用于此，不仅核心产品能够吸引游客，形式产品、期望产品也要能够满足更为有经验的消费者的需要，否则将不能提供很好的消费体验；延伸产品和潜在产品也需要尽力去满足，以便提升满意度和重游率。乡村旅游资源也体现出一般旅游资源的特征，多样性和综合性、地域性表现得尤为明显。在旅游资源国家标准基础之上进行补充构建乡村记忆旅游资源分类表具有一定的实用价值。通过梳理文献和各国经验借鉴以及旅游实践，经典的乡村记忆旅游核心吸引物多为农事体验、农村生活体验、乡村博物馆、乡村主题公园等产品，而近年来乡村记忆旅游产品体系日益丰富，围绕体验以及乡村建设，开发了诸如乡村养老养生、乡村研学、田园综合体以及美食与民宿专项旅游产品，还有摄影、文化遗产旅游等众多小众产品。在未来，乡村记忆旅游创新应该体现在资源被进一步挖掘和利用，核心产品谱系也会日益丰富，整体产品逐渐完善，乡村记忆旅游功能也会逐渐增加，为乡村振兴做出更大贡献。

·第五章·

乡村记忆旅游产品的偏好及异质性研究[①]
——基于选择实验模型的方法

在世界范围内，工业化和城市发展给经济带来繁荣造成乡村的衰落十分普遍
（Lane，1994；Kim，2005；Fleischer & Pizam，1997），无论发达还是发展中国家和
地区，几乎都面临同样的窘境，乡村主业农业下滑，需要重新寻找可持续的发展
（Garrod et al.，2006；Cawley & Gillmor，2008）。在同一时期，工业化和城镇化带来
的旅游需求也发生了变化，传统的海滨资源和文物古迹旅游已经不能满足全部需
求，休闲和短期度假旅游需求激增，许多城市居民对乡村保存着较好的印象，回归
乡村可以满足常规旅游需求并且可以缓解乡愁，因此，乡村旅游成为大众旅游的一
个替代品（Ghaderi & Henderson，2012；Salvatore et al.，2018）。19 世纪 60 年代，意
大利就已经成立协会，介绍城市居民到乡村地区旅游。后来，许多国家意识到乡村
旅游可以带来经济、社会的繁荣，开始保护乡村文化，重视乡村旅游发展。许多政
府出台了乡村发展政策，发展旅游业是其中一个重要的工具（Briedenhann &
Wickens，2004；Sharpley & Vass，2006；Cawley & Gillmor，2008），乡村自然、建筑、
社会都会成为资产，还可以拉动投资，借助吸引游客消费，协同推进经济、社会和
环境目标，解决可持续发展的难题（Garrod et al.，2006）。研究表明，乡村旅游对
乡村非农收入增加、减贫、促进性别平等、挽救传统村落等方面有重要作用
（Garcia-Ramon et al.，1995；Perales，2002；Allali，2009；Neba，2010；Hwang &
Lee，2015；Gao & Wu，2017），世界旅游组织也认可乡村旅游的重要作用并开展了
相应的研讨会和行动（Hernández et al.，2007；Zeng & Ryan，2012）。

在乡村旅游发展早期，产品比较简单，一些农场提供床位和早餐以及农家生
活，自然风光和景观以及乡村文化也是重要的吸引物（Fleischer & Pizam，1997；
Cánoves & Villarino，2004；Zhou & Huang，2004；Oppermann，1996）。随着更多的
村庄提供旅游产品，产品的类型越来越丰富，逐渐成为一类目的地（Sharpley，

---

① YuxinLi；Zili Yao；Zhanfeng Guo. Willingness to pay and preferences for ruraltourism attributes among
urban residents：A discrete choice experiment in China[J]. Economic Analysis and Policy，2023（77）：460-471.
（此文发表了本章中的部分内容）

2002)。现代乡村旅游产品包括一系列的类型，绿色旅游、农业旅游、探险旅游、户外游憩以及文化旅游等。但是，乡村旅游在学术界没有公认的、统一的定义（Hernández et al.，2007）。欧盟(EU)和经济合作与发展组织(OECD)认为，"乡村性"是乡村旅游独特的卖点(何景明和李立华，2002)，而且，早期几乎所有的案例也是将乡村性作为独特的卖点(Lane，1994)，也得到许多研究者的认同(Lane，1994；Reichel et al.，2000；Hernández et al.，2007)。本章的乡村性是指与城市相对的乡村独特的自然、物质、文化和社会特征(冯淑华和沙润，2007)；具有乡村记忆的旅游产品是基于有乡村经历的个人记忆以及作为我国历史发展阶段的集体记忆以乡村性为特征的产品，符合以下三点：①在乡村地区生产和消费，虽然乡村定义在各国有区别，在我国特指在建制乡镇(包括少数民族地区同级建制)级以下，由村民自治，以农业为主要产业的村落。②是和城市相对的、乡村独有的特征为旅游吸引物，包括自然娱乐、乡村观光、乡村遗产旅游、民俗旅游和体验乡村生活等。③以城市居民为目标消费者。

　　早期乡村旅游者是那些曾经在农村生活，后来移居城市的人及其家庭成员，现代乡村旅游者则是中高端阶层，他们需求已经不同于传统乡村旅游者(Perales，2002)。无论旅游者是否根在乡村，从许多国家居民视角，乡村被视作有着城市已经消失的、具备美好物质和社会的地方，具有象征意义，从而值得保护。人们去乡村旅游意味着更能亲近自然，观赏农业景观，品尝美味食物以及参观文化遗产，感受非功利的人际关系(Bramwell，1994；Salvatore et al.，2018)。在许多国家，乡村自然景观保护、历史建筑和传统乡村社会也受到更多重视(Lane，1994；Hudečková & ševčíková，2007；Hwang & Lee，2015)。旅游者需求不断变化，越来越多的农村加入到旅游竞争中，乡村旅游产品越来越多元化(Sharpley，2002；Gartner，2004；Cánoves et al.，2004)。体验经济时代的消费者注重原真性基础上的体验(Lee，2015)，开发保留乡村性并且注重体验性、具有多样化形式的产品是一个重要的趋势。我国乡村旅游在20世纪80年代以后开始发展，近几年增长迅速，2014年，我国开始进行新型城镇化，城镇化步伐加快的同时也注意到了传统乡村保护的必要，在中央城镇化会议上提出"尽可能在原有村庄形态上改善居民的生活"，村落保护受到各方关注，省级政府开始开展"乡村记忆"工程，以多种形式保护传统村落，成为城市居民回归乡村，缓解乡愁的旅游目的地。

　　无论学者、政府还是经营者，乡村旅游者的旅游动机和需求都是关注的热点，学术界对乡村旅游需求研究一直在进行，学者通过大量调查已经得出一些有价值的结论，一些定性分析方法以及各种定量化模型也被使用，但选择实验模型用于该领域研究尤其是乡村旅游产品的研究有限，本书的目的旨在弥补这个缺陷。主要借助研究城市居民对乡村性旅游产品的选择，评估乡村性对旅游价值的贡献，并且可以揭示各属性之间的替代关系，计算各属性的边际贡献，也可以了解城市居民对产品属性更为具体的偏好以及异质性，从而在政府和企业层面应用于指导乡村旅游产品开发。

第一节　研究理论与方法

一、基础理论

选择实验模型理论来源假设是 Lancaster 离散选择模型与随机效用最大化理论（Albaladejopina，Díazdelfa，2009）。离散选择模型假设消费者效用来自商品各种属性的选择，这些属性之间以及价格之间的变动会影响消费者选择（Lancaster，1966）。随机效用理论则认为个体 i 对可选择方案 j 的选择的效用来自两部分：一部分是可以观测到的变量，另一部分是随机误差项。根据以往的研究，可观测的变量与商品的属性有关，而受访者的社会经济特征也是重要的影响因素，随机误差项是不可观测的部分（杨欣等，2016）。因此，个人效用函数为：

$$U_{ij} = V_{jn}(X,\ S) + \varepsilon_{jn} \qquad (5-1)$$

理性的消费者总是会选择一个方案使自己的效用最大化，选择实验模型需要根据随机误差项来选择计量模型。适用于离散选择的计量模型有很多，开始多用条件 Logit 模型，但该模型需要方差服从独立同分布，而现实情况往往难以适应。后来，嵌套 Logit 模型、多元 Logit 模型都被用于离散选择模型的计量，但是这些模型适用性较差，后来，贝叶斯方法被用于个人异质性的模型（Baltas，2007），Mixed Logit 提供了一个比较灵活的解决离散选择问题的计量方法（McFadden & Train，2000），该模型又被称为随机参数模型，考虑到了受访者的异质性。在这种情况下，一个受访者 i 选择 j 的概率为：

$$P(j \mid V_i) = \frac{\exp(\alpha_{ji} + \beta_i' x_{ji})}{\sum_{m=1}^{J} \exp(\alpha_{mi} + \beta_i' x_{mi})}$$

$$\text{其中，} \beta_i = \beta + \Delta z_i + \Gamma \Omega_i V_i \qquad (5-2)$$

潜在分类模型也考虑受访者偏好不同，但是通过模型自动计算出特定系数来判断类别之间是否有显著差异，减少了人为划分的弊端（杨欣等，2016）。在该模型中，受访者 i 选择方案 j 的概率为：

$$f\left[y_{it}\mid(\beta_q+w_i),\ X_{it}\right]=\frac{\exp\left[\sum_{j=1}^{J}y_{it,j}(\beta_q+w_i)'x_{it,j}\right]}{\sum_{j=1}^{J}\exp\left[\sum_{j=1}^{J}y_{it,j}(\beta_q+w_i)'x_{it,j}\right]}j=1,\ \cdots,\ J \qquad (5-3)$$

混合 Logit 模型与潜在分类模型 WTP 计算类似，某一属性的边际支付值为：

$$WTP=-\beta_x/\beta_{cost} \qquad (5-4)$$

二、选择实验属性、水平和选择集设计

(一)选择实验属性、水平

根据选择实验要求，需要设计本书关键属性以及水平，游客所关注的乡村性旅游产品主要体现在生态状况、文化景观、食宿特色以及社会关系与城市不同，对管理和服务水平也愈加重视，这已经被大量文献证实。在阅读文献之后，又通过到乡村旅游目的地进行实地观察，在该过程中与不同年龄、职业、家庭生命周期以及农村生活经历的个人进行深度访谈以了解他们的偏好，访谈结果支持文献的结论。之后，结合现有的研究经验(吕欢欢，2013；王晋楠，2014)以及目前乡村旅游供给状况，再由调查问卷所获得的证据，发现旅游者可以从这些角度获得效用。各属性的水平根据资源品质和产品开发程度及多样性来进行划分。价格属性是选择实验模型中产品的一个重要属性，在确定乡村性旅游产品属性和水平后，主要根据40名不同游客进行了开放性的支付意愿调查的中值、均值以及整体回答结果，并且考虑替代效应和偏差。结合现有的文献研究结论，并参考了中国不同类型和不同地域已经开展乡村旅游的真实价格，经过探测性调查、小样本试调查后的结果又对价格进行了调整，确定最终的价格水平。因而，本书包含六个属性，各自水平状况及解释如表5-1所示。

表 5-1　乡村记忆旅游产品的属性、水平及依据

属性	说明[1]	表述	水平	编码	依据
自然环境	自然生态环境保持状况	绿化率	90%、50%与20%三个水平	0.9、0.5、0.2	住建部文件[2]及受欢迎的旅游村庄现状

[1]　属性详细说明见附录，调查员需要向受访者解释。

[2]　住房城乡建设部《关于开展绿色村庄创建工作的指导意见》要求北方大部分村庄需要达到20%以上绿化率，详见 http://www.mohurd.gov.cn/wjfb/201603/t20160324_227003.html，而婺源等受欢迎的旅游目的地绿化率超过90%，中间水平取50%。

续表

属性	说明	表述	水平	编码	依据
传统风貌	传统建筑群与布局保留	保留率	80%、50%和0三个水平	0.8、0.5和0	住建部文件[1]经过折算并且强化区分度
食宿特色	饮食与住宿地方特色表现	地方性程度	70%、50%与20%三个水平	0.7、0.5和0	根据市场供给情况设定
娱乐项目	娱乐项目类型	有无项目与项目类型	传统结合时尚项目、现代项目与无项目三个水平	3、2、1	根据市场供给情况设定
管理与服务	管理服务规范程度与特色	规范与亲情化特色	规范且亲情化、规范但商业化、较差三个水平	0.8、0.5、0	根据市场供给情况，编码参考了试调查受访者选择数据
价格	每人每天消费	价格	130、160、210和280四种	1.3、1.6、2.1和2.8	前期试调查数据以及市场价格

资料来源：笔者自制。

(二)选择集设计

选择集设计主要有全因子设计和部分因子设计，当属性和水平比较少时，可以采用全因子设计，但在本书中，如果采用全因子设计，选择方案将会达到 $3^5 \times 4$ 个，在实践中并不可行也没有必要。采用部分因子设计可以选择代表性的实验方案，正交试验设计、D-优化设计、贝叶斯优化设计等经常被用于消费者行为，它们各有优缺点，正交设计有均匀性和齐次性的优点，而 D-优化设计是一个主要方法，适用于不同的学科领域，贝叶斯优化设计在有先验数据的情况下，可以使用小样本获得较为稳定的数据。在本书第一轮试调查中采用 IBM 的 SPSS 软件正交设计生成 64 个正交方案，其中有一些重复的直接去除，再去除绝对优势方案，然后通过参考以往的支付意愿调查和旅游市场上供应商的定价标准，继续除去部分不可能的方案，最终剩余 30 个选择方案。将这些方案分成 10 个选择集，由于受访者精力有限，选择集被分到 5 种问卷中，每个受访者会随机遇到两个不同的选择集。但是，试调查的回归结果发现，由于去除了部分和市场状况背离的

---

① 住房与城乡建设部《传统村落评价认定指标体系(试行)》中，在传统建筑占村庄比例60%以上时为第一档，可得 12~15 分，该项最高 15 分，折算为最高标准为80%，第二档为40%~60%，取中值50%，有些村庄传统建筑已经完全消失，取 0 值。详见 http://www.mohurd.gov.cn/wjfb/201208/t20120831_211267.html。

选择集，属性之间(价格属性和文化、食宿设施)出现了严重的多重共线性，影响了模型回归结果，一个现实的难题是属性水平较高的产品的确会有较高的花费，价格较高更为合理，因此只有通过扩大样本或改变实验设计进行克服。第二轮调查问卷采用 SAS 软件 D-优化设计，获得 36 个选择方案，分别被编入 6 个问卷，每个问卷三个选择集，每个选择集包含两个选择方案以及一个普通村庄方案。该轮调查获得了有效数据，采用混合 Logit 模型进行回归分析，将获得的分析结果作为先验参数，通过专门的选择实验设计软件 Ngene1.2 进行贝叶斯优化实验设计，获得 48 个选择集，将 48 个选择方案分配于 6 套问卷中，每套问卷有 4 个选择集，包含 2 个选择方案及 1 个普通村庄方案(见附录二)。

三、陈述偏好法

陈述偏好法与揭示偏好法相对，通过设计虚拟交易情景，引导受访者陈述其偏好，主要用于非市场价值或生态价值评估，选择实验模型也可以通过构建不同的属性组合，通过受访者陈述其偏好获得相应的数据。就本书来说，城市居民选择乡村目的地的过程及看重的属性很难被察觉，揭示偏好法并不适用。因此，本书采用陈述偏好法，让每个受访者面对属性组合而成的虚拟村庄进行选择，这种理性选择会使每人的效用价值最大化。通过计量经济学处理选择数据，可以分析城市居民选择时偏好的属性以及为此支付的隐含价格，还可以将群体分为几类，更符合真实情况。

第二节　研究区与研究过程

一、案例地

研究最初的半结构访谈涉及全国多个省份，小规模 40 份探测式问卷也征集了多个城市受访者的意见，主要通过问询参与乡村旅游的城市居民在访问目的地时更看重哪些方面，是否在意乡村特色(见附录一)。在后续两轮的较大规模的试调查过程中，选择了山东省东营市和烟台市作为主要样本地，包含少量其他城市样本，在正式调查中，由于受限于资金以及合适的人员，山东省被官方以及

《中国国家地理》认为在多个方面是中国的缩影，[①] 因此本书选择山东省作为主要案例地，以主要发展性支出差异抽取了四个城市，为了使样本更具代表性，另外补充了西部的银川市以及我国一线城市北京市作为研究对象。

主要案例地山东省位于中国北方，濒临渤海和黄海，历史悠久，在中国古代一直是经济发达地区和人口稠密地区。2000 多年前，孔子诞生于山东曲阜，并开创了儒家文化，后来又有孟子等儒学大家将其发扬光大，并且传播至全国，逐渐对中华文化形成巨大影响，当地传统文化一直传承至今。该省地形复杂多样，包括海滨、山区、丘陵、平原、河流和湖泊，比较著名的有泰山、黄河、沂水、蒙山、崂山、微山湖等，许多地区尚有保存较为完好的传统村落，具备开展乡村记忆旅游的条件。和全国经济发展类似，山东省内部发展不均衡，经济发达程度在东部、中部和西部存在较大差异，产业布局和经济总量以及人均收入差异较大。旅游业是该省重要产业，乡村旅游尤其受到重视，2014 年，该省文化部门联合旅游等 9 部门启动"乡村记忆"工程，旨在快速城镇化建设过程中保护传统村落，这些村落有许多已经成为著名的旅游目的地，吸引大量城市居民。本书利用教育、文化、娱乐支出差异选取山东省四个城市，并且补充了比该指标更高的银川市和北京市，共六个大中城市进行问卷调查，这些城市乡村旅游产品类型多样，开发状况较好，具备乡村旅游条件，在历史、地理、经济方面各不相同，样本选择可以多样化。六个城市各自发放 100 份问卷。

表 5-2　样本点基本情况

城市名称	教育、文化、娱乐支出	城镇人口（万人）	城市概况[②]
临沂	1564	606	历史悠久，地处沂蒙山区，保存有红色文化以及山区特色村落，有物流中心和商贸批发中心
淄博	3170	331	春秋战国曾为诸侯国都，南部为鲁中山区，有山区村落，有全国老工业基地
烟台	2226	451	历史悠久，地处山东半岛北部沿海，郊区山区、丘陵、平原地貌俱全，保留有红色文化和独特的民俗文化，工农业发达，滨海旅游开展较好

---

① 详见山东省官方讲话，杨学峰. 山东：中国的一个缩影[J]. 中国国家地理，2003（1）：12. 以及旗下公众号地道风物刊载文章《山东：浓缩了中国的纠结》（2018 年 10 月）。

② 城市概况来自互联网资料以及实地调研进行整理。

城市名称	教育、文化、娱乐支出	城镇人口（万人）	城市概况
青岛	2875	674	历史悠久，地处山东半岛南部沿海港口城市，以海滨丘陵为主，经济、教育、文化相对发达，著名滨海旅游城市
银川	3268	172	历史悠久的塞上古城，西夏国都，地处黄河沿岸、银川平原和贺兰山区，中国西北重要中心城市，旅游业发达
北京	4325	1878	世界大都市之一，政治文化中心，三面环山，河流较多，旅游业发达，居民收入较高
全国	2847	81347	城市间居民收入与文化程度存在差异

资料来源：本表中数据来自各地 2018 年统计年鉴，为 2017 年数据，采用四舍五入法取整；各地概况来自其政府官网，表格由笔者自制。

二、预调查

(一) 实地调查

在文献分析基础上，发现乡村旅游者到乡村旅游的目的有推—拉两种动机，既有逃避日常生活，尤其是城市中快节奏的生活动机，也有去乡村享受美好的生态环境、清洁空气、清洁水以及绿色食品的动机，还有与家人、朋友相聚等情感动机，这些动机在个体方面具有一定异质性，但一般是多种动机混合在一起。为进一步分析城市居民到乡村去旅游基本需求以及与乡村特色的关系，在调研中对我国各省份不同城市、不同年龄、不同收入的城市居民进行半结构访谈 (见附录一)。访谈结果体现在以下六个方面：①与乡村的关系对乡村旅游的兴趣具有一定关联性，早年具有在农村成长经历的城市居民对乡村表现出两种截然相反的倾向：一种是对乡村毫无兴趣，认为这一切司空见惯，没什么可以旅游的，对于小时候的农村生活的回忆，既有美好的一方面，也有厌恶的另一方面；另一种是对乡村十分眷恋，需要经常回归乡村体验乡村的美好，并且原来的记忆对产品选择有一定影响；与乡村联系较弱的群体，一部分对乡村良好的生态和原真文化比较感兴趣，另一部分则毫无兴趣。②对乡村吸引物的要求比较注重生态 (尤其是空气质量) 和田园风光，需要有放松的氛围以及远离城市的喧嚣，对文化的要求多是对参与一些活动感兴趣，认为要保护文化的原真性，以及注意非遗技艺的传承。③对于乡村旅游设施，几乎所有游客都认为便捷和卫生是其最基本的要求，另外，愿意选择有当地特色的设施。在基础设施方面，大多数游客是非常在意可进入性，认为目的地交通条件要好，并且要经常修缮维护，另外一些游客对互联网、绿化及其他配套设施等也有要求，在此基础上，尽量保持原貌和地方特色。④对是否在意乡村旅游组织和管理者的身份，大多数游客从自身利益出发，认为有组织做到规范管理最好，更能保证质量以及游客权益，对于是社区组织和外来经营者或村委会组织不是十分在意，少数游客愿意直接和农户打交道，认为原真性较好，交往更为随意些。⑤对于目前乡村记忆旅游开发中的问题，认为开发中破坏较多，尤其是过度开发丧失原真性，另外旅游产品单一也是一个问题，商品化也比较严重，但一些游客对该问题没有看法。⑥对于乡村记忆旅游产品进一步的创新开发，主要观点有要针对不同游客开发多样化产品，融入现代元素，同时要保持原真性，还要形成产业链。

（二）乡村记忆旅游偏好初步调查

在个人半结构访谈结束后，利用探测性问卷调查方式对不同省份人口统计因素具有差异性的城市居民进行问卷初步调查（见附录一），初步调查主要用于获取城市居民对乡村各种属性特征以及不同水平的支付意愿，在问卷中采用了开放式填空的方法获取数据，虽然该方法容易因受访者造成起点偏差，少量受访者确实因收入较高等原因支付意愿较高，但由于受访者有真实的消费经历，大多数数据与以往的研究相对吻合，因此数据有很大程度的可靠性。问卷主要分为三部分：第一部分是询问受访者对乡村旅游产品的兴趣，对不同产品的消费意愿以及和农村的联系；第二部分是调查受访者对乡村记忆的认识，包括乡村印象最深和最向往的方面；第三部分是人口因素。调查结果表明，大多数的游客愿意为传统乡村生态、文化、食宿以及社会特征支付一定的货币，当水平提高时，愿意再追加支付，说明这些属性可以给受访者带来效用；在具体数值方面，大多数游客对乡村每一项的低级水平支付意愿为 20~50 元，仅少量游客会支付到 200 元及以上，中值基本都在 50 元，水平提高后追加也在这个区间，也有受访者水平提升后不追加消费。

（三）选择实验试调查

在分析初步调查问卷结果以及访问过程的基础上，确定属性及其水平和选择集之后，对初步调查问卷做了较大的修改，设计选择实验问卷版本、结构与问题。首先，问卷开头询问乡村旅游兴趣和经历；其次，询问对乡村旅游自然和文化各类旅游产品的偏好，主要是为了使受访者建立乡村旅游产品的属性认知，然后选择实验问题，五个版本各包含两个选择集，每个选择集包括一个普通村庄和三个不同属性水平的旅游村庄，采用引导卡的形式，其中乡村记忆旅游产品的生态、社会、文化和食宿属性由图片和文字两种方法展示，属性水平以不同图片展示，经询问，调查者认为区分度很好，在图片下方附有文字说明，价格属性则采用文字叙述方式，并且根据实际情况，任何一个村庄普通食宿也需要花费一定费用，因此将普通村庄每人每天需要支付 100 元人民币作为基准，其余则在此基础上加上因各种属性带来的效用而增加的价格；再次，询问了其他影响因素，包括距离远近、亲朋好友推荐、管理与服务水平、品牌、价格低、信息便利程度；最后，询问了核心吸引物之外的具有吸引力的特征和风格，包括流行时尚元素、古老和现代的结合，现代娱乐项目以及生态环境等。在第二部分，首先询问受访者与乡村的联系以及对乡村非使用价值的保护意愿，包括乡村代表性特征，对传统乡村存在价值、遗产价值、选择价值的认同以及支付意愿。其次是人口统计因素，包括性别、年龄、受教育程度、家庭人口以及以分段表示的家庭收入。

调查是 2018 年 1~2 月在山东进行，选择大部分市民休闲的商场进行调查。调查员在调查过程中负责对被访者填写态度进行观察，记录在问卷上作为剔除无效问卷的参考。被访者可以选择回答或自填，回收问卷表明，自填式问卷无效问卷较多，而且对问卷问题理解不够，可能会导致结果偏差。另外，调查员素质会对结果有一定影响，负责人和对问卷理解较深以及掌握提问技巧的调研员更能保证问卷质量。试调查共发放问卷 100 份，剔除被丢失的和无效问卷外，回收问卷71 份，问卷有效率 71%。

三、正式调查

(一) 问卷设计

在访谈、探测性调查和两轮试调查基础上，研究者对问卷进行再次调整，但基本结构保持与试调查一致(见附录二)。第一部分在询问过去乡村旅游兴趣和行为基础上，增加了选择乡村地区是否仅为逃离城市，选择乡村时又看重哪些方面，引入选择实验，本轮选择实验选择任务共有四组，每组中第一步可以衡量是否选择普通村庄，如果不选择的话，在两个旅游村庄比较选择即可。第二部分依然先询问了与乡村的联系，随后询问对乡村非使用价值的认可问题以及支付问题，然后是人口统计因素，询问了性别、年龄、受教育程度、家庭人口以及家庭年可支配收入(见附录二)。

(二) 调查过程

正式调查吸取了以往调查的经验教训，挑选了参与意愿较高、能力和素质较好的本科生和研究生进行调查，在调查前发放调查员导则、引导卡以及说明，并进行培训，掌握询问技巧后再进行调查，要求调查人员当面发放问卷，辅助受访者填写，受访者有疑问可以与调查人员沟通，人口统计因素由受访者自行填写。过程中由研究者亲自参与调查，对学生或研究生进行现场或电话指导，应对出现的问题，调查开始于2019年8月，先在山东省临沂、淄博和青岛进行调查，10~11月又在烟台、银川和北京三个城市进行调查。调查开展主要集中在周末时间，以便覆盖到更多人群，在具体地点上选择人群集中而且方便受访的休闲型商超、市民公园等地，以便保证问卷样本广泛，质量优良。从研究者自身调查经历和学生反馈的信息来看，问卷可以被绝大多数受访者理解，回答也比较认真，可以保证调查数据质量。正式调查共发放问卷624份，由于是当面回收，回收率100%，由调查员当场标记以及后续逐份检查，剔除无效问卷后，剩余有效样本574份，有效率92.0%。

第三节　研究结果

一、试调查结果[①]

(一) 人口统计因素

由于部分受访者不愿配合或疏忽，少量数据缺失，单项统计指标缺失值在5%以下。在受访者中，男性占40%，女性占55%。89%的受访者家庭人口为3到4口人。人口年龄集中在15~64岁，14岁以下占1人，15~24岁、25~34岁、35~44岁、45~54岁和55~64岁各段比例分别为17.0%、19.7%、35.2%、23.9%和3.8%。教育程度主要集中在高中、大学专科和高职、本科层面，所占分别为42.3%、18.3%和23.9%，初中以下和研究生以上都较少；家庭收入分布较多的集中在10万~14.99万元、5万~9.99万元和2万~4.99万元段，分别是20万元以上的占5.6%、15万~19.99万元的占11.2%，10万

[①]　由于第一轮试调查问卷已经相对成熟，也提供了一些有价值的信息，而且本轮调查有些问题在正式调查中没有再调查，因此叙述部分调查结果仅供参考。

~14.99 万元的占 22.5%，5 万~9.99 万元和 2 万~4.99 万元都占 25.4%，另有 2 人在 2 万~4.99 万元，1 人在 1.99 万元以下，部分受访者该项数据缺失或者不清楚家庭收入。问卷上的家庭收入栏可以填写具体数值和分段的两种情况下，很少人选择填写具体数值。

(二)城市居民对乡村旅游产品的兴趣

在被调查者中，14 人无乡村旅游经历，57 人有乡村旅游经历，分别占约 20% 和 80%，说明乡村旅游已经成为比较普遍的市民休闲、旅游方式。在被问及乡村旅游兴趣，其中对乡村旅游不感兴趣的被访者 6 人，占比 8%；45 人对乡村旅游兴趣一般，占比 63%；其余 28% 的人对乡村旅游兴趣比较强烈，可见乡村旅游吸引力相对较弱。在对乡村旅游感兴趣的被访者中，48 人对观赏自然和田园风光，采摘购买农产品有强烈兴趣(在选择产品的前三位)，占比 74%；同样比例的游客对享受舒适的乡村环境和参加乡村特色的娱乐活动有强烈兴趣；仅 35% 的受访者对乡村旅游古村落建筑和参观手工艺品市场感兴趣；同样，也仅有 26% 的人对参与农耕、民俗和手工艺品制作以及了解自然和农业知识感兴趣；但是，当问及是否喜欢品尝当地美食和体验特色住宿时，66% 的受访者将该项选为三项喜欢的产品之一；虽然乡愁或怀旧情感经常被业界和学术界认为是城市回归乡村旅游的重要因素，但结果表明 71% 的受访者并未将追寻乡村原来的一切满足怀旧情感作为喜欢产品的前三项之一，有趣的是，在调研过程中通过访谈发现乡村旅游有助于满足怀旧，显然，相比较于实际的自然与文化特色以及乡村特色食宿，效用比情怀更加真实和可以触摸。由调查结果可见，城市居民对乡村自然环境产品相较于文化产品更感兴趣，这和现有文献揭示的结果比较吻合，也说明问卷调查方式可以揭示乡村旅游者的偏好。

在从每组选择集中挑出自己喜欢的村庄是受访者的任务之一，由于普通村庄被标签化，而未对旅游村庄进行进一步的标签区分，有少量被访者认为部分选择集中不能选出满意的选项，或者认为普通村庄即可满足休闲旅游需求，而对乡村属性不感兴趣或者更偏向低价产品。剔除这部分数据之后，受访者选择的旅游村庄属性上具有以下特征(见表 5-3)。从表 5-3 可以看出，虽然受访者选择的村庄受限于他所面对的选择集，但是也可以反映他们的偏好，尤其是价格，并没有表现出普通商品随价格升高而选择降低的情况；相反，价格最高的比例也最高，这有可能因为喜欢更优质的旅游产品，但是对于文化变迁，有半数受访者，选择了商品化社会，表明一半左右受访者不重视当地是否具有传统社会特征。

表 5-3　试调查受访者对旅游乡村属性的选择①

属性 水平	0		1		2		3		4	
	频次	比例 （%）	频次	比例 （%）	频次	比例 （%）	频次	比例 （%）	频次	比例 （%）
文化景观与活动	36	30	54	45	31	26	—	—	—	—
当地特色食宿	52	43	26	21	43	36	—	—	—	—
生态状况与活动	30	25	52	43	39	32	—	—	—	—
传统社会变迁	60	50	61	50	—	—	—	—	—	—
价格	4	3	22	18	36	30	17	14	42	35

注：文化景观与活动属性水平 0 表示为现代文化景观，水平 1 表示是传统乡村文化景观，水平 2 表示传统文化景观和传统活动；当地特色食宿属性 0、1、2 水平分别表示没有、部分保持和非常具有当地传统特色；生态状况与活动属性 0、1、2 水平分别表示生态状况一般，较好，很好并且有自然游憩活动；传统社会变迁属性 0、1 指的是已经变迁为商品化社会和保留传统社会的特色；价格水平为 0 表示普通村庄价格为 100，其余表示旅游村庄价格为 130、160、200 和 240。

资料来源：笔者根据统计结果整理所得。

除乡村自然、文化、接待设施、社会属性外，还通过一些问题询问对乡村旅游感兴趣的受访者选择乡村时的其他影响因素（多选），71%的人认为距离近、交通方便对选择有影响，43%的人选择了消费价格低因素，46%的人在意品牌和名气，66%的人认为管理和服务好是影响因素，在意可查到更多信息和亲朋好友推荐的人占到 26%，由此可见，其他的影响因素中，重要程度依次是距离和交通、管理和服务、品牌名气、价格、获取信息方便以及亲朋好友推荐。因此，产品选择出了乡村本身属性，时间成本、管理和服务也比较重要。对于乡村旅游产品其他特色的要求，对乡村旅游感兴趣的受访者中有 48%喜欢有现代化的娱乐活动，26%的受访者喜欢有时尚流行元素，55%的受访者喜欢外形古老而设施现代，58%的受访者喜欢保留着传统文化和布局的乡村，而高达 89%的受访者喜欢生态环境好的乡村（此题为多选）。

（三）与乡村的联系以及对乡村的价值认同

在这部分，询问受访者和农村的联系，假设成年前在农村长大联系最为密切，有三代以内直系血亲在农村生活可能会有更多的探亲机会，联系较密切，而三代以内无直系亲属联系较少，可以认为联系程度较低。调查结果显示，70 个有效回答中，29 人联系密切，26 人联系一般，15 人联系不密切，分别占比

---

① 每个受访者可以选择多个方案，但也有些受访者弃选。

41%、37%和21%，这个结果表明中国城市居民大部分在城市定居时间较短和农村保持着较为密切的联系，对乡村比较熟悉，符合现实情况。在被问及乡村代表性特征，85%的受访者认为"良好的生态环境"（绿水青山、清新空气、宁静夜晚、野生动植物）具有代表性，69%的受访者认为"优美的田园风光"（农田景观、春华秋实、多种农作物和牲畜）具有代表性，认为"传统建筑景观"（与自然和谐的村落、本地特色民居、巧妙布局的街巷）和"传统生产生活方式"（耕作起居习惯、绿色饮食与特色小吃、特色器具和工艺品）具有代表性的分别为44%和38%，而把"传统风俗与娱乐"（传统节庆、特色风俗、民间游戏）和"传统道德与文化"（淳朴的民风、遵守道德、中国传统观念与地方文化观念）列入乡村代表性特征的分别是44%和27%。从调查结果来看，受访者中大多数人认为乡村相对于城市最大的区别在于具备良好的生态环境和田园风光，而对农村物质文化和精神文化层面的代表性认同度相对较低，尤其是"传统道德文化"认同度不足30%，这有可能与农村传统文化消失有关或者认为城乡在传统道德文化方面没有差别。

二、正式调查结果

（一）样本基本情况

本轮调查人口统计因素数据如表5-4所示，表5-4显示男女比例几乎相等。本次调查依据国家文化与旅游部游客调查年龄进行分组，在调查过程中，年纪较大的人以听力、视力有障碍为由拒访比例较高。从收入角度，本次调查受访者家庭年可支配收入受教育程度分为初中及以下文化程度、高中文化程度、大学（本、专科）和研究生以上文化程度。受访者以中青年居多，与同期这些城市周边的乡村旅游调查和实地观察相吻合。可支配家庭收入分布在不同的范围，受访者的可支配家庭收入高于100000元的占主导地位。受访者与农村地区的关系也不尽相同，但大多数与乡村保持着相对密切的联系，这反映了中国最近的城市化进程。

（二）随机参数模型属性系数分析结果

以个人是否选择某方案为因变量，属性以及个人特征为自变量进行回归分析，采用随机参数 Logit 模型进行回归。[①] 考虑特殊选择以及属性对选择的影响，

[①] 该模型为广义线性模型，不同于严格的线性模型，最大似然估计结果伪 R^2 0.3～0.4 已经相当于严格线性模型 0.6～0.8（Hensher, Rose, & Greene, 2015），本书三个模拟合优度指标伪 R^2 型接近 0.4 或超过 0.4，已属于较好的水平。

指定除价格外的属性为正态分布，价格仅考虑作为固定参数。结果发现价格并不显著。后来加入收入与价格的交互项，并且指定价格为单边均匀分布，发现模型拟合度较好。使用几个指标测量了模型的总体拟合优度，表 5-5 中所示的结果表明模型拟合良好。特别是麦克法登伪 R^2 的值为 0.4264，这对应于线性模型中超过 0.8 的值（Hensher et al.，2015）。除娱乐项目外，其他五个属性系数均为正且达到 0.01 显著水平，说明这些属性是影响被调查者选择的重要因素，也是主要因素。此外，随着乡村特征的增加，受访者选择此特征的概率也在增加。价格系数为负且显著，这意味着这是一个重要的制约因素。然而，价格与收入之间的交互项系数是显著的和正的，这意味着有较高家庭收入的受访者受价格的影响较低。此外，特殊选择常数的系数也是正的且显著的，这表明旅游村庄比普通村庄更受欢迎。

表 5-4　样本人口统计因素

人口统计因素			人口统计因素		
性别	女性	49.81%	家庭规模	2 人以下	8.97%
	男性	50.19%		3~4 人	72.16%
年龄	14 岁以下	1.25%		5 人以上	18.86%
	15~24 岁	34.05%	家庭年均可支配收入	低于 19999 元	9.06%
	25~34 岁	32.09%		20000~49999 元	7.46%
	35~44 岁	20.50%		50000~99999 元	18.47%
	45~54 岁	7.31%		100000~149999 元	26.29%
	55~64 岁	2.67%		150000~199999 元	16.70%
	65 岁以上	2.14%		高于 200000 元	22.02%
受教育程度	初中及以下	8.68%	与乡村的关系	2018 年以前生活在乡村	55.77%
	高中/中专	22.78%		近亲属在乡村	29.48%
	大学本科	59.49%		三代生活在城市	14.74%
	研究生	9.04%			

资料来源：笔者根据统计结果整理所得。

从随机变量系数分布来看，食宿特色、管理与服务以及娱乐项目服从正态分布，价格服从单边均匀分布得到验证，并且在 0.01 水平达到显著水平。其他属性变量符合正态分布的假设并未得到验证。另外，相对于均值，代表离散程度的标准差较大，证明离散程度较高。

表 5-5　仅含特殊选择与属性变量的随机参数 Logit 模型结果

自变量	系数均值（标准误）	95%置信区间		随机参数分布	标准差（标准误）	95%置信区间	
自然环境	0.59690 ***（0.20568）	0.19378	1.00002	正态分布	0.09710（0.73421）	−1.34192	1.53612
传统风貌	1.28228 ***（0.21485）	0.86118	1.70338	正态分布	0.45139（0.62188）	−0.76747	1.67025
食宿特色	1.16348 ***（0.30358）	0.56848	1.75848	正态分布	1.71260 ***（0.65576）	0.42734	2.99786
管理与服务	2.22888 ***（0.38203）	1.48011	2.97766	正态分布	2.63536 ***（0.72617）	1.21208	4.05863
娱乐项目	0.04387（0.09801）	−0.14823	0.23596	正态分布	0.60161 ***（0.22100）	0.16845	1.03477
价格	−0.51502 ***（0.18363）	−0.87494	−0.15510	单边均匀分布	0.51502 ***（0.18363）	0.15510	0.87494
价格×收入	0.10656 **（0.04154）	0.02515	0.18797	非随机变量	—	—	
特殊选择常数	2.13523 ***（0.38728）	1.37618	2.89429	非随机变量	—	—	
模型拟合	对数似然函数＝−1416.72107			麦克法登伪 R² = 0.4263545			

注：*、**、*** 分别表示在 10%、5%、1%水平上显著。

资料来源：笔者根据统计结果整理所得。

(三) 对属性的支付意愿及属性变化仿真

个人 i 对某属性 k 支付意愿（WTP_{ik}）可以表示为：

$$WTP_{ik} = \frac{\beta_{ik}}{\beta_{ip}} \qquad (5-5)$$

其中，β_{ik} 是个体 i 对属性 k 的随机系数，而 β_{ip} 是价格系数。

通过上述公式得出的个人对各个属性的支付意愿，进一步分析个人支付意愿的平均值，以及四个属性的上四分位数、中位数和下四分位数，并显示在表 5-6 中。由于两侧都存在各种极值，在计算某些统计数据时删除了一些极值。从表 5-6 可以看出，个人支付意愿在后半期比前半期增长得更快。根据系数分布，可以推断城市居民，尤其是高收入者，会表现出较高的支付意愿。

表 5-6　支付意愿的具体分布

属性	WTP（100 元）						
	下四分位数	中值	上四分位数	双边各 2.5% 截断			
				均值	方差	偏度	峰度
自然环境	2.147268	3.632355	6.454548	5.697057	6.801856	3.669164	17.32812
传统风貌	6.042448	8.235315	12.33003	11.01808	8.830862	3.308592	13.88128
特色食宿	4.463175	6.8251	11.27828	17.97085	9.65906	3.065018	11.30156
管理服务	9.34528	15.67545	25.35958	21.35019	21.38530	2.817757	10.5998

资料来源：笔者根据统计结果整理所得。

　　分析总体的支付意愿之后，还对属性水平变化对支付意愿的影响进行了分析。借助仿真分析，可以发现选项份额的变化：如果一个选项的属性水平发生变化，一些受访者可能会放弃支付。在基本情景中，51.727% 的受访者选择了选项集中的第一个选项。与基础方案相比，在 12 种方案的假设下分析了第一种方案的变化概率（见表 5-7）。当传统风貌和特色住宿在第一个选项中处于最低水平时，许多受访者放弃选择该选项，而在这些属性处于最高水平时选择该选项。支付意愿随着服务的改善而提高的程度低于前两个选项。相比之下，自然和娱乐的变化只能稍微影响该选择的份额变化。支付意愿随着价格的上升或下降而略有变化，表现出较低的需求弹性（见表 5-7）。因此，属性级别是影响备选方案的 WTP 的重要因素。然而，对不同个体的影响可能是异质的。

表 5-7　属性水平变化引发的选择行为变化分析

Attributes	仿真			
	情景改变	选择变化比例（%）	情景改变	选择变化的比例（%）
自然环境	最低水平	2.730	最高水平	-2.295
传统风貌	最低水平	-10.912	最高水平	11.303
特色食宿	最低水平	-34.798	最高水平	18.474
管理服务	最低水平	-12.537	最高水平	8.719
娱乐活动	最低水平	3.126	最高水平	-3.622
价格	提价 200 元	-10.560	降价 100 元	5.464

资料来源：笔者根据统计结果整理所得。

(四)异质性来源及潜类别分析

随机参数 Logit 模型结果显示了个体偏好的异质性。当我们在该模型引入均值异质性来源时，拟合优度显著提高。均值异质性的参数矩阵中列出了具有统计显著性的变量系数，由此表明，首先是教育、年龄和乡村旅游经历是异质性的重要来源(见表 5-8)。受教育程度越高的受访者对自然和娱乐的利用率越高。其次是年龄较大的受访者与乡村的接触较密切，文化和住宿对他们的影响较低，可能因为他们经常接触这些因素而失去了新鲜感。最后是更多地前往乡村地区会降低管理服务的效用。因此，乡村属性的效用对不同的受访者是不同的。

表 5-8　均值异质性来源的参数矩阵

属性	人口统计因素			
	乡村旅游经历	与乡村的关系	年龄	受教育程度
自然环境	—	—	—	0.49539 *
传统风貌	—	—	-0.32451 **	—
特色食宿	—	-0.91825 **	-0.56296 **	—
管理服务	-0.56013 ***	—	—	—
娱乐活动	—	—	—	0.23595 **

注：*、**、*** 分别表示在 10%、5%、1% 水平上显著。

资料来源：笔者根据统计结果整理所得。

潜分类随机参数模型可以将受访者分为几类，能够更好地发现异质性。当模型具有最低的赤池信息准则(AIC)时，它在统计上是最优的，但是实践的原则和其他细节也应该被考虑(Heckman & Singer，1984；Mariel et al.，2022)。该统计量从二类到四类逐渐减少，但在五类增加。综合考虑模型估计的准确性和实际意义，两类的模型是最合适的。

在两个类型中，占有最高比例(71.80%)的是理性的消费者，在第一类中，所有的系数是显著的，系数的价格和娱乐是负的，这意味着受访者是理性的消费者。乡村保留增加了他们的效用，如优美的自然景观、传统的风貌特色、当地的饮食和住宿、非功利的人际关系，此外，设施(如美食和住宿)和舒适的体验，通过管理和服务也很重要。然而，他们不喜欢娱乐，因为这往往需要付出额外的体力、精力以及金钱。因此，在本书中这些受访者被称为"乡村舒适寻求者"。

第二类受访者更喜欢文化、娱乐项目、管理和服务，对其他方面要求稍低。因此，我们把这些受访者称为"乡村文化娱乐爱好者"，这部分受访者占到将近三成(28.20%)。值得注意的是，这类价格系数是正的，这意味着一些受访者对于支付高价格并不敏感。正如随机参数模型所证明的，收入效应是一个重要的因素，而且有研究早在几十年前就已经注意到，消费者愿意为有道德标签的产品(Hindsley et al.，2020)，意味着一些受访者愿意为乡村生活支付价格溢价，部分受访者曾在调查中明确表示过此类观点，第六章的分析也证实了这一点。

支付意愿是根据第一类的系数计算的，其中包括70%以上的受访者(见表5-9)。第一类受访者的平均支付意愿低于个人特定支付意愿的下四分位数，更不用说中位数，这表明在支付意愿上有很大的差异。

表 5-9　潜类别模型结果

属性	类别				
	第一类			第二类	
	系数	标准误	WTP(100元)	系数	标准误
自然环境	1.25601 ***	0.34658	2.141462	0.80133	0.48842
传统风貌	2.08400 ***	0.55078	3.553161	1.49878 ***	0.38156
特色食宿	2.40807 ***	0.57702	4.105691	0.84384	0.75457
管理服务	4.11235 ***	0.58935	7.01144	−1.62645 *	0.84017
娱乐活动	−0.42328 *	0.23922	−0.72168	0.58626 ***	0.18153
价格	−0.58652 ***	0.17964	—	0.66569 **	0.27017
潜类别比例	0.71803 ***	0.05104	—	0.28197 ***	0.05104
模型拟合	对数似然函数 −1453.19362		麦克法登伪 R^2 0.4226304		AIC/n 1.280

注：*、**、***分别表示在10%、5%、1%水平上显著。
资料来源：笔者根据统计结果整理所得。

结　论

乡村旅游的需求对产品开发具有重要的参考意义，目前乡村旅游目的地增加了越来越多的吸引物，管理和服务也逐渐升级，但以往研究在一些属性方面没有进行考虑，在研究方法上，虽然选择实验已经被应用，但仅局限于某个方面的特征。本书将乡村旅游产品作为整体产品，并且从城市居民对乡村记忆的角度界定乡村目的地的属性，经过探测性调查和试调查手段确定属性，参考政府部门文件和试调查结果确定水平，通过对国内教育娱乐水平及规模不同的六个城市进行调查，发现乡村记忆旅游产品的真实需求。试调查研究发现，城市居民对乡村旅游

美丽乡村建设中乡村记忆旅游产品的创新开发研究

具有一定的兴趣，对于出行目的，仅有少数是为了逃离城市，其余还是会选择合适的村庄，自然环境、传统文化、特色食宿、娱乐项目、管理和服务好以及有乡村特色这些属性在很大程度上影响城市居民对乡村目的地的选择，与国外研究也较符合，而且特色食宿、当地特色项目以及当地特色服务都更受欢迎，可见乡村记忆旅游产品是重要的乡村旅游吸引物。仅有一成人希望价格低，不到一成人希望距离在150千米以内，这也符合正在变化的市场，乡村旅游不再是纯粹的廉价旅游以及近郊旅游，这些选择在受访者之间存在异质性但在有些方面存在同质性。通过调查还发现，受访的城市居民与乡村联系较为密切，大多数居民在乡村有较近的亲戚或者自己成年前生活在乡村。

正式调查中借助选择实验，再次验证了这几个方面的属性正向影响受访者选择，模型有较好的拟合优度，其中自然环境、传统文化、管理和服务以及特色食宿是显著变量，价格为负相关，也是显著变量；而且收入和价格交互项系数为正，验证了支付意愿的收入效应。本书将个人支付意愿再次参数化，并对支付意愿分布进行了分析，发现超过支付中值后的支付意愿快速上升，说明乡村旅游存在高支付意愿者。本书首次将支付意愿仿真应用于乡村旅游研究，仿真分析表明，具有乡村特色的产品更容易被选择；当价格上升时，只有很小比例的受访者会退出选择。

本书还分析了异质性来源，发现人口统计因素中乡村旅游经历、与乡村的关系、年龄以及受教育程度等有关。随后根据受访者的选择偏好进行了潜类别分析。分析结果支持了支付意愿分布，高达71.80%的受访者属于理性消费者，他们要求较高，喜欢除娱乐项目之外的所有属性，对价格敏感，对于附加的娱乐项目并不感兴趣，可以被称为"乡村舒适性享受者"，而其余部分的游客喜欢娱乐项目、传统风貌等文化，而且价格为正，说明他们愿意为乡村溢价支出。根据第一类受访者计算出的支付意愿，发现数值较低，也说明大部分乡村旅游者仍然希望花费较低。

在本书中，验证了以往一些学者的研究以及业界的共识，优美的自然环境以及保留传统文化能够留住人们记忆中的乡村，对大多数人有较大的吸引力。需要关注的是以往研究中未涉及的特色食宿也是影响城市居民选择的重要影响因素，管理和服务规范有乡村特色也十分重要，这说明人们更加注重乡村特色体验，也有小部分旅游者已经对价格不十分敏感，意味着乡村可以开发高品质高价产品。本书采用较为先进的计量方法衡量旅游需求，但仍然存在一定的不足，自然环境最低的水平为20%，可能影响对自然环境要求低的受访者选择，每个属性内部还可以细分为不同的特征，未来的研究可以进一步深化，并且可以采用现状变动比例的方式探测支付意愿；本书特意采集城市居民作为受访者是为了使他们不被目的地特征所影响，正式调查开始前在乡村目的地曾经做过小规模正式问卷的试调查，发现在目的地现场游客兴趣更高而且更偏好该目的地的特征，在以后的研究中可以采用大样本验证外界对选择的影响；另外，有些动机可能也影响目的地选择，可以采用嵌套模型进行解决。

·第六章·
城市居民乡村价值认同及保护支付意愿研究
——旅游的角色和作用分析

乡村地区至今仍是世界人口主要的生产和生活场所，也是关键的生态功能区。当工业化和城市化促使乡村人口大量涌入城市，造成了乡村的衰落，许多国家开始致力于乡村振兴。由于人口激增及经济发展，城市环境变得恶劣，再加上出现人口短期或长期回归乡村的现象。乡村逐渐成为居民重要的游憩目的地，创业、投资、生活也吸引了部分城市居民返回乡村。无论出于何种目的，城市居民回归乡村的行为可以带来乡村经济、社会的繁荣，保护乡村文化，提升乡村地区的活力。乡村旅游对发展乡村经济和保护乡村文化的作用被广泛认可，但是对保护意愿的研究很少，尤其是城市居民对乡村多种价值的认同、保护意愿以及两者之间的联系缺乏深入细致的探究，乡村旅游在这其中的角色和从中所起的作用也并不明确。我国已进入推进乡村全面振兴阶段，以城带乡、城乡融合的发展趋势明显，也是乡村振兴的必由之路，乡村旅游作为城市居民与乡村接触的重要方式，会在乡村发展方面发挥更重要的作用。因此，研究城市居民对乡村价值的认知与保护意愿，能够促进乡村休闲旅游业发展，发现加强城乡要素交流的路径和措施，有助于通过城乡融合发展带动乡村振兴，借助乡村价值转化推进共同富裕。

第一节　文献综述

从发展经济学角度，乡村价值曾经被认为主要是服务于工业和城市发展，但后来有学者认为城乡应该协调发展，因此，近几十年发达国家又开始振兴乡村以更好地实现乡村价值，体现在经济、政治、社会、文化等多个方面(张军，2018)；如日本就通过社区营造提升了产业、文化、生态等多元价值(王国恩等，2016)。在我国，乡村价值也日益凸显，同样体现在多个方面(朱启臻等，2014)。当进入工业化和城市化高级阶段，乡村农业生产价值、对经济发展的腹地价值以及家园价值进一步提升（申明锐等，2015），乡村地区不仅为城乡居民提供高品质生活，也可以提供旅游、居住和创业就业（黄祖辉和胡伟斌，2019）。

对城市居民来说，虽然迁居到城市，但时常会返回乡村，早期返乡的城市居民是那些曾经在农村生活，后移居城市的人及其家庭成员，后来增加了没有乡村生活经历的城市居民（Perales，2002）。人们去乡村意味着更能亲近自然，观赏农业景观，品尝美味食物以及参观文化遗产，感受非功利的人际关系（Bramwell，1994；Salvatore et al.，2018）。在许多国家，乡村自然景观保护、历史建筑和传统乡村社会也受到更多重视。作为传统乡村所体现出不同于城市的诸多资源要素以及空间形态，不仅是吸引城市居民来乡村旅游的核心卖点（lane，1994），也是乡村生态、文化等诸多价值的根本表现，通过农业、旅游业等产业融合发展，乡村价值更加多元化（Nematpour & Masood，2021）。

值得注意的是，人们赋予资源和环境的价值并不依赖于他们当前使用情况，还有非使用价值，包括存在价值、选择价值和遗赠价值（弗里曼，2002）。对都市居民来说，乡村不仅具有较高的游憩价值（孔德帅等，2016），同样具有非使用价值。吴丽娟和李洪波（2010）通过调查城市居民支付意愿的方式，对一个乡村旅游目的地乡村性的非市场价值进行了评估，发现选择价值和存在价值是主要的表现形式，保护该村乡村性的人均支付中值和均值分别为 47.92 元和 64.10 元。由此可见，城市居民不仅认同乡村的游憩价值，也认同乡村非市场价值，两种认同也可能存在一定的联系。

乡村价值提升与实现有赖于城市居民对乡村价值的需求（黄祖辉和马彦丽，2020）。目前已有的研究主要是以游憩价值为代表的使用价值研究以及少量的非使用价值的研究，城市居民对这些价值的认可以及保护意愿还需要进一步细化，对两者的联系需要深入分析，尤其需要分析乡村游憩动机及行为是否与价值认同以及保护意愿存在关联。本书在访谈和问卷调查基础上，整合游憩价值与非使用价值，采用计量模型分析了城市居民对乡村游憩价值及非使用价值的认同（乡村地区生产农产品等生态价值客观存在，被普遍认可，未列入本研究范围），对保护乡村的意愿、帮扶方式及支付意愿，并且将对乡村旅游的兴趣作为中介变量研究价值认同与支付意愿之间的关系，不仅可以补充已有研究和激发学者对此问题的关注，而且可以供乡村振兴实践参考，更好地提升乡村游憩价值，借助乡村旅游促进城乡交流和乡村振兴。

第二节　研究设计

一、研究区域

本章根据主要发展性支出(教育、文化和娱乐支出)的差异选择山东省不同水平的4个城市——临沂、烟台、青岛和淄博作为研究区域对象,为了使样本更具代表性,另外补充了西部的银川市以及我国一线城市北京市,这两个城市发展性支出高于前述4个城市。这些城市在历史、地理、经济方面各不相同,样本选择可以多样化。但是,本章并不认为所在城市对其居民的价值认知以及支付意愿等产生影响,因此城市相关变量被忽略。

二、理论框架

根据对人类行为的观察,马克斯·韦伯(2010)提出将人类理性行为分为价值理性行为和工具理性行为,前者基于信仰不计后果,后者则作为实现目标的"手段",在实际行动中,两者经常同时存在,因此,追求两者的整合与统一可以将个人行为转变为更有意义的社会行为。韦伯的行为理性二重属性理论在多个研究领域被广泛认可并有较强的解释力。因此,本章基于该理论,采用多种方法解释乡村价值认同对旅游兴趣以及保护意愿的影响:首先,揭示城市居民对乡村游憩价值和非使用价值认同的基本情况;其次,分析价值认同与乡村旅游兴趣之间的关系;再次,调查他们对乡村的保护意愿以及愿意采取的帮扶方式,采用意愿调查法获取他们愿意支付的保护金额;最后,分析旅游兴趣对支付意愿的影响,以及不同旅游兴趣的群体支付差异(见图6-1)。通过这些研究,可以厘清城市居民的价值理性和工具理性是否影响了在乡村旅游与乡村保护方面的行为意向,并验证两种价值理性行为是否可以通过旅游行为实现整合。

三、研究方法与技术

本章先进行两轮试调查:①采用访谈法并以开放式填空的手段收集初步的支付意愿,确定大多数的城市居民认同乡村价值并有支付意愿;②在此基础上设计了支付卡,采用问卷调查法进行第二轮试调查。

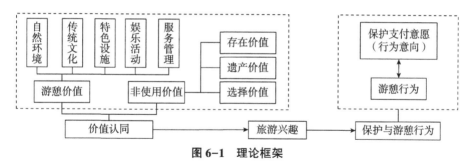

图 6-1 理论框架

资料来源：笔者自制。

本章正式调查采用面对面调查方式，以保护乡村意愿为主要标的，含义十分明确；由于支付工具可能影响意愿，因此采用了灵活的任选方式；在采用开放式、支付卡法进行试调查基础上确定投标值，利用双边界二分式作为主要引导工具；这些措施在一定程度上提升了调查的可靠性。

在本研究中，一个重要的内容是城市居民对保护乡村的支付意愿及其影响因素，采用了意愿调查法。该方法应用广泛，但有可能会有多种偏差，必须对偏差进行控制。近年来双边界二分法是意愿调查中经常使用的诱导方法，研究者先确定覆盖可能支付区间的若干个初始投标值，在询问支付意愿时，受访者会随机遇到一个初始值，只需要回答是否同意支付相应数额的货币，如果回答为"是"，那么会被追问是否愿意支付一个更高的值；如果回答为"否"，那么会被追问一个更低的值，这种方法使受访者决策更为简便，在大样本的情况下能够通过数据分析获得均值。

城市居民对乡村价值的认同以及对乡村帮扶方式等采用描述性统计方法，由于城市居民对乡村旅游的兴趣是从"不感兴趣""兴趣一般"到"很有兴趣"的有序变量，因此，衡量价值认同对乡村旅游兴趣的影响采用了有序 Logit 模型，该模型可以分析价值认同的不同方面对乡村旅游兴趣的影响方向以及相对重要程度。

在支付意愿层面，本章以每个家庭每年支付为情景基础条件，第一个投标值从高到低设置了六种：100 元、200 元、500 元、800 元、1200 元、2000 元，以人民币元为单位；第二个支付值为邻近的高值或低值，100 的低值为 0，默认为支付（受访者愿意为乡村贡献自己的力量才会被问到初始投标值），2000 元的高值在询问中是以开放式获得的，为了回归分析的合理与方便，经过观察设置为3050，便于覆盖更大的支付区间。通过两步询问，个体选择可以有四种情况：①"是，是"；②"是，否"；③"否，是"；④"否，否"。双边界二分式一般利用二值选择模型进行回归分析，普遍采用的是 Probit 或者 Logit 模型进行极大似然估计，可以获得各影响变量的系数，还可以通过计算获得人均支付意愿。

假设支付意愿 *WTP* 为解释变量和扰动项的函数，个人支付意愿可以表示为：

$$WTP_i(z_i, u_i) = z_i\beta + u_i \qquad (6-1)$$

其中，z_i 是解释变量的一个向量，β 为其系数，u_i 是误差项，服从均值为 0，标准差为 σ 的正态分布。

通过两步询问，个体选择可以有四种情况：①"是，是"，②"是，否"，③"否，是"，④"否，否"，发生的概率分别是：

$$Pr(s, s) = \phi\left(z_i'\frac{\beta}{\sigma} - \frac{t^2}{\sigma}\right) \qquad (6-2)$$

$$Pr(s, n) = \phi\left(z_i'\frac{\beta}{\sigma} - \frac{t^1}{\sigma}\right) - \phi\left(z_i'\frac{\beta}{\sigma} - \frac{t^2}{\sigma}\right) \qquad (6-3)$$

$$Pr(s, n) = \phi\left(z_i'\frac{\beta}{\sigma} - \frac{t^2}{\sigma}\right) - \phi\left(z_i'\frac{\beta}{\sigma} - \frac{t^1}{\sigma}\right) \qquad (6-4)$$

$$Pr(n, n) = 1 - \phi\left(z_i'\frac{\beta}{\sigma} - \frac{t^2}{\sigma}\right) \qquad (6-5)$$

本章以对两次投标值的是否支付为因变量，将两次投标值以及对乡村旅游的兴趣和与乡村的关系作为自变量，人口统计因素作为控制变量，变量如表 6-1 所示。

表 6-1　双边界二分式 Probit 回归模型变量

类型	变量	含义及赋值
因变量	对投标值 1 支付意愿	同意 = 1，不同意 = 0
	对投标值 2 支付意愿	同意 = 1，不同意 = 0
自变量	投标值 1（初始）	100 元、200 元、500 元、800 元、1200 元、2000 元
	投标值 2（追问）	0、100 元、200 元、500 元、800 元、1200 元、2000 元、3050 元
控制变量	乡村旅游的兴趣	没兴趣 = 0，兴趣一般 = 1，非常喜欢 = 2
	与乡村的关系	三代无近亲 = 0，仅有近亲 = 1，在乡村长大 = 2
	性别	女性 = 0，男性 = 1
	年龄	14 岁以下 = 1，15~24 岁 = 2，25~34 岁 = 3，35~44 岁 = 4，45~54 岁 = 5，55~64 岁 = 6，65 岁以上 = 7
	受教育程度	初中及以下 = 1，高中 = 2，大学 = 3，研究生 = 4
	家庭年可支配收入	1.99 万元以下 = 1，2 万~4.99 万元 = 2，5 万~9.99 万元 = 3，10 万~14.99 万元 = 4，15 万~19.99 万元 = 5，20 万元以上 = 6

注：由于乡村旅游兴趣和行为相关性较强，两者需选其一，而且行为会受到时间和收入等其他因素影响，故选择兴趣作为影响变量。

资料来源：笔者自制。

四、数据获取与分析

本章采取问卷调查的方式获取数据。在文献分析和个人半结构访谈基础上，肯定了城市居民对乡村价值的认可。随后利用探测性问卷调查方式对不同省份人口统计因素不同的城市居民进行问卷初步调查，主要用于获取城市居民对价值认同的选择以及保护乡村的支付意愿及方式，在问卷中采用了开放式填空的方法获取数据，虽然该方法容易因受访者造成起点偏差，少量受访者确实因收入较高等原因支付意愿较高，但是由于受访者对乡村并不陌生，大多数数据与以往的研究相对吻合，因此数据在很大程度上是可靠的。在此基础上，采用问卷调查以支付卡式询问方式进一步验证支付区间。

根据以上调查获取的数据设计了正式问卷，主要分三部分：①询问受访者对乡村旅游的兴趣、是否会受乡村吸引而去旅游以及选择乡村时关注的特征三个问题作为对乡村游憩价值认同的评判，同时把第一个问题作为影响保护意愿的因素；②先询问了与乡村的联系，随后询问对乡村非使用价值的认同问题以及支付问题，包括是否愿意为保护乡村支付、选择什么样的支付工具，以及不支付的原因是什么，对问卷给定的投标值是否同意支付；③人口统计因素，询问了性别、年龄、受教育程度、家庭人口以及年可支配收入。

正式调查开始于 2019 年 8 月，与选择实验调查同步进行。先在山东省临沂、淄博和青岛进行调查，10~11 月又在烟台、银川和北京 3 个城市进行调查。调查开展主要集中在周末时间，以便覆盖到更多人群，在具体地点上选择人群集中而且方便受访的休闲型商场超市、市民公园等地，以便保证问卷样本广泛。从研究者亲自参与调查直观获取的信息以及调查者反馈的信息来看，问卷可以被绝大多数受访者理解，回答也比较认真，可以保证调查数据质量。正式调查共发放问卷624 份，由于是当面回收，回收率 100%，由调查员当场标记以及后续逐份检查，剔除无效问卷。回收有效问卷 574 份，有效率 92%。

本章采用 Stata15.1 软件进行潜类别分析和有序 Logit 回归分析，并直接调用外部命令 Doubleb 进行支付意愿分析，该命令以 Probit 回归可以直接获得或经计算获得支付意愿均值，并可以获得某一类别受访者支付意愿的均值（Lopez-Feldman，2013）。

第三节　研究结果

一、样本人口统计因素[①]

由表 6-2 可知，受访者男女比例基本持平；家庭人口涵盖各种家庭，在均值

---

① 本部分与选择实验同步调查，样本与第五章相同。

上与中国家庭人口均值接近；年龄集中在中青年段，因为未成年人及老年人对问卷理解能力有限，不愿意受访，他们在与本书研究的相关问题的决策能力也有限；受教育程度以高中以上和大学阶段为主，与城市居民受教育程度较高的情况基本吻合；家庭收入在各个阶段都有分布，但以中间段为主，符合基本规律；通过调查还发现大部分的城市居民和乡村仍保持着比较密切的联系，这和我国城镇化步伐相对一致。由此可见，样本的代表性较好。

表6-2　样本人口统计因素

人口统计因素及取值			人口统计因素及取值		
性别	女性	49.81%	受教育水平	初中	8.68%
	男性	50.19%		高中	22.78%
年龄	14岁以下	1.25%		大学	59.49%
	15~24岁	34.05%		研究生	9.04%
	25~34岁	32.09%	家庭年可支配收入	少于19900元	9.06%
	35~44岁	20.50%		20000~49900元	7.46%
	45~54岁	7.31%		50000~99900元	18.47%
	55~64岁	2.67%		100000~149900元	26.29%
	65岁以上	2.14%		150000~199900元	16.70%
家庭规模	少于2人	8.97%		200000元以上	22.02%
	3~4人	72.16%	与乡村的联系	成年前在乡村生活	55.77%
	5人以上	18.86%		乡村有近亲	29.48%
				三代不在农村生活	14.74%

资料来源：笔者根据统计数据自制。

(一)城市居民旅游兴趣及对乡村价值的认知

本章询问了受访者对乡村旅游的兴趣、行为以及是否因为受乡村吸引而去参与乡村旅游，统计结果表明，城市居民对乡村旅游绝大多数有浓厚的兴趣，没有兴趣的只有3.67%，兴趣一般和非常喜欢的比例分别是48.43%和47.90%。虽然兴趣可能会受限于客观实际不能完全转化为行为，但本研究中兴趣和行为相关系数仍然较高($r=0.36$)，部分受访者在过去一年中去乡村旅游分别在2~4次或者在5次以上。当被问及去乡村旅游是会选择喜欢的村庄还是仅逃离城市，仅有7.87%的人是因逃离城市而出游，从而证明了乡村的多元价值能够转化为城市居民的游憩价值。问卷采用限选3项的方式询问他们在选择目的地时看重的因素，发现自然环境因素占到77.96%，特色接待因素和传统文化因素分别占到57.55%

和 52. 75%，37. 30% 的受访者希望乡村有传统或者现代娱乐项目(娱乐因素)，还有 34. 64% 看重管理和服务(服务因素)，有些注重亲情服务，有些注重标准化服务。由结果可以发现，游憩价值的多个方面得到城市居民认可，对他们来说，乡村的多元价值可以满足他们的游憩需求。

当被询问对乡村非使用价值是否认可时，认为乡村具有非使用价值的比例达到了 96. 97%，但存在价值、遗产价值、选择价值在三种价值认可方面存在差异：有些受访者仅认同其中的一种或两种，有的受访者认同全部三种；经统计，三种价值被认可的比例分别为 71. 51%、55. 15% 和 38. 24%。这进一步证明了乡村价值的多元性，而且也被城市居民广泛认知，结合较高的乡村旅游兴趣，可以推断价值认知有可能影响他们的行为意向。

(二) 乡村价值认知对旅游兴趣的影响

通过以乡村旅游兴趣为因变量，对乡村游憩价值以及非使用价值的认知为自变量进行有序 Logit 回归，逐步回归发现有四个变量在模型中拟合较好，整体在 0. 01 水平上显著。结果表明，兴趣与传统风貌保存价值以及遗产价值认知正相关，与乡村特色美食、住宿以及游乐活动负相关(见表 6-3)，说明更强烈的兴趣来自对乡村本身价值的认知，而不是商品化的产品价值，因此价值理性在乡村旅游中也起到重要作用，但是，一些城市居民仅把乡村作为游憩目的地，是出于工具理性。因此，如果开展乡村旅游，需要考虑这两种理性背后的动机，挖掘乡村传统文化，保持传统风貌，接待设施和娱乐活动需要避免商业化。

表 6-3　乡村价值认知对旅游兴趣的影响

影响因素	系数	标准差	Z 值	P 值
传统文化	0. 50	0. 17	2. 90	0. 004
特色设施	-0. 56	0. 18	-3. 13	0. 002
娱乐活动	-0. 30	0. 19	-1. 61	0. 108
遗产价值	0. 21	0. 17	1. 20	0. 230
模型拟合	Log likelihood = -434. 94 Prob > chi2 = 0. 0001			

资料来源：笔者根据统计数据自制。

二、城市居民对乡村的保护及支付意愿

(一) 城市居民保护乡村的意愿及其原因

在被问及是否愿意为乡村保护贡献自己的力量时，有高达 90. 59% 比例的受

访者表示愿意。有些受访者特意注明了原因，选择不保护的主要原因有认为乡村应该现代化，不必刻意保持这种形态；也有人认为自己没有能力或者不想去做。受访者选择保护乡村的原因主要有以下四种：①认为乡村风景美丽，保护乡村也是保护历史文化；②乡村是心中的一片净土，是生活的一部分，有特色；③自己有近亲属还在乡村生活或者自己从小在乡村长大；④乡村是自己的家，热爱家乡所以保护。这些充分体现了保护乡村的行为意向受到价值理性的影响。

(二)城市居民保护乡村的方式

对于采用何种方式对乡村进行帮扶，给出的5个选项都有受访者选择，但是比例差异较大。值得注意的是55.96%的受访者愿意采用购买农产品和在乡村旅游过程中溢价支付的方式进行帮扶，可见这种方式受到欢迎。而且，这种方式可以满足城市居民旅游需求和绿色农产品的消费需求，这些行为主要因为工具理性；但是，溢价支付代表了在获得同等价值商品的同时愿意额外支付，说明也包含价值理性在内，城市居民对乡村的情怀和保护乡村的理想可以同时实现；这两种理性在旅游行为或乡村农产品购买行为中可以相互促进，达到统一，因此是较为理想的方式。在其他方式中，投资和志愿服务的比例分别是35.77%和26.35%，可见城市居民有较强意愿参与乡村建设与发展；愿意采用捐赠手段的也占到21.54%，说明在城市居民保护乡村时这种作为公益行为的手段也很受欢迎；选择其他方式的比例较少，仅有6.92%，进一步采用开放式问题的追问受访者也没有收集到有意义的信息。

(三)城市居民保护乡村的支付意愿

由于投资方式涉及资金大小不等，志愿服务难以用货币衡量，在支付意愿询问时不涉及这两种方式。本章通过Probit模型分析具体的支付意愿数据获得支付意愿均值以及影响因素(见表6-4)。最低初始投标值100元的同意响应比例是97.73%，受访者面对3050元时，支付比例下降到8.82%，可见投标值可以覆盖大部分的支付区间；开放式获取最高支付意愿为10000元。

首先，仅考虑两个投标值作为自变量，对它们是否支付作为因变量构建模型A，回归分析发现，模型整体在0.01水平上显著，扰动项符合正态分布，但离散程度较大；当逐个加入其他变量时，发现只有乡村旅游的兴趣仍能保持整体模型在0.01水平上显著，其余变量导致模型整体不显著。其次，将两个标的值与乡村旅游兴趣作为自变量的模型记为模型B，该模型中，对乡村旅游兴趣变量也在0.01水平上显著，但常数项显著程度有所下降，在0.10水平上已经不显著，扰动项仍然显著服从正态分布。在模型A中，支付意愿均值相当于常数的系数，为

1269.07，还可以得出标准差和95%的置信区间；模型 B 因为包含除标的值外的其他变量，需要进一步计算才可以获得支付意愿均值(见表6-4)。

表6-4　两个 Probit 模型结果

模型	变量	系数	标准差	Z 值	P 值	95%置信区间		模型似然值
A	常数 σ	1269.07	56.54	22.45	0.000	1158.25	379.88	−551.96
		933.12	50.37	18.53	0.000	834.40	1031.85	
B	兴趣	397.13	95.84	4.14	0.000	209.29	584.97	−543.34
	常数 σ	282.97	239.63	1.18	0.238	−186.70	752.64	
		899.98	48.57	18.53	0.000	804.78	995.18	

资料来源：笔者根据统计数据自制。

从模型 B 可以看出，加入兴趣变量后拟合优度有所提升，标准差变化不大。由于城市居民对乡村旅游的兴趣是影响其支付意愿的显著变量，有必要计算不同兴趣的受访者支付意愿均值。经过计算，四个支付意愿均值 P 值均在 0.01 水平上显著，支付意愿标准差都不大。从表6-5来看，支付意愿随兴趣依次降低，有强烈兴趣的高于均值，而兴趣一般者和无兴趣者低于均值，不区分兴趣的支付值处于有强烈兴趣和兴趣一般的中间位置。值得注意的是，即使没有乡村旅游兴趣，仍然有保护乡村的意愿，说明他们保护乡村并非出于游憩需要，还有其他使用价值或非使用价值。

表6-5　乡村旅游兴趣对城市居民保护乡村支付意愿的影响

兴趣	支付意愿均值	标准差	Z 值	P 值	95%置信区间	
不区分	1263.06	54.75	−23.07	0.000	1155.74	1370.37
非常喜欢	1474.35	76.98	19.15	0.000	1323.483	1625.22
兴趣一般	1077.23	68.71	15.68	0.000	942.5509	1211.90
没兴趣	680.10	147.94	4.60	0.000	390.1317	970.06

资料来源：笔者根据统计数据自制。

(四)讨论

与以往研究对比，本书与以往研究部分结论相似，如对游憩价值的高度认同以及对非使用价值认同(Garrod et al.，2006)。在对乡村游憩价值认同方面，本研究与以往研究也有些相似之处，如国内外早期和近期的研究，都认为自然环境、传统文化是吸引城市居民重要的因素，因此乡村具有游憩活动的价值，第五章的研究表明特色美食和民宿等住宿设施有一定的吸引力。由于并非针对乡村旅游目的地进行调查，所以保护对象是泛化的乡村，可能由于家乡情结以及乡村美好意象的影响，保护意愿强烈，存在价值较高而选择价值低，而且本研究保护的支付意愿较高，与以前只针对目的地的研究有所不同(吴丽娟和李洪波，2010)。本书研究发现，兴趣较高的人群的支付意愿较高，但并不包含旅游过程中与家人及朋友在一起的社交价值，因此相比于采取了乡村旅游行动的城市居民所获取的消费者剩余低一些符合常理(李玉新和靳乐山，2016)，可见本书的研究结果具有一定的可靠性。从本书研究结果来看，"十四五"时期，挖掘乡村多元价值，发展休闲旅游业是可行的路径(叶兴庆等，2020)。下一步的研究应加入其他变量更好地深究城市居民保护乡村以及进行乡村旅游的行为背后的原因，并且更加细致地剖析不同研究城市居民对某种价值的支付意愿、分析支付方式采用的原因以及支付意愿更多的影响因素。

第四节　结论与研究启示

一、结论

虽然世界范围内城市化水平持续提升，但乡村依然有不可替代的多元价值，这些价值不仅体现在这些地区是人类重要的生态、生产以及生活空间，还具有多种使用价值和非使用价值。乡村的多元价值不仅给本地社区居民带来福利，同样也可以改善城市居民的福利。本研究借助调查研究方法，利用访谈、问卷调查等多种方式收集数据，研究了城市居民游憩兴趣与行为、对乡村价值的认知、保护乡村的意愿、方式以及支付意愿。主要贡献在于研究结果验证了最初的假设，即城市居民对乡村的价值认知与保护意愿以及游憩兴趣、行为之间存在一定的关系，体现了他们的价值理性和工具理性的二重性；乡村旅游兴趣在价值认知和保护的支付意愿之间起到中介作用，当他们在两种理性之间权衡时，乡村旅游是非常有意义的权衡结果；另外，乡村旅游中以及相关的农产品购买中的溢价支付是半数以上受访者选择的支付方式，再次印证了乡村旅游行为中两种理性相融合。

研究结果还表明，绝大多数城市居民受乡村吸引，对乡村旅游具有一定的兴趣，接近半数兴趣强烈，说明乡村生态、文化、生活、娱乐等多元价值在城市中具备广泛的认知基础，也意味着乡村休闲旅游业具备较好的客源基础；在对非使用价值认知方面，同样具有接近97%的受访者表示认同，接近四成的受访者认识到选择价值，55%的受访者认识到遗产价值，认识到存在价值的受访者接近八成。乡村旅游的兴趣与对传统风貌保存和遗产价值认知正相关，但是与商品化的乡村旅游产品负相关，证明乡村本身的乡村性更具备游憩价值，同时必须避免过度商业化。超过90%的受访者表示愿意贡献自己的力量保护乡村，主要原因是乡村自身的生态文化特色以及因为亲属生活在乡村，说明保护乡村包含价值理性行为。城市居民保护乡村的方式有多种，其中最受欢迎的是采用在购买农产品以及乡村旅游过程中溢价支付的方式，有超过半数受访者选择，投资、志愿服务和捐赠方式也分别超过1/3、1/4和1/5；在具体支付意愿方面，每个家庭每年支付均值约为1269元，进一步分析发现乡村旅游兴趣不同的受访者之间支付意愿相差较大，兴趣非常高者支付意愿几乎是无兴趣者的2倍，但是，无兴趣者依然会支付一定的资金保护乡村价值，可见乡村价值对城市居民来说不仅体现在游憩价值方面。

依托乡村资源发展休闲旅游业可以发挥乡村和农业的多种功能，实现乡村的多种价值。在此基础上，深度挖掘生态、文化、生活、教化等价值，并继续挖掘乡村其他价值，发展新业态，形成三产融合的产业发展格局，推进乡村振兴。城市居民希望帮扶乡村的还有农产品购买、投资、志愿服务和捐赠等多种方式，但目前帮扶渠道并不畅通，根据这些方式进一步打通城乡之间的要素交流渠道，尤其是要建立健全普通市民参与乡村建设的机制，可以促进城乡融合。

二、研究启示

（1）乡村地区具有较多的游憩空间，自然环境、传统文化以及非功利的人际关系等因素对城市居民具有较强的吸引力，而且这些价值已经被广泛认知，因此，依托乡村资源发展休闲旅游业可以发挥乡村和农业的多种功能，实现乡村的多种价值。在此基础上，深度挖掘生态、文化、生活、教化等价值，并继续挖掘乡村其他价值，发展新业态，形成三产融合的产业发展格局，推进乡村振兴。

（2）除游憩价值外，乡村其他价值也被城市居民广泛认可，可以进一步加强城乡之间的联系。由于我国城镇化发生在近几十年，大量城市居民曾经在乡村生活或者近亲属仍然在乡村，因此与乡村地区保持着密切联系，这也使他们家乡情结较重，愿意为保护乡村贡献力量，这种行为主要受价值理性主导，需要进行积极引导并且提供合适的机会，这将是未来乡村振兴中参与的重要力量。城市居民希望帮扶乡村的还有农产品购买、投资、志愿服务和捐赠等多种方式，但目前帮扶渠道并不畅通，根据这些方式进一步打通城乡之间的要素交流渠道，尤其是要建立健全普通市民参与乡村建设的机制，可以促进城乡融合。

（3）乡村多元价值的挖掘与实现需要建立在城乡居民密切合作的基础之上。首先，需要保护好乡村资源，使这些资源可以可持续利用。其次，一方面是推进资源资产化，通过开发利用产生价值；另一方面还要提升资源开发与经营的组织化程度，以村集体、合作社或者公司的形式进行开发经营，提升效率效益；并且还要兼顾公平，需要进一步创新村集体资产估值和合作开发的模式，确立村民的合法受益的身份。最后，积极吸纳城市资源要素，补足乡村短板，乡村人才、技术和资金要素都相对短缺，根据本研究的结果，这些要素可以通过城市居民的参与获得，但需要因地制宜多样化地将这些要素投入乡村振兴工作中，实现"双赢"，加强城乡融合发展。

本书验证了乡村价值认知对乡村旅游兴趣的影响以及乡村旅游兴趣对乡村保护支付意愿的影响，下一步研究可以进一步探究可能的中介或调节作用，还可以加入其他变量更好地探究城市居民保护乡村以及进行乡村旅游行为背后的原因，并且更加细致地剖析不同城市居民对某种价值的支付意愿、分析支付方式采用的原因以及影响支付意愿的更多因素。在数据获取与分析方面也可以进一步精细化，如采用贝叶斯分析方法控制回答的不确定性，还可以考虑截断处理"胖尾"问题。

·第七章·
乡村记忆语境下旅游体验、幸福感与认同感关系研究

我国经济发展带来了旅游需求的激增，随着乡村振兴政策的提出，乡村作为重要的目的地受到消费者和学者的关注。乡村旅游能够给予旅游者一种放松自我、回归自然的愉悦体验，而对于乡土情结根深蒂固的民众而言，乡村旅游亦是让其追忆乡村生活、释放乡愁的方式，现实中乡村旅游是否能给旅游者带来幸福感、良好的旅游体验与游客自身的乡愁情结存在何种关系、乡村旅游幸福感是否能够进一步带来游客对乡村的强烈认同感等，在研究方面尚存在空白，研究这一问题不仅可以厘清它们之间的具体关系，还可以为乡村记忆旅游产品的有效设计和开发提供了一定的指导。

第一节　模型构建与理论假设

尽管乡愁、旅游体验、幸福感和认同感源于不同的学科，但在乡村旅游的情境下，三者间存在一定的联系。以往的研究多是融合多种因素将两两概念进行关联验证，而未能从路径上更好地验证这些变量之间的关系，即乡愁对旅游体验、旅游体验对幸福感的影响作用以及幸福感在影响游客产生乡村认同方面是否具有一定的中介作用。基于对当前研究的思考和梳理，本书根据乡村旅游的特征和以往研究，构建了旅游体验影响因素、乡村记忆与乡村认同感的两个理论模型。

一、模型一假设

MacCannell（1973）主张游客喜欢体验真实性，过往记忆可以融入旅游体验过程中，而旅游体验还会受个体间交流互动影响。Jennings 和 Weiler（2006）在探讨旅游体验媒介的研究中，格外强调同游者（或称为同伴）在旅游者体验中的重要影响作用，因此，对于旅游体验的影响因素，模型选取了乡愁记忆和旅游同伴作为前置变量。基于以往的学术研究结果，分析了乡村旅游体验感可能的影响因

素，提出理论假设(见图7-1)：

H_{1a}：真实性与乡村旅游感呈正相关关系；

H_{1b}：优美性与乡村旅游体验感呈正相关关系；

H_{1C}：旅游同伴与乡村旅游体验感呈正相关关系；

H_{1d}：乡愁、记忆与乡村旅游体验感呈正相关关系。

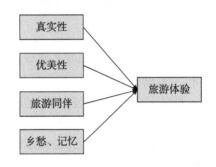

图7-1 乡村旅游体验影响因素的模型

资料来源：笔者自制。

二、模型二假设

随着旅游业发展，学者开始探索旅游的本质问题，部分学者认为旅游体验是其本质，他们在多个角度探讨旅游者主观幸福感产生的影响因素，应对这些影响因素进行溯源，并且应从哲学、社会学、经济学、心理学、营销学等多学科视角来构建相应的影响机制模型(粟路军等，2019)，而根据前文所述，地方认同与地方记忆之间存在一定的关系，但以往研究中并未阐述乡村游客幸福感是否会刺激个体产生对乡村的认同感，为此，本书构建了旅游体验、旅游幸福、乡愁记忆与乡村认同间的理论模型(见图7-2)，其中的理论假设如下：

H_{2a}：乡愁、记忆与乡村旅游体验呈正相关关系；

H_{2b}：乡愁、记忆与游客产生旅游幸福感呈正相关关系；

H_{2C}：乡愁、记忆与乡村认同感呈正相关关系；

H_{2d}：乡村旅游体验与旅游幸福感呈正相关关系；

H_{2e}：乡村旅游体验与乡村认同感呈正相关关系；

H_{2f}：旅游幸福感与乡村认同感呈正相关关系。

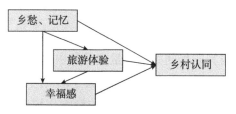

图 7-2　乡愁与乡村认同感的模型构建

资料来源：笔者自制。

第二节　问卷调查

一、问卷量表设计

(一)旅游体验的量表

愉悦体验是旅游者在旅游体验中关注于自身愉悦而非功利性追求的体验维度，而追求愉悦在谢彦君(2004)看来也是旅游者体验的重要本质之一；Ohe 等(2007)的研究也将愉悦和逃逸作为旅游体验测量的内容进行研究，因此本书将旅游体验设计为我觉得很开心、我很享受在这里、我在这里获得很多快乐、我感觉在一个截然不同的环境中、我远离了烦恼、我融入其中忘记了一切等 6 个题项。

(二)真实性和优美性的量表

王宁等(1999)认为，"存在主义真实性"强调旅游者自身对于旅游吸引物的真实性感知的研究。冯淑华和沙润(2007)认为，旅游的真实感主要体现在古建筑和生活文化等真实感层面，他们设计的建筑真实感强调了久远性、规模、装饰古朴、与周边的环境以及核心区风貌完整性几个方面，而生活文化真实感从原居民角度出发，强调了保有率、自豪感以及支持和参与性，并且将原有生活方式的延续性也作为一个题项。

本书将真实性设定为景点保持了历史原貌、景点体现了当地的文化、景点的一切看上去都很真实、景点没有刻意造假、模仿的感觉。而对于优美性，本书主要是从旅游者对刺激物景色的总体感知和自然和谐的角度进行了研究，对优美性的题项设计为我感觉这里的景色很迷人、景点的景色很秀丽、景点具有自然的和谐美。

(三) 旅游同伴的量表

对旅游者与同伴的互动关系，参考 Rosenbaum 和 Massiah（2007）、范钧（2011）等对于旅游者与其同伴间关系的量表。其中，范钧（2011）认为，有"我会主动帮助其他游客、当其他游客遇到困难我会主动询问、我有一定的责任去帮助其他游客"。同时旅游同伴对于旅游者个体的影响作用还在于他可以相同的身份与旅游者进行旅游经验、旅游感受方面的交流，因此旅游同伴对于旅游者的作用在于旅游信息、旅游感受等方面的交流，并通过交互交流和相互的帮助形成有利于旅游者获得旅游在场体验的氛围，故本书对旅游同伴的题项参考了杨晶（2017）中的题项设计为，我与同伴相处得很融洽、我与同伴在旅游中相互帮助、我与同伴相互交流旅游感受、我与同伴相互交流旅游经验。

(四) 乡村记忆量表

谢新丽和吕群超（2017）将乡愁记忆划分为三个维度：社会记忆、空间记忆和环境记忆，本章借鉴乡村记忆的部分题项，在乡村记忆的题项中测量了在访问的村落中、在菜肴方面是否可以找到家乡的感觉，受访地建筑、民宿风格和记忆里乡村相似程度，受访地自然环境和记忆里家乡环境的相似程度，能否体验到记忆里家乡的生活场所，邻里关系可否让游客想起家乡的时光(见附录三)。

(五) 幸福感量表

余勇和田金霞(2013)借鉴希尔斯等的研究成果，在融入国内幸福观的价值取向的基础上，对骑乘自行车人员的幸福感从该活动使受访者享受到快乐、对生活充满了信心、感到满意，从而使其觉得生活是有意义的、达到人际关系和谐等几个角度进行衡量。本书在考虑乡村旅游游客的旅游动机和乡愁情结下，将幸福感的量表从这次旅游是否给受访者获得成就感、是否能够启发了受访者的思考，是否让他们认识到真正的自我，以及对他们来说是否很有意义角度来进行设计(附录三)。

(六) 认同感量表

白凯(2010)针对农家乐进行了游客场所依赖和忠诚度的调查中，参考 Michael 和 Graham(此处说的是白凯在这个基础上的改动)关于场所依赖的量表，将场所认同的题项设计为我非常认同此地、旅游体验明显高于其他地区、该地是典型的乡村风貌、此地休闲对我旅游最为重要、此地旅游休闲对我意义重大。Hammitt(2004)将地方认同、地方依恋和地方归属进行了细致的划分，并将地方认同感设定为六个题项，分别衡量了访问地是否对来访者来说很特别，是否使游客产生依恋，此地对是否让受访者感觉意义重大以及是否引发认同，拜访是否让来访者认清自己，使之感觉访问地是他(她)生命中的一部分。综合学者对于认同感的研究，本章将乡村认同感从以下四个方面进行衡量：①访问地是否给受访者带来特别感；②受访者是否非常认同访问地；③在受访地旅游是否意义重大；④旅游是否促使受访者发现自我(附录三)。

二、初始问卷的发放

为了更好地对各个变量间的关系进行研究，通过发放和收集的预测试问卷以保证问卷各个题项的信度和效度，并以此为依据优化问卷中各个题项，用以保证正式调查中的问卷质量。预测试问卷通过在线问卷星和线下发放的方式进行，数量100份，回收率94%，有效率82%。采用最常用的Cronbrach's系数作为量表内部一致性的测量指标，用来检验信度，分析结果发现 α 值均在 0.7 以上(见表7-1)，问卷题项通过了信度检验。

表 7-1　各题项的信度分析

维度	Cronbrach's α
真实性	0.803
优美性	0.805
同伴	0.900
乡愁	0.926
认同	0.896
唤醒	0.896
幸福感	0.923
体验	0.7892

资料来源：笔者根据统计结果整理所得。

效度优劣的衡量指标主要采用 KMO 指标 和 Bartlett 球形检验的 P 值，一般情况下，较好效度的问卷 KMO 指标需要大于 0.7，同时需要 Bartlett 球体检验的 P 值小于 0.001(吴明隆，2010)。分析结果表明，模型一显示的问卷 KMO 效度为 0.856，5 个因子累计可解释问卷整体变异量的 73.304%；模型二显示的问卷 KMO 效度为 0.902，5 个因子累计可解释问卷整体变异量的 72.737%；同时，两个模型球体检验的 P 值均小于 0.001，说明两个模型一和模型二的问卷效度都是较好的。

三、正式问卷的发放与收集

2019 年 8 月，由经过培训的调查员在山东省淄博市中郝峪、聂家峪，临沂市竹泉村等著名的乡村旅游地进行正式问卷调查，调查对象为乡村旅游景区内正在游玩或已经游玩结束的游客，问卷内容以结构化问题为主，受访者较易回答，因此，两个模型的问卷合并在一份问卷中统一发放，采用村内随机偶遇的方式选取受访者，在介绍了调查目的、受访者知情同意后，由调查员辅助受访者进行填写，并发放小礼物予以激励他们更好地填写。本次调查共发放问卷 305 份，回收问卷 303 份，经整理获得有效问卷 275 份，问卷有效率为 90.2%。

问卷的人口特征进行统计分析显示，游客中女性游客为 152 位，男性游客为 123 位；年龄小于 18 岁的游客有 22 位，在 18~30 的游客为 62 位，31~40 岁之间为 108 位，41~50 岁的游客为 61 位，51~60 岁的游客为 16 位，60 岁以上的 6 位，其中年龄在 18~30 岁的占有较大的比重，基本符合当前旅游人群的年龄特征；文化程度中初中及以下的为 39 位，高中或中专的为 96 位，大专或本科的为 134 位，研究生及以上的为 6 位；个人收入中低于 2000 元的为 50 位，收入在 2000~3500 元的游客为 57 位，收入在 3501~5000 元的为 80 位，收入 5000 元以上的为 88 位；职业构成中，农民为 18 位，学生为 33 位，军人为 1 位，离退休人员为 10 位，行政机关、事业单位、企业和自由职业者分别为 8 位、45 位、62 位和 62 位，职业为其他人员的游客为 34 位；一年内乡村旅游次数的统计中，37.7% 的游客旅游过 1~2 次，31.1% 的游客一年乡村旅游 3~5 次，30.8% 的游客一年旅游 5 次以上。

第三节　结果与讨论

一、模型结果

依据前文所构建的理论模型，借助结构方程常用的统计软件(AMOS20.0 版本)针对两个测量模型的各个理论假设进行检验，分别对两个模型的拟合优度进行检验，并对各个理论假设进行单独验证。估计方法使用了极大似然方法，将 275 问卷分别导入两个理论模型，为了便于区别，将模型一和模型二分别表示为 A1 和 A2，分析结果如下：

（一）乡村旅游体验影响因素的模型验证

本书选择 NC、RMSEA、RMR、CFI 等适配性参考指标综合考察假设模型整体拟合情况，旅游体验影响因素的实证测量模型具有较好的拟合优度，其中方差与自由度之比为 2.720，略小于 3，RMR 为 0.030，满足了 RMR 应小于 0.05 的良好适配度要求，RMSEA 为 0.079 大 0.05，但小于 0.08，说明模型具有较好的适配度，而 CFI、IFI、TLI 三个指标均大于 0.9，而 RFI、GFI 和 AGFI 等虽小于0.9，但也大于或者非常接近 0.8。因此，说明旅游体验的影响因素模型具有较为理想的适配度（见 7-2）。另外，根据吴明隆（2010）指出，利用 MI 进行模型修正需要遵照一定原则，按照这些修正原则，分析 MI 指标发现并未存在需要重新构建两两关系的潜在变量。

表 7-2　旅游体验影响因素的模型拟合优度

模型	χ^2/df	RMR	RMSEA	CFI	IFI	TLI	RFI	GFI	AGFI
A1	2.720	0.030	0.079	0.917	0.918	0.905	0.857	0.832	0.789

资料来源：笔者根据统计结果整理所得。

旅游体验影响因素模型中各个变量之间的路径系数的结果如表 7-3 所示，以 P 值为标准，发现真实性对于乡村旅游体验的标准化路径系数虽然是正向相关，但是未在 0.05 水平上显著，可见模型一第一个研究假设得到部分验证，说明在这次调查中，部分乡村旅游者主观感知到的乡村真实性对于旅游者的体验的影响作用不十分显著；但是显著性水平在 0.1，也说明两者正向关系也很明显。而优美性、同伴间的互动以及乡愁记忆对于旅游体验三个假设 P 值均在 0.05 水平上或更低水平上的显著，其标准化路径系数分别为 0.370、0.267 和 0.166，后三个研究假设得到支持，说明旅游体验作为旅游者乡村旅游中的重要感知，其会受到游客自身乡愁记忆的内在影响，同时优美的外部景色、同伴间的良好沟通交流等也会对游客良好的旅游体验获得产生显著的提升。

表 7-3　A1 模型的路径检验和假设检验的结果

研究假设	潜变量关系	标准化系数	C. R.	P 值	结论
H_{1a}	真实性→旅游体验	0.167	1.677	0.093	不支持
H_{1b}	优美性→旅游体验	0.370	4.870	***	支持
H_{1c}	同伴→旅游体验	0.267	3.029	0.02 *	支持
H_{1d}	乡愁、记忆→旅游体验	0.166	2.023	0.043 *	支持

注：*、** 和 *** 分别表示在 0.05、0.01 和 0.001 水平上显著。

资料来源：笔者根据统计结果整理所得。

（二）乡愁与乡村认同感的模型验证

乡愁与乡村认同感假设模型适配度指标，由表7-4可知，乡愁与乡村认同感的实证测量模型具有较好的拟合优度，其中方差与自由度之比为2.388，略小于3，RMR为0.035，满足了RMR应小于0.05的良好适配度要求，RMSEA为0.071，大于0.05，但仍小于0.08，说明模型具有较好的适配度，CFI、IFI、TLI、RFI四个指标均大于0.9，而GFI和AGFI等虽小于0.9，但也大于0.8。说明乡愁与乡村认同感模型具有较为理想的适配度。同样，根据A2模型的各个指标，参考AMOS所给出的模型修正指数MI（Modification Indices），本模型中并未有外因潜在变量之间需要构建直接关系，依据增列参数的原则，当前模型不需要进行变量间新关系的构建。

表7-4　乡愁与乡村认同感的模型拟合优度

模型	χ^2/df	RMR	RMSEA	CFI	IFI	TLI	RFI	GFI	AGFI
A2	2.388	0.035	0.071	0.947	0.948	0.939	0.900	0.869	0.832

资料来源：笔者根据统计结果整理所得。

乡愁与乡村认同感的模型的各个路径参数估计的结果如表7-5所示。从表中的P值和结论可知，乡愁对于旅游体验、旅游幸福感和乡村认同都的标准化路径系数均在非常低的显著水平上，其对旅游者在体验感、幸福感和认同感几种旅游情绪的影响程度分别达到0.602、0.347和0.513，说明模型二的前三个研究假设均得到很好的验证，旅游者的乡愁情结在乡村旅游多种情绪中具有非常重要的直接影响作用。同时，乡村游客的旅游体验对于幸福感、乡村认同感的标准化路径系数分别为0.416和0.357，其伴随概率均小于0.01的显著性，后两个研究假设也得到支持，这个结果说明旅游体验作为旅游者乡村旅游中重要感知，其对于游客的旅游幸福感和强烈的乡村认同感形成都具有一定的影响作用。本章模型假设的H_{2f}也得到了较好验证，说明游客高质量幸福感的获得与旅客对乡村认同的提升有一定的正向影响作用。通过模型检验，本章构建的乡愁与乡村认同感模型的所有假设均通过显著性检验，假设均获得支持。

表7-5　A2模型的路径检验和假设检验的结果

研究假设	潜变量关系	标准化系数	C.R.	P值	结论
H_{2a}	乡愁→旅游体验	0.602	8.793	***	支持
H_{2b}	乡愁→幸福感	0.347	4.778	***	支持
H_{2c}	乡愁→乡村认同	0.513	7.240	***	支持

研究假设	潜变量关系	标准化系数	C. R.	P 值	结论
H_{2d}	旅游体验→幸福感	0.416	6.289	***	支持
H_{2e}	旅游体验→乡村认同	0.357	5.415	***	支持
H_{2f}	幸福感→乡村认同	0.293	4.613	***	支持

注：*、** 和 *** 分别表示在 0.05、0.01 和 0.001 水平上显著。
资料来源：笔者根据统计结果整理所得。

二、讨论

(一)真实性与优美性对体验的影响差异性

本研究从乡村的真实性和优美性探讨旅游景点的两种特征对旅游体验的影响作用，结果显示，旅游刺激物的优美性(如景色是否迷人、旅游刺激物是否有一种自然的和谐感等)是乡村游客在旅游体验中被格外关注，也是极易感知的刺激物特性。在以往对于旅游满意度、旅游感知的研究中，旅游景点的优美性均有涉及，而本章的乡村旅游调查结果也进一步验证了景色的优美性对于旅游体验影响作用。在真实性的影响方面，也有以往相关研究支持到访景点的真实性非常显著地影响着旅游体验(杨晶等，2017)，但在本次乡村调研的数据分析结果对真实性的影响支持程度较低，乡村的真实性与乡村游客的体验之间不是十分明显，这可能因为仅有部分游客在意真实性，研究者也曾在调研中与受访者交谈，也验证了这个观点。从对游客乡村旅游出游动机(满足好奇、寻找乡村记忆、放松休闲、了解乡村文化、寻根访古)的调查结果分析发现，在 275 位游客中，有 240 位的出游动机选择"放松休闲"，仅有 47 位游客选择了解乡村文化，从本次调研的结果发现，大多数游客去乡村是城市枯燥生活的推动，逃离日常是重要的动机，了解文化这种求知动机并不强烈，对旅游目的地是否反映原生态乡村生活并不十分在意。但是，从针对城市居民的选择实验调查来看(第五章)，传统乡村风貌与餐饮住宿以及乡村特色的管理和服务是游客愿意支付的属性，这种似乎相悖的结论反映了游客既需要乡村特色文化符号，这种符号与城市非常不同，可以满足旅游中最根本的好奇心需求，重要的是可以给游客带来更好的体验增加他们的效用，但他们不会去追究这是否反映了当地的真实生活，因此，在传统文化基础上进行创意开发，结合多种要素进行当地文化特色的展示更能满足需要。

(二)同伴的良好互动对旅游体验的影响

在乡村调研中，调查人员发现，多数乡村旅游多是与自己的家庭、亲朋好友或单位同事一同出游。这种游客构成也预示着乡村旅游者会与旅游同伴产生密切的互动和交流。出游者间常常会交流旅游感受和旅游体验，分享自己的喜悦和开心。而这种融洽的同伴关系也潜移默化地提升旅游者的愉悦和放松的美好体验。社交需求在西方研究中也有类似的发现，是重要的细分市场，这也要求服务设施考虑到提供社交空间。

(三) 乡村记忆对旅游体验、幸福感和认同感的影响

城镇化进程的加快，民众对于乡村的记忆更多地停留在儿时曾经的记忆中，这种乡愁，尤其是对于家乡的怀念、民居民风的留恋、乡村质朴生活的向往越发强烈。汪芳和孙瑞敏 (2015) 曾通过《记住乡愁》的系列纪录片进行村落集体记忆对情感的影响研究，发现受访者即使仅通过视频观看乡村的展示，也会激发出一系列正向情感。因此，乡愁对于乡村游客而言有着深刻的寓意，而本书的研究结果显示，乡愁能够有效提升游客体验的程度、能够让游客获得充实感和成就感，同时树立了游客对乡村的认同、强化了乡村对民众的现实和精神意义。

(四) 高质量旅游体验和幸福感对认同感的作用

乡村认同感在以往的研究中多作为一个外因潜在变量进行研究，有学者 (白凯，2010；朱竑等，2011；朱峰等，2015) 实证表明，认同感可以增加游客的忠诚度、重游意愿、旅游的满意度，需要指出的是，认同感并非与生俱来，其可能是个体受到外部因素和内部因素的共同作用日积月累形成的，也可能会在某一次记忆深刻的了解和学习中形成对事物的正向肯定。为此本书尝试性对乡村旅游中游客的认同感的形成进行探究，研究结果显示，旅游体验与旅游幸福感等游客内在主观感受会潜移默化地影响游客对乡村的认同，这种认同体现在游客会认为这个乡村对于自身而言很特别，能到乡村旅游对游客而言非常有意义，同时在回归乡村的过程中，旅游者也通过乡愁的纾解对自我有了全新的认识。这一结论也在一定程度上探明了游客体验、游客幸福感会促使短暂的乡村认同感形成，在旅游开发方面的意义在于不仅要保持乡村性，还要开发成为多样化的体验产品，并且辅助以良好的管理和服务，以增加这种认同。

结　论

本书验证了旅游体验的若干影响因素，并以旅游体验为前提，进一步论证了乡村记忆、乡村旅游幸福感、旅游认同感之间的影响关系，本书肯定了乡村记忆对旅游体验的重要性，也肯定了旅游体验、幸福感对认同感的重要作用。这也肯

定了戴斌(2010)提出的旅游产业对于丰富人民生活与提升福祉的作用。

虽然研究对真实性在乡村旅游体验中的正向作用支持程度低于其他几个因素,但依然可以通过在0.10的显著性水平验证,这佐证了第五章的发现,追求真实性的游客仅是一个细分市场。另外,抛开真实性的问题,以往大量研究和实践都支持乡村特色是主要的旅游吸引物,本书也肯定了这一点。从乡村保护、文化传承、乡村生活方式保留和再现等方面考虑,乡村真实性和原生态风貌的保持与乡村旅游开发同样重要。但以往研究已经发现,游客真实性和专业角度的真实性并不一定相同,旅游开发应该在两者之间考虑平衡,既要保留乡村记忆,还可以通过各种手段营造真实性。

强化乡村认同感,对于重塑乡村精神家园、实现乡村五大振兴等都非常重要。乡村居民的认同感相关研究较为丰富,学者已经证实了居民社区参与、社区的管理与服务等,以及社区记忆乃至乡村开展的旅游活动都会影响居民认同感的形成(李冰等,2015;薛熙明等,2012;吴理财,2011)。本章实证研究的结果也表明,美好强烈的乡村记忆也会对旅游者的乡村认同感有较强的正向影响作用。因此,乡村旅游目的地在旅游开发过程中,应注重前期市场宣传对于游客乡愁记忆的激发与唤醒,可以通过体现乡村原貌的图片、反映乡村旧时生活场景的片段,甚至是描绘村落特色文化盛事的纪录片等强化民众对乡村地区正确认识而产生强烈的向往,结合城市生活逃离的需求推动,利用乡村特色拉力吸引城市旅游者,进而增进正确、深刻的乡村认同感。而在乡村旅游产品设计中,应着重开展一些乡村特色突出、参与度高、互动性强的旅游体验活动,通过多样化的乡村产品,辅以规范、有特色的管理和服务,给旅游者带来一种集中的满足感,一种放松、沉浸其中的享受,这种享受可以历久弥新,甚至是变成个体记忆中的一座里程碑(Novak et al.,2000)。在此基础上,结合前一章节的结论,可以借助城市居民在乡村旅游中获得更好的体验,吸引城市居民与乡村产生更密切的联系,从而促进城乡融合发展,最终实现城乡一体化。

本书研究的不足之处在于由于受调研条件所限,所选乡村目的地仅有三个,并且集中在相近的地理区域,有效样本量也偏小,在一定程度上限制了样本的代表性;另外,这些要素之间可能存在更为复杂的中介或者调节作用,为了服务于研究目的,调研被拆成两个模型,但它们之间的复杂关系应该得到进一步验证。受限于时间和精力,调研过程中没能获得更为丰富的信息用以弥补量化研究的不足,也是本书研究的缺陷。

第八章

美丽乡村建设中乡村记忆
旅游产品创新开发的案例研究
——基于江浙鲁3省4村多案例分析

20世纪后半叶，工业化、城市化进程的加快给乡村地区带来了巨大影响，人才、资金和物资不断从乡村地区流向城市，出现了乡村经济凋敝，人口流失以及村庄破败等现象，我国这一现象仍在持续进行中。由于特殊的国情，我国乡村地区大量的人口不可能全部由城市接纳，另外，乡村地区以及村落仍然具有多元化的价值，乡村保留与创新发展十分必要。在这种情况下，2014年我国提出了新型城镇化建设的任务，后续又提出城乡融合发展的路径，其中新型城镇化既要求加快推进城镇化，又要在这个过程中保护好生态以及文化，城乡融合发展要求改善乡村的生产生活条件，统筹城乡要素，推进乡村振兴，缩小乡村和城市间的差距，因此，美丽乡村建设包含了多方面的内容，需要多目标协同推进。在这个过程中，乡村旅游可以发挥本身具有的产业带动作用和本身多种效益，通过旅游产品创新带动乡村经济发展，并且满足游客多方面的需要，形成一二三产业结合的乡村产业链，并能同时促进乡村其他方面的改善。

在2018年国家层面发布的为期五年乡村振兴战略规划中，提出将村庄分类发展，[①] 其中集聚提升、城郊融合、特色保护类村庄符合一定条件都可以发展乡村旅游带动经济发展和就业。作为我国东部发达地区的江苏、山东、浙江地区，不仅具有厚重的传统文化，也具有丘陵地貌以及多样化的生态系统，并且具有消费能力较强的城市消费群体，一些村庄通过发展乡村旅游取得了不俗的成绩，受到政府和业界以及游客的广泛认可，总结它们的发展经验对其他乡村具有很好的借鉴意义，因此，本章选择了三个省份不同类型的四个村庄进行跨案例研究，在美丽乡村建设和乡村记忆旅游产品创新方面总结共性和个性，为我国借助乡村旅游发展的村庄寻求可行的路径。

---

① 中共中央、国务院. 乡村振兴战略规划（2018—2022年）[EB/OL]. 中国政府网，http://www. gov. cn/xinwen/2018-09/26/content_5325534. htm.

第一节　研究方法与研究对象

案例研究是社会科学普遍采用的一种研究方法，根据研究的需要，本章采用多案例研究，既关注每个单独案例的特殊性，又关注更多的跨案例总结共性，形成一般性的结论。案例资料收集是重要的阶段和步骤。在本研究中，案例资料不仅来自互联网报道、已有的文献研究等公开资料，也来自于案例点提供的二手资料，并且通过研究者实地观察期间亲身观察、体验以及与游客、村民和经营者交流获取的直观信息，包括调研日志及录音等形式。在该课题研究过程中，课题组成员先后到浙江、江苏、山东等地发展较为典型的乡村进行调研，最终选出已经取得国家级的荣誉，乡村记忆旅游产品丰富，发展模式具有代表性并且有一定创新，乡村旅游产业效益非常明显，对其他同类村庄具有借鉴意义的村庄四个，通过多个信息源获取资料，相互印证和进行深度分析，以保证案例的内部效度和外部效度。

本章案例研究选择的四个村庄自南到北分别是浙江省丽水市松阳县云上平田村、江苏省无锡市阳山镇田园东方综合体（拾房村）、山东省淄博市博山区中郝峪村和临沂市沂南县的竹泉村。四个村庄的基本概况见表8-1。从表8-1中可以看出，四个村庄基本情况差异较大，其中云上平田和竹泉村是特色保护村庄，拾房村既是城郊融合村庄，也是集聚提升类的村庄，中郝峪村是位于城市远郊的一般村落，属于深山区。

这四个村庄发展条件和环境有相似之处，都有比较好的自然环境，还有传统文化保留，它们也存在发展条件和环境的不同：虽然浙江松阳地处浙西南地区，但经济相对落后；淄博城市远郊的中郝峪村、沂南竹泉村也属于欠发达的山区；无锡阳山拾房村处于发达地区的近郊区，而且具有优势的农业产品。在客源市场方面，浙江和江苏相对具有优势，尤其是江苏无锡，处于长三角地区的发展核心，距离上海、南京、杭州等发达大城市较近，松阳客源条件次之，虽然淄博市不是一二线城市，但作为传统工业城市，市区人口较多且具备一定的消费能力，还可以吸引到邻近的济南和潍坊以及东营等地的客源，相对来说，沂南竹泉村客源市场条件最差，虽然临沂市是区域商贸物流中心，但沂蒙山区一直是经济较为落后的地区，当地人均教育文化娱乐支出不足1600元（2017年数据），所依托的客源是山东省其他地市以及相邻的江苏省客源。在旅游发展方面，四个村庄都是全国乡村旅游发展的典范，具体却各有所长：云上平田是民宿带动模式，吸引了高端游客和小众市场；竹泉村和中郝峪村是以大众旅游市场为主，拾房村的田园东方综合体不仅有亲子度假高端市场，还有一般大众休闲市场，并且还有生态农产品采摘及销售等业态。这几个村庄的美丽乡村建设情况差异也较大，云上平田和竹泉村保护传统村落是刚性要求，在此基础上进行各方面的改善，无论是云上平田村的旧村改造还是竹泉村整村搬迁，旅游都使旧村焕发了生机活力，加强了保护；中郝峪村是美丽乡村和旅游结合的典范，相互促进达到了各方面的乡村振兴；拾房村作为城郊村已经城镇化，但是可以保留住原有的文化以及保证原住民的经济收入，也不失为一种较好的模式。

表 8-1　案例村庄基本情况

村庄名称	基本情况	发展条件与环境	旅游发展概况	美丽乡村建设情况
云上平田	位于浙江省丽水市，距离松阳县城 15 千米左右，邻 S220 省道。总面积约 4 平方千米，海拔有 610 多米，中国传统古村落，旅游开发前以种植为主要产业，仅留少数老人	松阳县具有大量的传统古村落，已有一些村落吸引了绘画、摄影等小众市场，全年 200 多天有云雾，保留着传统村落面貌，有大量闲置房屋	著名设计师以几十间老旧房屋改造的民宿为主要旅游特色，有传统手工艺、民俗作为支撑，全国乡村旅游典型案例	旅游带来乡村复活，使传统村落和乡村文化得以保留，为当地带来一定的经济效益和就业机会。公共交通较好，也改善了部分基础设施和服务设施，吸引了年轻人回乡创业并且有外部知名人士进行各方面支持
拾房村	位于无锡惠山区阳山镇，距离无锡市中心 20 千米，在城市化进程中面临拆除，该地是著名的水蜜桃产区，并且村庄具有典型的江南水乡的传统风貌	地处长三角重要旅游城市近郊，保留着民国时期风貌，周围有地质公园、水蜜桃种植区等旅游区，吸引了田园东方进行投资，该公司与外部著名公司进行广泛合作，以"三生"理念对该村进行改造	国家首个田园综合体，休闲旅游度假是重要功能，以保留拾房的田园特色、传统乡村为吸引物，融入时尚元素，是长三角重要的亲子旅游目的地	升级了以当地水蜜桃产业为现代农业，将旅游与之相结合，村民为企业种植桃树或者从事旅游业，田园生态状况也得以提升，大量游客促进了乡村经济提升，带动了水蜜桃产业发展，村民就地就业，已经进行了城镇化改造，公共交通情况良好，各种配套设施基本齐全，村庄文化特色得以保留

续表

村庄名称	基本情况	发展条件与环境	旅游发展概况	美丽乡村建设情况
竹泉村	地处山东临沂沂南铜井镇，距县城12千米，最早建于明代，中国传统古村落，全国乡村旅游重点村，全村有林地、耕地，原住民100多户，保持传统生计模式	资源独特，北方少有的竹子和泉水兼具的景区，并且有名人居住以及传说，保存相对完好沂蒙地区传统村落。由山东龙腾竹泉集团进行整体开发，联动开发村落周边景点，并且周边有多个景区	以"竹、泉"为特色，整合周边山水开发，保留传统村落，恢复传统建筑，建成民宿；引入当地特色饮食、手工艺生产，补充开发了娱乐项目，全国乡村旅游重点村	政府协调企业和乡村社区，由企业出资建设了新村，改善了村落基础设施。本地村民在旅游建设和经营中优先就业，并且依托旅游进行创业，经营本地特色饮食或特色产品。农民保留有农地种植果树，向游客出售农产品。村中传统建筑得以保留，并且恢复了部分历史建筑，当地手工艺和特色饮食得到传承
中郝峪村	位于山东省鲁中山区北部，淄博市博山区池上镇，村庄本身处于山中，人口300多人，占地2800亩，自2003年发展旅游业，目前全体村民均以入股，效益明显，为村庄主要产业	村庄位于鲁山主峰东部，植被覆盖率高，夏季气候适合避暑，且位于水源地汇水区，泉水甘甜清洌。处于淄博市远郊，作为齐国故都，市民在文化娱乐方面花费较高，乡村美食和娱乐活动也比较丰富，周边有鲁山、蒲松龄故居以及其他乡村旅游景区	发展时间长，产品丰富，营销措施非常多样。对内采用全体村民入股，集体公司化运营方式，村民从事旅游业或创业比例很高，年接待游客量超过20万人次，为全国乡村旅游重点村	村庄内生态得到较好的保护，村民认识到生态环境是重要的旅游吸引物。该村已经依靠乡村旅游脱贫致富，村民就业问题也得到较好解决，对旅游业发展态度积极，社区可以给村民较多福利，如集体供餐，村民自豪感增强。各项设施也得以改善，吸引了本地人才回流，并且带动周边共同发展。本地文化习俗得到保留，并通过旅游向游客展示
小结	村庄基本情况各异，但基本符合旅游发展条件，发展乡村旅游业	自然资源或文化资源相对丰富，位于景区周边或郊区，可以吸引投资或自我筹集资金	旅游产品丰富，深度挖掘了乡村特点，有智力资本投入，游客需求满足程度高	旅游对保护生态和文化起到积极作用，也给乡村带来了人流、外部信息、文化以及物流，对居民收入有较好的贡献，还可以改善村庄设施和福利，吸引人才和劳动力回归乡村，对乡村治理有间接促进作用

资料来源：根据互联网和实地考察资料整理。

第二节　典型案例的深度剖析

一、乡村记忆旅游资源与产品创新分析

(一) 乡村记忆旅游资源

目前，无论是发达的北美和西欧地区，还是东亚的日本和韩国，在城市化程度较高的情况下，乡村地区仍然生活着部分人口。城市居民也会将乡村作为亲近自然、领略传统文化的旅游目的地，多种多样的休闲、度假、体育、文化娱乐产品也因此被开发出来，近几十年，我国经济发展到一定阶段，乡村旅游也自然而然地产生了，因此，乡村作为过去人们生产生活的地区，保留着良好的生态和传统文化，对城市居民来说有一定的吸引力，可以开发旅游。旅游的本质是离开惯常环境去异地领略新奇的人类活动，乡村吸引游客是因为有异于城市之处，千百年来，乡村留在人类群体中的记忆在许多方面仍然为人类所向往，开发乡村旅游产品恰好可以满足游客需求。

四个典型村庄各自有不同的旅游资源，但是均表示与城市不同的乡村特色。云上平田主要资源特色是自然环境方面的青山绿水、云雾竹林，文化方面的传统黑瓦黄泥墙的古村落；竹泉村周边是丘陵小山，村内也是鲁中山区传统的石砌房屋；中郝峪村则背依鲁山；拾房村是典型的江南水乡和传统建筑并存的乡村。这四个乡村自然文化环境与城市的高楼大厦、山水缺失形成鲜明的对比，这是人类关于乡村记忆最美好的部分，可以满足人们在自然怀抱之中，与自然和谐相处的情怀。除此之外，作为自然和文化结合在一起的资源，美好的乡村意象也可以吸引城市居民，主要体现在乡村生产场所和生活场景，四个村落依然保持着农业生产，可见劳作的居民；在城市居民看来，他们以广阔天地作为工作场所，有日月星辰和山川河流以及多样化的生物陪伴，日出而作日落而息，根据四时节气的春播夏耘、秋收冬藏，相比城市工作场所的逼仄，工作本身的枯燥乏味，这种乡村记忆也令人向往，可以调节身心疲惫的状态，尤其是收获和农事活动，可以较快获得成就感。在乡村生活方面，相对于城市的社会化大生产，乡村生活不仅自己有较大的自主性，还可以在农闲时节有大量自由支配时间，因此，节奏慢、约束少也被城市居民向往，取材自然和农地即时烹饪的食物或者经历过多个繁杂步骤制成的美食也经常是城市缺失的，可以满足好奇和口腹之欲，在这四个村落里，

城市居民在乡村闲逛和品尝美食是普遍的旅游行为。手工艺、娱乐、体育活动也曾是先民乡村生活的一部分，无论是有实用功能还是娱神娱人，不仅充满人类智慧，而且有益身心，也是文化传承的重要部分，城市中往往缺乏相应的场合空间与氛围，对城市居民也有一定的吸引力，因此，四个村庄传统节庆活动、手工艺体验都被嵌入乡村旅游中。总之，乡村生态、生产和生活与城市有较大的差异，又与著名景区有着不小的区别，满足游客逃离惯常环境并且可以放松身心的事物和体验都能够对其形成吸引力，但就资源本身，与著名的自然文化景观的稀缺性、美感程度及科学价值都存在差距，需要借助产品创新开发提升资源价值。

(二) 乡村记忆旅游产品创新开发分析

在乡村旅游资源逊于著名自然和人文旅游资源的情况下，突出当地乡村特色，开发多样化的产品十分必要，作为乡村居民的生产生活区域，旅游产品创新才能吸引与满足城市游客。比起众多的开展乡村旅游的村庄，四个村庄的成功很大部分得益于旅游产品创新，在旅游开发中，多功能、高质量、丰富的体现乡村特色旅游产品最值得借鉴(见表8-2)。由表8-2可知，四个村庄均围绕乡村特色打造亮点，进行产品创新：云上平田传统村落资源突出，在保护基础上由设计师进行改造成为特色民宿，可以结合当地优美的自然风光吸引游客休闲度假，著名设计师的作品也更容易引发关注，再逐渐完善功能，形成食宿娱乐齐全的产业链；拾房村曾面临拆迁，通过打造田园综合体留住了乡村记忆，将原来村庄农田、果园、河流、湿地等格局基本保留，还抢救了十座老房子进行修缮后成为书院、餐厅、手工作坊、多功能厅等设施，补充了绿乐园、游乐场、动物饲养设施、以老井为背景的井咖啡，文化市集形式呈现重温乡野以及回归童年的场景，吸引亲子游客群体，内外部装饰处处可见的文化创意不仅保留了乡村记忆，也使之有了新的意义；竹泉村则做足了传统村落和村落特殊景观的特色，引水使村中竹林间小路流水潺潺，竹林深处的农家小院保留了原貌，内部全面改造为民宿，当地传统饮食制作和编织、纺纱手工艺保留在村落中供游客观赏，并且可以购买相应的产品；中郝峪村不仅借助自然景观，还深度挖掘了当地特色小吃，分散在村中八户人家，并且以现场制作可供游客体验的方式传承，射箭、摸鱼、拖拉机观光车既有乡村特色又充满趣味，村中各种娱乐设施和指示牌充满乡村古朴特色，集中用餐的社会主义大食堂以及乡村记忆博物馆则还原了几十年前的乡村场景。值得一提的是，四个村庄除对乡村记忆旅游产品进行了创新开发之外，还结合时下流行元素开发了现代娱乐项目，也有传统结合现代的项目，受到游客尤其是年轻游客的欢迎，如来自台湾地区设计团队的田园东方的文创、花间堂民宿，云上平田青少年陪伴老人活动、中郝峪村真人 CS、篝火晚会、竹泉村动物表演、碰碰船等水上游乐等，有些项目结合了乡村特色，植入了现代形式。

表8-2　四个村庄乡村记忆旅游产品创新开发情况

村庄	云上平田	拾房村	竹泉村	中郝峪村
吃	自有 70 亩大荒田有机蔬菜种植基地，山家清供餐厅以及村民自己开办的餐饮设施。以当地食材提供当地特色餐饮	自己采集果蔬烹饪，传统中餐以及西餐、小吃，有特色窑烤面包、咖啡馆、茶室等。在特定日期举办当地特色小吃品尝活动，二期有各种本地特色小吃	沂蒙本地特色菜品，村内作坊有粉皮、豆腐等现场售卖，还有当地煎饼等特色小吃，村外红石寨有烧烤、小吃啤酒广场，餐饮整体规模较大	村中提供当地八种特色小吃，多家村民经营农家乐提供餐饮，社会主义大食堂提供自助早餐、午餐和团餐，拓展基地可以大锅灶做菜提供敞篷式场所供团餐
住	民宿是该村主要旅游产品，已经成为民宿综合体，并有青年旅舍。均由著名设计师进行的旧房改造而成，保持了当地特色，内部进行了大量改造以适应现代生活	花间堂稼圃集度假别墅/民宿、温泉度假别墅等于一体。别墅和民宿与花间堂、途家等形成联合品牌，位于拾房村拆掉的村庄旧址，满足亲子度假需求	原有传统建筑改造的民宿、新建的度假酒店，红石寨特色住宿设施，以及村民利用新村自住房屋改建的住宿设施	村中有青年旅舍、集体经营的小院式民宿、露营、以及村民农家乐等，可同时容纳 1500 人住宿
行	村内主要以步行为主，有公共自行车服务	电瓶车、步行均可	以步行为主，与公司其他景区间有电瓶车作为交通工具	步行、拖拉机带动的特色观光车
游	云上平田可以观看自然景色和传统村落，既是慢生活体验区，也是青少年服务基地，乡村旅游创客基地	尊重了拾房村原有的基底，以菜园、果园、河流、游乐区、拾房村十栋原有老房子、村中水井等物件和鸡鸭猪羊等保留有典型江南特色的田园风光、江南民国时期传统建筑。乡村中的一些日常器具被当作花草种植器皿并作为景观小品	村内清泉竹林景观观光，现存大片竹林以及泉水，营造了清泉石上流的景观；古建筑和传统村落文化景观欣赏，恢复重建了明代高级官员居所，保留并整修了石头垒成的传统建筑；特色手工艺展示，集中了当地特色编织、酿制、食品加工工艺；周边湖、山、溶洞观光	桃花欣赏、村庄山水森林景观欣赏、网红吊桥、幽谷仙境、动植物、花卉观赏、果树果实观光

续表

村庄	云上平田	拾房村	竹泉村	中郝峪村
购	当地特色绿色农产品：白萝卜、笋干、蜂蜜、古法红糖、茶、米等。有电子商务支持农产品售卖	蔬菜自采自购、水蜜桃采摘出售和现场出售以及电商出售、桃类加工品购买、手作艺术品、纪念品出售	当地特色食品如煎饼和配菜，当地手工编织工艺品、实用品，特色农产品如桃子、瓜果、干果等，野生动植物蝎子、药材等，其他工艺品和玩具以及普通商品，村外有古典风格的商业街	当地干鲜果品、小工艺品
娱	化学及自然燃料扎染、农耕文化馆、博物馆参观、读书、萝卜节、采摘、大锅灶做饭等（茶室、咖啡厅、垂钓中心在规划中）	可以园中漫步，体验田园风光，度假休闲；有大量田园特色的儿童游乐设施，蔬菜采摘，可以亲近小动物，手作体验，在书院阅读。定期和不定期地举办各项活动，如踏青节、汉服秀、风筝节等，还有桃花节、水蜜桃采摘等活动，以及拍摄电视娱乐节目，二期植物大战僵尸乐园以及疯狂拖拉机农场和大面积水蜜桃采摘区	村内泉水边戏水、动物表演、特技表演、秋千、滑草等，玻璃桥、篝火晚会、歌舞戏曲表演等娱乐项目	真人CS、射箭、漂流、拓展、牧场、游乐场、摸鱼、爬山等常规项目，以及各种娱乐类节庆活动，如端午节"捉鬼"、乡村音乐会等
备注	主要功能：乡村休闲和度假、文化体验以及会议、摄影、写生等活动	旧村改造后植入了时尚元素，充满文创气息，充分利用原有的田园和村庄，打造了小而精的观光、休闲、度假、会议多功能园区	竹泉村既是乡村休闲度假区，也接待一日游的观光体验，并且有摄影、绘画、暑期实践、亲子等群体	该村王牌项目是研学产品，整合了村中餐饮、住宿、拓展训练和娱乐项目多个资源，面向中学生开展多天的研学项目，其余的有乡村体验、休闲、度假群体等

资料来源：根据互联网和实地考察资料整理。

二、美丽乡村建设与旅游发展的关系分析

近几百年来，工业革命之后，社会化大生产使城市成为生产效率较高的部门，人口开始向工业城市集中，但大部分国家多数人口仍然聚集在乡村地区从事农业生产劳动，直到近代发达国家城市人口才占了绝大多数。我国封建社会持续时间较长，留下大量的生态和文化遗产，主要集中在乡村地区。中华人民共和国成立以后，工业化、城市化的推进也引发了农业人口向工业转移，但迄今为止，全国仍有几亿人口生活在乡村地区，乡村振兴和城镇化需要协同推进，缩小城乡差距才能解决我国的发展问题。乡村旅游发展需要美丽乡村建设解决发展条件和环境问题，首先是基础设施，例如，道路和供水供电问题，改善村容村貌以及起步阶段的接待设施，并且要组织和动员村民，这其中还可能会涉及土地流转、房屋翻新、各种设施和用地的产权等诸多问题，并且要筹集资金、调研市场、项目论证等。其次是当旅游发展到一定阶段时，可以反哺美丽乡村建设，不仅可以带动乡村产业发展，借助旅游业还可以保持良好的村容村貌和传承文化，居民生活水平、文明程度和乡村治理方面也会有很大改善。

这四个村庄在初级发展阶段解决问题的渠道各不相同。云上平田是由本村年轻人返乡创业，从整修房屋入手逐步解决这些问题，组织化程度至今不高，对村庄发展影响也相对较小；拾房村借助了大资本田园东方公司大量注资，整治比较彻底，基本解决了所有问题，村庄仅以田园综合体的形式保住了一部分，可以看作城镇化的一种路径；竹泉村同样引入了资本，但由于并非城市近郊，村民搬入附近新村，设施齐备，利用旅游业和农业兼业的方式解决了就业、收入提升等问题，成为现代化新乡村，旧村由企业全面改造，政府支持了部分基础设施，解决了交通和引水问题；中郝峪村靠政府少量扶持资金起步，以入股的方式动员了全村力量，不断滚动式发展创新，激发了居民内在的积极性和自豪感，将美丽乡村建设和旅游发展紧密结合，不仅完成了脱贫任务，还取得了美丽乡村建设的成功。

在旅游发展后，村庄建设与卫生保洁和安全保护、旅游项目建设以及经营、管理、服务都给本地居民提供了大量的就业和创业机会，提升了非农收入，创业者甚至达到富裕水平。从案例来看，越是旅游产品丰富的村庄，因接待量较大，就业和创业机会越多，非农收入成为主要的收入来源；旅游产品越是富有乡村性，当地人更加具有优势，而且年老的弱势群体更能发挥作用。相比于周边没有发展旅游的村庄，这些村落设施也更齐全，公共交通、安保和卫生保洁等服务更

加便捷；乡村文化本身作为资源，被开发为旅游吸引物，得到年青一代的认可和传承，现代文明随着年轻人返乡和主客交流也影响了这些乡村，开阔了居民的视野；旅游发展需要协作，组织化提升在治理方面也起到积极作用；从发展趋势来看，一些村庄借助发展旅游达到生活富裕的目标是可行的。

三、美丽乡村建设与旅游产品创新中的经营管理创新

除优势资源和丰富的产品之外，经营管理既是乡村旅游发展中的难点之一，也是直接影响效益的关键因素，四个村庄的成功同样离不开在经营管理方面的创新。由于各方面的差异，这四个村庄路径不同，都集合了内外部力量；其中，政府政策支持、项目和资金支持或者促销支持都发挥了重要作用，经营管理的核心骨干团队灵活解决了各方面的问题，并且与外部相关团队联合，对内整合乡村资源和动员居民，积极进行产品研发和营销，最终获得旅游业发展成功。

四个案例村庄根据情况不同，各自有创新之处。其中，云上平田成立了乡村旅游发展公司，经营范围不仅包括文旅项目开发、投资，还包括物业管理、室内装潢、广告制作、项目策划以及施工甚至软件开发，与乡村旅游经营相关的所有业务都囊括在内，以产业链和产业生态圈的模式谋求进一步发展；通过著名设计师设计民宿引爆市场，并且将村落定位为"慢生活体验区"，从而弥补了缺乏旅游大项目以及远离著名景区的劣势，反而可以和松阳市其他传统村落共享游客，并且特色明显。无锡阳山拾房村则采用引进大资本的方式，同时也引进了先进的开发技术和管理经验，田园东方公司有较强的实力，与京东、苏宁、途家等相关公司合作，并且由台湾地区著名清境集团设计了文创园区；大品牌以及联合品牌提升了品位，品牌效应明显，提升了水蜜桃出售价格以及园区消费；自有文旅 IP 的打造还可以进一步奠定后续发展的基础，内部激励和管理以及与社区居民关系处理也合理有序，兼顾了效率和公平。因此，其不仅成为我国乡村发展的典范，还成功输出了品牌和管理。竹泉村由外来公司运营，在旅游业经营上加大营销，在旅行社团队合作方面尤为突出，在管理方面也比较规范，各种设施以及服务措施齐全，以景区化的方式运作；居民整体迁居新村提供食宿以及出售当地特色产品既可以获利，也满足了更多游客需求，并且保持了农用土地耕作，年纪大的手工艺人还可以展示手艺，减少了矛盾。中郝峪村成立了村集体旅游发展公司，在经营上低成本战略比较明显，但通过创意提升价值，尤其表现在与教育机构合作开发研学产品，并且采用分成的激励方式吸引新项目策划，鼓励村民提供好的服务以吸引回头客，巧妙利用了村庄各种空间提高接待容量，进行经营管理集成并

且输出品牌；在管理上发动了全体村民入股和从事旅游业，变成大家共同的事业，村民积极性较高，创业者不断创新，服务者热情主动，给游客带来了很好的体验。

第三节　结论与讨论

一、结论

(一)乡村记忆元素是乡村旅游特色和吸引力所在

无论中外，乡村都曾是人类长期居住的场所，也是与自然界更为接近的生活空间，留存着人类对过往的记忆，这种怀旧情感或者乡愁促使在现代都市生活的人们逃离日常生活，寻求回归自然、引发美好回忆的乡村。在四个不同案例中，乡村记忆元素不仅包括自然天成的青山绿水，也包括人类劳作的美丽田园，还有与自然和谐一致的建筑与生产生活方式，以及多元素共同形成的开阔空间以及氛围，因此乡村可以赋予人类归属感、舒适感以及与日常不一样的体验，高品位的乡村旅游资源同样可以给游客强烈的刺激和体验。乡村记忆旅游资源与城市旅游资源有着较大的反差，与著名的自然风光和人文建筑文化资源也有所不同，是自然资源和人类传统文化相结合的，体现人类过往居住环境以及生产生活场景的事物和因素的总和，有自身的特色，也是其他资源不可替代的。乡村记忆旅游资源是一类综合性资源，对游客来说，不仅可以使他们看到与日常不一样的风景以及体验不一样的生活，还可以在精神层面获得愉悦轻松的感受；放松身心经常是乡村旅游的重要动机，尤其对于有乡村生活经历的中老年人，还可以在心灵上产生慰藉；年轻人和儿童则可以体验城乡文化差异以及在自然中游乐、农事劳作、传统游戏等新颖的项目；综合来看，乡村可以满足游客观光、求知、休闲、度假、健身、养老等多元化的需求。虽然现存乡村数量较多，但并非所有乡村都适合开发旅游，资源吸引力也符合旅游资源基本规律，需要评估资源本身以及客观开发条件，尤其是区位条件和客源市场条件，自身资源具有稀缺性或较高的科学文化艺术价值，靠近城市、交通便捷及周边有其他旅游资源的乡村，更容易获得更好的发展。

(二)乡村记忆资源需要进行创新开发为旅游产品

乡村旅游资源本身尚不能较好地满足游客需要，虽然可以进行简单观光和休闲活动，但缺乏具体产品支撑可能使目的地吸引力大大降低；在现实中，经常可以看到距离相近的村落具有相似的资源和发展条件，但旅游业发展差距较大，因此必须依托资源开发为丰富的旅游产品。与其他产品的标准化不同，旅游产品开发最好具有自己的特色，独有的产品更是可以获得垄断性，不断创新产品才能吸引更多游客，提高重游率。四个案例相同的成功之处是基于本地资源进行了特色和多样化的产品开发，我国乡村地区地貌多样，文化渊源和表现形式复杂，各地区都有独特之处，也更容易开发差异化的产品，即使相邻乡村，资源相同的情况下也可以通过创新开发为不同的产品。

从成功的案例来看，乡村产品开发的重点不仅有观光产品，还需要重点解决休闲需要，设计多样化、新奇和体验互动性强的项目。乡村记忆旅游产品既可以提供原汁原味的当地生产生活体验，也可以在这个基础上进行创新，重点在于提升体验和参与感。在不同的季节依照农业生产的变化，在常规的赏花、收获项目基础上进行创新，这些项目不仅是简单的欣赏，也是和其他用途、活动相结合，如药用或食用植物的大地花海或是养殖和加工一体化工厂，在活动方面如摄影展、婚纱拍摄、节庆活动、开发主题宴会、动手制作工艺品等，可以提高游客参与兴趣和关注度；在传统节日，深度挖掘节日文化，设计互动体验项目，如中郝峪村端午节不仅是包粽子，还借助"钟馗捉鬼"的传说设计了新奇的捉鬼游戏，传统节日背后的雅俗共赏的文化都可以设计为精致的、参与度高的旅游项目；日常游乐项目受到普遍欢迎，尤其是以城市游乐场为蓝本，结合传统游戏，依托乡村资源就地取材设计的游乐项目更能引发童年回忆，引起共鸣，田园东方蜜桃村和中郝峪村这类项目吸引了大量儿童群体；文化创意受到受教育程度较高的人群的欢迎，艺术化的造型和内涵丰富的语言可以给游客带来欢笑或者反思，乡村记忆本身经常有故事，结合文创会更能增强游客的认同感和项目本身的高雅性。在村庄整体氛围营造和食宿接待设施建设中，村庄要尽量保持原生态，并且干净整洁，还要巧妙地结合原有布局，增加新的功能，路边可以种植花草或者蔬菜、果树造景；餐饮产品在食材上体现乡村即摘即食的新鲜和当地的独特性，最好可以由游客亲自采摘甚至烹饪；充分利用原有建筑改建本地风格的民宿，尤其是充满艺术气息和主题民宿；食宿产品都可以增强他们的乐趣和体验感，尤其是可以代入社交场景，与家人朋友相聚交流感情也可以增强旅游附加价值。在项目质量方面，需要改变过去乡村条件有限条件下贫穷落后的做法，在质量的各个方面进行提升；在消费能力允许的条件下，开发中高端旅游产品，保持乡村热情待客的同时提升服务质量，全面提升游客体验，更好地满足他们的需求；项目功能也要进行扩展，从原来的观光休闲基础上补充健身、度假、求知、养老等新型功能。

(三)美丽乡村建设与乡村记忆旅游产品关联密切

长期的城乡二元经济结构造成了我国乡村地区在资金、人才、基础设施等多个方面的匮乏和落后，而旅游业是满足人类高等级需求的产业，无论小众的生态旅游，还是追求游客量的大众旅游，都必须在补齐短板基础上才能更好地发展。我国自 2006 年新农村建设以来，乡村面貌已经得到较大改观，党的十九大之后的农业农村优先发展更是为乡村发展条件改善提供了很好的机会，美丽乡村建设可以在保护乡村记忆基础上因地制宜进行，在此基础上开发旅游吸引物，从而可以助力旅游发展。

除核心的吸引物外，乡村旅游目的地硬件设施、软件管理和服务也是整体产品的一部分，影响到游客体验。首先需要解决的是可进入性，在发展旅游前景广阔的乡村扩宽道路和修建停车场、游客中心等；其次需要借助生态系统修复和农村环境治理恢复绿水青山的良好生态环境，塑造生态宜居的村容村貌；最后还需要借助乡村文化建设契机以及加强乡村基层治理的机会发掘各类文化和优良传统，凝聚社区发展力量，吸引年轻人和乡贤回归。因此，政府需要根据不同情况利用财政资金、村庄自有资金或者招商引资解决旅游乡村发展的制约"瓶颈"，先期或同步启动美丽乡村建设，才能获得更大成功。从云上平田、拾房村、竹泉村、中郝峪村四个案例来看，云上平田村可进入性已经较好，松阳县政府也十分重视古村落的旅游发展，筹集财政资金用于民宿发展以及配套建设公共设施，这些举措可以改善村落原有的落后面貌，拾房村、竹泉村以及中郝峪村交通都比较便捷，基础设施相对较好，也有财政资金和工商资本对各方面进行支持，大大助力了乡村旅游发展。

当旅游发展进入良性循环，会反哺乡村，促进美丽乡村建设，最终达到乡村振兴的目标。四个案例中旅游都产生了生态、经济和社会文化效益，不仅保持了绿水青山，还克服了传统农业的低经济收益以及发展工业的劣势，很好地解决了乡村产业发展的问题，传统文化也得以保留与传承，借助旅游业发展解决了就业和收入提升以及增强了社区凝聚力，四个村庄都有年轻人留在乡村和回流现象，旅游积累的资金也有部分投入村庄建设，并且会用于村庄居民生活改善和长期发展。这其中，尤其以村集体经营旅游的中郝峪村最为明显，其效益惠及村集体和村民，其他村庄整体建设和村民生活质量也有较大改善。

(四)乡村记忆旅游经营管理必须进行多方位创新

作为第三产业的旅游业是一种服务业，旅游涉及的每个细节都是产品的重要部分，对经营管理有着较高的要求，但是乡村记忆旅游有很大的特殊性，非常依赖当地资源和外部支持，资源难以从外部引入并且需要保护性利用，外部资金和人才也很难获得，在这种条件下进行经营管理难度加大，必须在多个方面进行创新。在经营过程中，不仅要积极争取外部奖励和补贴资金，使之使用中与旅游发展结合，还要利用外部各种机会，开拓市场和加强合作，引入智力支持，充分利用会议、传统媒体和新媒体各种机会进行宣传和品牌打造。乡村记忆旅游既可以满足大众市场，也适合开发小众市场，和旅游业内旅行社以及教育机构、绘画、摄影、体育等相关协会合作可以快速开拓市场，在电视节目、互联网上进行宣传则可以影响散客市场，需要摒弃纯粹的广告形式而从多角度展示当地旅游，尤其要利用互联网、自媒体进行传播。在四个案例中，都相对充分地利用了本地人力资源，这也是客观条件以及提升社会效益的必由之路，但是给管理带来了困难。长期自给自足的小农经济和当地居民较低的文化水平会给组织化和现代化管理带来较大的障碍，需要依靠熟人社会、乡规民约、利用情感感化等传统治理方式，结合现代服务业要求进行管理创新，重要的是激发从业者的主人意识和服务意识，自觉学习服务技能，为游客提供充满亲情的服务，而不必拘泥于标准化的服务；组织化程度是效率提升的关键，可以采用固定组织和柔性组织结合的方式适应灵活服务的需求，将文化程度较高、愿意长期从事旅游业的人员进行组织，负责日常运行管理，而对于兼业和文化程度较低的村民可以用其所长，完成临时性任务，如工程项目建设、维持秩序等，家庭妇女可以从事咨询接待以及餐饮业，挑选认真负责的人员作为基层管理者，培养匠心精神，采用多元化的激励手段；另外，还可以采用承包制，将基层管理内化于家庭和家庭密切的小团体，减轻管理负担，仅进行质量要求和监督即可。

二、讨论

(一)乡村记忆旅游产品与其他旅游产品互补

在本章的四个案例中，乡村记忆旅游产品作为核心吸引物，乡村记忆作为特色，其中有些项目还加入了现代与时尚元素，而且这些目的地还开发了少量现代化的项目，如水枪、拓展项目、碰碰船，餐饮方面也有西式餐饮和小吃，这些项目同样受到游客欢迎，只要不影响整体氛围，现代项目可以给游客增加更多选择，尤其对于没有乡村生活经历的青年人和少年儿童，这类项目与城市游乐项目并无二致。另外，乡村记忆是游客被吸引前来的原因，旅游的一个重要功能是教育和启迪意义，因此，旅游产品在功能增加以及丰富化的同时还需要结合乡村生态、生产和生活，强化乡村特色，这就需要结合传统与现代旅游产品进行创新，如近几年的玻璃栈道和吊桥项目，有大量游客喜欢体验，这类项目可以挖掘和乡村的联系，吊桥在一些交通条件不便的乡村地区是真实的交通，玻璃栈道则可以结合冰面的行走体验进行设计，进一步通过创新增强项目的体验感和贴近乡村主题。能够引发游客体验和反思的旅游产品才能真正触及灵魂深处，才能使人印象深刻并且获得精神力量，然而，放松身心和无拘无束的游乐是大多数游客的需求，如何将满足浅层次需求与展示内涵相结合对项目创新提出更高的要求。

(二) 外来资本引入与社区内生发展联动

在本章四个案例中，无锡拾房村与临沂竹泉村是外来资本开发乡村旅游的模式，云上平田和中郝峪村由本村村民开发，但平田村是返乡村民创业，中郝峪村带头人也是大学毕业后返乡带领村民发展旅游业，在发展过程中得到外部合作与帮助，无一例外都给原有乡村注入了智力资本、社会资本、资金或者人才，可见，来自乡村之外的帮助对旅游健康发展大有裨益。对于由外来资本还是社区自身进行旅游开发讨论已久，两者各有利弊：外来资本介入可以迅速完成开发，在经营管理上也有丰富经验，可以迅速获得效益，弊端在于会导致大部分经济利益被资本攫取，而且外来资本也往往更青睐于资源条件更好的乡村，在开发过程中经常因为产权问题、利益分配问题和社区产生矛盾从而影响长期发展；社区自身开发可以避免利益分配和产权弊端，对当地脱贫致富，实现乡村振兴贡献较大，但经常会面临资金、人才短缺和经营管理经验的不足。四个案例基本都采用扬长避短、两者结合的模式：外来资本介入最深的是无锡拾房村，田园东方公司整合了拾房村和周边两个村的村庄和农地，建成田园综合体，原村庄社区除旅游发展需要外已经拆迁，企业为居民提供了工作岗位和"五险一金"，继续从事水蜜桃种植，部分参与旅游业；依靠社区自身发展最为成功的是中郝峪村，经过十几年的发展，已经积累到良性循环、品牌输出阶段，除村民收入翻了几番外，社区凝聚力、党建工作都得到增强。因此，需要将资本引入和自身发展相结合，并且要把握合适的程度，在不同地区、不同条件下可以采取不同的结合模式，江浙地区的城市近郊可以采用拾房村模式促进城镇化，留住了乡愁，保持了青山绿水；资源较好远离市区或者资本不便介入的乡村可以采用自身发展的模式，但也可以适度引入小型资本共同做大做强，如果社区自身有能力，那么最好采取内生发展模式，无论采取哪种模式，争取实现双赢是最为重要的。

(三) 美丽乡村建设与旅游发展结合

各国对乡村建设与旅游发展的相互促进已经取得共识：旅游作为带动性较强的产业可以取得多方面的效益，可以在多个方面带动乡村发展；而乡村建设给旅游带来更好的发展条件，甚至直接提供旅游资源和产品。在四个案例中，两者协同程度较低的是云上平田村，这与旅游规模较小、以民宿业态起步、发起者不是村集体成员以及起步较晚有一定关系；协同程度最高的是中郝峪村，几乎同步进行而且效果良好，主要因为其由村集体公司发起，村民全面参股，无论进行村庄建设还是旅游发展，均与集体和个人利益相关，内在积极性都是最高的，村集体组织能力和动员能力也较强；外来资本介入的拾房村和竹泉村，更多的以经营需要进行生态文化保护，以契约形式解决社区住房和就业问题，其他方面介入较少，从实地调查来看，村民与企业间关系基本融洽，原有的社区邻里关系也维持较好，年轻群体也有回流乡村的现象。结合其他案例，乡村记忆旅游开发总是有助于乡村发展，而乡村发展资金和措施在不同的村落有一定的区别，在乡村记忆遗存较多的村落考虑旅游发展的需要进行乡村建设，可以起到事半功倍的作用。

·第九章·

美丽乡村建设与乡村记忆旅游产品
创新耦合案例研究
——基于行动者网络理论与系统自组织理论的解释

工业革命之后，以农业为主的乡村地区大量劳动力开始流向城市，逐渐形成城乡二元结构。这种发展现象表现为农村地区仍然保留着传统社会的特征，以农业部门为主，依靠土地和人力完成生产，发展中国家早期发展阶段普遍存在城乡二元结构现象，我国也不例外（国务院发展研究中心农村部课题组，2014）。在发展的新阶段，只有破除城乡二元结构，才能达到共同富裕的目的，因此，党的十九大报告提出乡村振兴战略，五个方面的要求涉及生产、生活、生态、精神面貌与治理，到 2050 年达到乡村全面振兴（中共中央，2017）。[①] 在世界许多国家和地区，乡村旅游作为可以获得多元效益的产业，经常被作为乡村振兴的工具之一，乡村旅游在我国也已经具备相当的规模。在新形势下借助旅游发展促进乡村振兴是具备条件的地区可行选择之一，而美丽乡村建设也可以改善旅游发展条件。乡村地区旅游发展需要整合乡村资源，在保留乡村性的前提下增加服务设施，完善基础设施，为游客提供特色旅游产品；美丽乡村建设则包括经济、社会、生态多个层面，但同样是为社区原有居民和新居民提供更好的发展机会、生活环境以及积极向上的精神风貌，无论旅游发展和乡村建设成果都可以达到主客共享的目的，形成耦合协同效应。近几年在市场需求驱动下，政府及社区的探索过程中，我国创新出田园综合体的发展模式，融现代农业与旅游业于一体，结合乡村建设与旅游发展，具有多样化的功能，从日本相关实践来看，这种模式可以给乡村系统带来较大改变，从而推动乡村发展（王敬尧和段雪珊，2018）。

乡村旅游具有经济、社会、生态效益，社区参与旅游才可以更好地促进当地发展已经经过理论和实践的验证，但在机理方面缺乏系统分析，以田园综合体为

---

① 党的十九大报告在第五部分"贯彻新发展理念，建设现代化经济体系"提出"实施乡村振兴战略"，坚持农业农村优先发展，按照"产业兴旺、生态宜居、乡风文明、治理有效、生活富裕"的总要求，建立健全城乡融合发展体制机制和政策体系，加快推进农业农村现代化，详见 http://cpc.people.com.cn/n1/2017/1028/c64094-29613660.html。

136

代表的新的发展模式在我国刚刚起步,涉及产业融合、文旅休闲、生活居住、综合服务等多个方面(胡向东等,2018),本身就是保留乡村特色将乡村现代化和休闲旅游相结合的创新实践。因此,本书试图借助行动者网络理论及系统自组织理论,结合典型田园综合体的案例,从解构旅游发展行动者网络形成入手,剖析乡村记忆旅游产品创新开发的过程,并研究该过程如何与美丽乡村建设过程形成耦合。研究结果不仅是相关研究的延续,还可以弥补现有研究不足,并形成可供借鉴的范例,具有一定的现实意义。

第一节　国内外相关研究与理论框架

一、国内外相关研究

(一)基于乡村系统自组织的发展

内源式发展是乡村社区发展的一种方式,该方式在哲学角度符合内因通过外因起作用的原理,在系统科学角度也符合通过系统内部动力自组织的规律(郭艳军等,2012)。系统自组织经常出现在乡村发展过程中,欧洲有众多的合作社,日本有全国性的农协,我国农村自组织在 20 世纪就已十分活跃(国务院发展研究中心课题组,1994)。欧洲的 LEADER 计划就是一种基于"草根"层面发展的尝试(Barke & Newton,1997),在该计划中由于政府对乡村发展干预较大,因此被冠以"新内生性乡村发展",强调在外界的影响下,乡村地区居民通过自治、广泛的合作网络,获得经济和社会状况的改善,是一种双赢模式,但是这种方法促进乡村发展并非自动过程,需要外部触发后社区的集体行动,互动问题尤其重要(Petrick,2013)。在波兰一个以农业为主要收入的乡村地区,内部合作伙伴以及与外部企业的合作使本地可以内生性发展,后续的"LEADER+"项目对当地农村发展有所帮助,但需要本地在规划视野、知识学习以及对项目支持、稳定与公司和政府代表互动方面克服障碍(Gramzow,2005)。美国爱荷华州 99 个乡村社区研究表明,活跃的社区组织、支持社区公共项目的商家、与州政府密切的联系以及社区范围内广泛的筹资能力与自我发展呈正相关关系(Sharp et al.,2002)。我国存在同样的情况,在一个研究中,通过利用自组织理论对山东和北京三个村庄进行分析,发现发展状况较好的村庄都经历了在外部影响下系统内部从无序到有序的过程(高春凤,2009),在另一个研究中,北京顺义一个村庄也在政策、技术、市场等外部影响下通过自组织完成内生式发展，达到生态、生活、生产相互协调的绿色发展阶段（郭艳军等，2012）。由各国的经验可以得出，内源式发展通常伴随社区自组织的过程，但外部干预可以有积极的作用，乡村振兴更需要建立政府—乡村社会自组织—农民的多主体协同共治的治理新模式（于建嵘，2018），内外相互协调可以使社区多方面发生变化，完成美丽乡村建设的任务。

（二）乡村旅游与乡村建设的耦合

早在工业革命时期，一些人就经常还乡探亲访友，缓解乡愁，成为最初的乡村旅游者，但当时对乡村地区影响较小，后来，乡村地区逐渐成为一种旅游目的地，现代旅游者在当地的消费行为开始对当地产生较大的影响。许多政府出台乡村发展政策，发展旅游业是其中一个重要的工具（Briedenhann & Wickens，2004；Sharpley & Vass，2006；Cawley & Gillmor，2008）。欧洲借助乡村旅游使农业实现了多功能性，从本质上吸引外部资本进入当地社区，从而导致农村进行经济转型。从中获取的经济效益包括对当地工业基础的挖掘，公共就业的增加，也增加了商业和非商业收入，扩大税收基础（税基）等。而且，乡村旅游充分利用了农户内部闲置人力资源，尤其是妻子和年长的老人。另外，旅游还提供农副产品尤其是当地特色农产品展示的机会，可以普遍增加农村移民和减缓经济衰退（Hjalager，1996）。中国北京案例表明，城郊农旅企业作为多功能农业的一种形式，可以在城乡之间建立互动，具有广泛的经济、环境、社会等多种功能，包括提升农村社区、有效利用资源以及减少污染，保持农业及传统文化，促进农村增加元素，改变农村生活，提升社会保障及提高农产品销量和质量，增加就业岗位和收入，为本地商业带来正外部性等，为城乡一体化和可持续发展创造机会（Yang et al.，2010）。我国学者还采用指标模型测算了乡村旅游业与大农业的耦合（袁中许，2013），以及美丽乡村建设与乡村旅游发展的耦合关系（路小静和时朋飞，2018），都表明旅游业与乡村发展存在一定的耦合关系，案例研究也支持农村产业融合有助于美丽乡村建设（陈英华和杨学成，2017）。由此可知，在具备条件的地区将发展旅游业作为美丽乡村振兴的引擎，可以增进城乡融合，同时可以保持本地乡村特色，充分利用本地人力、物力资源结合外部需求，带来经济、社会、生态等多个方面的效益。

（三）乡村旅游行动者网络及自组织现象

行动者网络方法已在多个领域应用，也是研究旅游的一种有效方法（Jóhannesson，2005），可以为我们提供一种根本的全新路径来看待旅游，重塑我们对旅游中的各种要素的分析（Duim et al.，2013），国内学者也认为行动者网络理论适合用于旅游研究，是一种旅游研究范式的创新（朱峰等，2012）。在哥斯达黎加与荷兰 24 个小扶贫试点与旅游链联系的项目研究中，可以利用行动者网络理论的转译方法使更多的行动者加入这个网络以提升贫困者净效益（Duim & Caalders, 2008）。我国学者也利用行动者网络理论研究了乡村旅游的内生性发展，浙江浦江县仙华山村行动者网络构建过程中实现了内生发展，但由于缺乏基层自组织以及有力的组织者而面临困境（张环宙等，2008）。应用行动者网络解构了江苏蒋巷村特质景观演进的一般过程和规律，发现当地特质景观网络在行动者网络行动中趋于丰富和稳定，政府与政治精英起到了关键作用（胡宪洋和保继刚，2016）。通过利用转译过程对深圳官湖村乡村民宿带来的乡村重构进行分析，发现民宿发展过程中，行动者网络动态发展，最终导致乡村景观重构和社会空间重构，民宿主进行了自组织，与原有的乡村熟人网络形成了隔离，并且产生了对立（陈燕纯等，2018）。而以乡村旅游作为当地产业的地区，在发展中也经常出现自组织，以合作社、协会、公司、小组等形式体现，如贵州朗德苗寨，全民参与旅游自组织成若干正式组织进行自我治理，其他方面也随之改变（盖媛瑾等，2016）；社区自我主导型旅游发展中自组织现象尤其明显，而且可以通过这种集体行动达到社区发展的目的（Matarrita-Cascante, 2010）。虽然目前行动者网络方法用于乡村旅游研究较少，但它的适用性和实用性在已有的研究中得以验证（李立华等，2014），而且，建立行动者网络可以促进乡村内生性发展也已经得到案例验证（Murdoch, 2000）。利用行动者网络理论不仅可以研究乡村旅游行动者网络构成与建构过程，也可以分析旅游产品如何出现，旅游发展如何影响乡村系统内资源与外部影响因素的物质、能量、信息交换过程以及内部系统的演化与自组织过程，有助于呈现乡村生态、社会与经济从落后状态逐步改善的过程与结果。

二、理论基础与关键概念

除理论基础部分涉及的概念外，本书参考相关文献，对其他关键概念进行界定。耦合是指两个或两个以上的运动或系统相互作用和影响而成为动态的相互关联的现象（蔺雷和吴家喜，2014），其中正向的、和谐一致的相互影响被称作耦合协调。协同是指两个或以上的子系统之间相互协作，形成新的结构和特征，达到整体大于部分之和的效果。序量是指贯穿于一切系统自组织现象中，由各部分的协同作用产生而对其他各部分又具有支配作用的标志系统有序程度的参量，该参量在系统自组织中长期存在，使系统从无序走向有序（H. 哈肯，1988）。行动者网络理论中的行动者是网络中异质性的要素，依赖与其他要素才能被解释。共同强制通行点指的是关键行动者指定的一种情形，各行动者必须通过才能获得他们的利益(赵强, 2009)。

三、理论框架

如果通过行动者网络使乡村获得发展, 必然会带来乡村一定程度上的重整, 乡村的地方资源也会影响行动者网络形成(张环宙等, 2008)。当以乡村旅游业为主要产业带动乡村内生发展时, 旅游行动者必然会包含本地多种资源, 旅游也会带来乡村系统自组织, 两者可以产生耦合, 田园综合体具有旅游功能, 建设和运营过程涉及社区多方面的重组和改变, 是两者耦合的一种具体形式。以系统自组织和行动者网络理论为基础, 结合已有的研究与实践, 可以得到以下假设: 符合乡村旅游发展条件的地区, 在以社区、开发商或政府主导的前提下, 多个主体积极合作, 通过行动者网络形成, 不断加入新行动者, 动员社区资源和成员积极参与, 借助政府政策以及田园综合体项目干预, 不仅使承载乡村记忆的旅游产品不断完善, 而且可以同时完成美丽乡村建设, 两者直接作用表现为提供的旅游产品直接可以达到美丽乡村建设的要求, 间接作用是社区系统补充新要素、要素升级, 美丽乡村的部分要素及新的结构可以产生旅游功能, 或者旅游发展的效益可以助力完成美丽乡村建设任务(见图9-1)。本书即在该理论框架下, 借助以田园综合体为形式、以旅游为主要产业的典型案例, 对旅游行动者网络构建与乡村系统自组织过程进行剖析, 借以解释乡村记忆旅游产品创新开发与美丽乡村建设的耦合协调机理和现象。

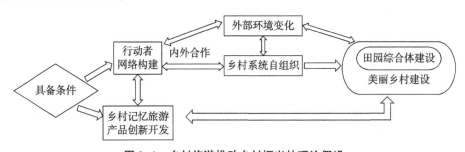

图9-1 乡村旅游推动乡村振兴的理论假设

资料来源: 笔者自制。

第二节 研究方法

一方面, 本书着重于旅游行动者网络构建与乡村发展耦合的过程与内部机理分析，可以采用单案例研究（罗伯特·K. 殷，2017）；另一方面，乡村振兴战略意味着乡村发展将采用一种新模式，符合新思维可供选择的案例较少，综上所述，根据研究的需要，最终选择采用单案例研究方法，归纳总结一般性条件和规律，分析一些当地特殊因素所起的作用，讨论案例局限性以及进一步优化的方向，增加本研究的意义。

一、案例地概况

（一）案例地选择

在案例地选择过程中，先后在旅游业发展时间较长的乡村、自组织程度较好的旅游乡村以及著名的田园综合体试点乡村进行比较，最终确定以下六个条件进行选择：①旅游资源并不丰富且原来没有旅游业，目前和未来以旅游业作为农业之外的主要产业并已经受到市场认可；②旅游发展过程中有外来资本参与；③本地人参与程度较高；④政府以田园综合体建设进行了发展干预并取得了成效；⑤由多元主体共同提供旅游产品并且形成合作体系；⑥旅游业已经对乡村系统产生了可观的影响，从乡村发展角度和旅游开发经营角度有一定创新，模式得到广泛认可。经过筛选之后，浙江省安吉县鲁家村被选作案例地。

（二）案例地概况

鲁家村属于浙江省安吉县递铺街道（县政府驻地）管辖，距离安吉大道高速下口在 10 分钟车程之内，303 省道穿村而过。村中地形以山地丘陵地貌为主，总面积为 16.7 平方千米，现有人口 2200 人，其中有村民小组 16 个，农户 610 户。鲁家村以前是贫困村，2011 年人均收入仅为 19500 元，2017 年达到 35615 元，村集体资产 1.4 亿元，是全国首批国家田园综合体试点项目、国家农村产业融合发展示范园，并入选全国十佳小康村。鲁家村变化始于 2011 年，由村“两委”启动美丽乡村建设工程，在改变落后、破旧、脏乱的环境后，由于村庄以农业为主，收入依然较低，萌发了利用村中的丘陵建设农场，探索将旅游业和现代农业融合作为主要发展方向的想法。村集体通过聘请外部公司做了“多规合一”的发展规划，推动土地流转，启动农场招商，目前已有 18 个农场入驻，引资达 20 亿元，打造了家庭农场聚集区，这些农场采用绿色发展方式，既有农业产出，也有休闲农业项目，2015 年建成环农场铁轨，将命名为“阿鲁阿家”的小火车作为集体验、观光与交通于一体的特色旅游产品；① 不仅恢复了当地特色青山绿水的自

---

① 根据鲁家村村委提供的电子材料整理。

然风貌、传统木作工艺、节庆活动，还开发了民宿、特色旅游商品等系列文化产品。村集体还在鲁家溪旁建成商业街，完善住宿、餐饮、零售等功能，陆续建成一批基础设施、文化设施，成立了村旅游公司，各种旅游项目不断完善，产品体系日益丰富，初步形成了"村+公司+农场"的运作体系，村容村貌发生了很大变化，村民经济条件和精神面貌也获得较大提升，并吸引了包括大学生在内的返乡村民及外来人员就业创业，而且陆续吸引更多有实力的企业前来合作，该模式也受到国务院、各部委以及各省份的肯定，成为参观学习的对象。①

二、资料收集

在进行理论准备和案例选择阶段，包括鲁家村在内的多个乡村旅游及其社区发展的资料收集工作已经开始。在选择案例地之后，又进一步收集了该村的相关新闻报道、视频资料以及宣传资料。在进行充分准备后，于 2018 年 7 月中旬在村庄实地观察并进行旅游体验，对鲁家村村民、村"两委"负责人及工作人员、旅游公司管理及工作人员、当地创业者以及外来项目工作人员进行了半结构深度访谈，同时还参与农场主、村委会、旅游公司联席会议，与外来调研参观人员、游客交流，从多个方面获得了大量信息，采用文字记录、音频、图片形式记录。随后访谈了安吉县相关部门工作人员。除此之外，还获得当地县、村两级文档资料、展示资料和宣传资料。实地调研结束后，继续补充互联网上可以查询到的多个角度的资料，并且通过微信朋友圈、公众号、聊天等联系方式进一步获得当地信息以及确认资料。通过几年资料收集，不仅获得了丰富的资料，研究者还通过直观感受与交流获得大量无形的信息，对后续资料分析有较大帮助。

三、信度和效度

自研究开始，根据案例研究的质量要求（罗伯特·K. 殷，2017），研究者在各个环节注重保证研究的信度和效度。在建构效度与信度方面，研究者具备现场调查与访谈的丰富经验和研究设计经验，对研究领域有长时间的积累，花费较长时间制定了研究草案，并对研究中的指标有把握。在资料收集过程中保证了资料来源多元化，相互印证，对于不一致之处则联系当事人求证；访谈过程中注意倾听，重点对象采用录音和文字记录两种形式；将各种资料整理形成证据链，并将研究内容与当事人再次确认。在内在效度方面，旅游发展过程中存在行动者网络

① 该部分由互联网资料以及访谈资料整理所得。

构建已有理论和案例支持，而旅游多重效益以及对目的地的改变已被公认，对乡村振兴各方面的作用已有大量文献和案例提及，研究者也将因果关系进行推导并请教相关专家，获得了支持。本书集成了行动者网络理论和系统自组织理论进行研究假设，并且采用有代表性的案例，可以归纳总结一般规律用于推广到其他案例研究，具有外在效度。

第三节 研究发现

一、乡村旅游行动者网络形成与旅游产品同步开发过程

在乡村旅游行动者网络形成过程中，由于以乡村旅游作为主要产业，因此行动者围绕乡村旅游产品开发开展各自行动，随着网络完善，产品体系也逐步形成；另外，旅游产品是一种综合性产品，乡村记忆旅游产品开发需要基于本地资源，开发过程中本身就需要整合当地多种要素以及与外部要素进行有效连接，而其本身就是网络形成的过程。因此，两者必然存在大量同步和实质上对等现象，即网络形成和旅游产品开发相互交织，网络是产品开发过程中要素的连接形式，产品是该网络的结果，是网络具备旅游功能。

（一）乡村旅游发展行动者网络转译

转译是行动者网络构建的核心问题，有问题呈现、利益赋予、征召与动员以及异议四个关键点（张环宙等，2008）。

1. 问题呈现

鲁家村问题呈现源自 2011 年启动的美丽乡村建设使村集体负债较高，如何使好的乡村环境转变为可以获得收入的资源是必须解决的问题。在政策影响下，鲁家村先是推动土地流转，进行招商办起了 18 个家庭农场，同时建造商铺出售。在农场经营基础上，进行三产融合发展乡村旅游。乡村旅游涉及旅游产品设计开发、基础设施改善、接待服务设施配套以及服务水平提升、日常经营等多个方面，大家开始共同面对"乡村旅游发展"这一问题，作为供给方，核心问题是解决如何为游客提供符合他们需求的旅游产品，在新的消费形势下，承载乡村记忆的、具有乡村特色的、多元化的旅游吸引物以及多层次的形式产品、延伸产品和期望产品才能满足游客需要。

2. 利益赋予

不同的行动者都可以在乡村旅游中获得利益。对于关键行动者的村委会，旅游发展不仅可以使已经存在的村庄环境、资源、设施、特色文化转化为经济利益，而且还可以将旅游作为村庄可持续发展的路径。商铺购买者可以解决自身创业需求，获得经济利益和对外交往的机会。规划公司通过提供规划咨询服务获得经济利益回报。农场主通过经营旅游可以与农业产业融合并获得额外收入。村民可以通过参与旅游实现就业，同时照顾家庭、提升收入、成长等多样化的机会，其中老年人可以通过继续工作获得精神和物质满足；旅游公司则可以实现旅游收入；后续的外部投资者、咨询和技术支持等合作公司可以从中获得包含经济利益之外的各种利益；主管部门也获得声誉及绩效认可等利益，媒体挖掘了新闻热点和内容新颖的报道材料。在这个过程中，各行动者为了实现自己的利益相互联合和影响，支撑乡村旅游发展。在实现利益的过程中，各行动者面临各种困难，除自身进行克服外，村委会建立了联系网络，共同解决问题。同时，各利益相关者为了获得利益，提供了相应的旅游产品并进行了营销。村委会使村庄成为核心吸引物及形式产品，农场主提供了部分核心产品，其他利益相关者成为产品供应链中的关键成员，既提升了产品的品质，也形成了品牌，给村庄进一步成长创造了条件。

3. 征召与动员

在鲁家村乡村旅游发展过程中，村庄各方面也不断变化，这两个过程联系在一起。先是由村委会领导人朱仁斌垫付资金、动员乡贤投入资金，又利用项目资金、出租出售房产的资金改善村容村貌；通过上门劝说、诚意打动村民进行土地流转实现农场建设；利用高价吸引规划公司进行多方面规划；后来采用四处拜访企业的方式，用共同愿景打动各农场主兴建和经营农场与旅游；利用高薪和工作岗位吸纳外来人员和村民参与；随着游客增多，有些原本在外务工的行动者主动回村创业，投入本村旅游服务提供中，经营食宿设施或商业，逐渐完善旅游产业链。以上行动者经过征召和动员，成为网络的核心成员。该村逐渐吸引了越来越多的旅游和相关产业公司前来洽谈合作，工程施工公司和咨询技术服务公司因业务开展加入网络，一些研究机构也开始从多方面进行研究并提供反馈，各级媒体从多个角度进行宣传，给网络注入新的力量。根据访谈和交流情况，还有一些行动者正计划加入这个网络，网络成员进一步扩散。经过几年的不断征召和动员，旅游发展行动者已经初具规模，在发展到一定阶段后，还有行动者会主动加入，促进网络动态完善。行动者网络的完善实际上是旅游产品创新和完善的过程，虽然一些行动者不直接提供旅游产品，但只有完善和高质量的合作网络才能稳定供应高品质的旅游产品；村委会作为征召者更有利于保留乡村记忆，避免过度城市化。

4. 异议

目前鲁家村的旅游行动者网络也存在一定异议。村委会作为旅游发展的主要行动者和统一协调者，对未达到预期贡献的行动者会进行督促；参与旅游创业的村民对接待中的竞争问题以及旅游发展保障条件不足表示担忧；有些村民对旅游发展打乱以前的生活感觉失落；旅游公司认为经营过程中还需要各行动者密切配合以及提升效率。异议是行动者网络形成中的正常现象，需要不断沟通协商取得共识消除异议来稳定网络。在产品开发过程中，异议同样也是产品供应链成员优胜劣汰的过程，尤其对于旅游产品而言，需要多个利益相关者齐心协力，才能使游客获得较好的体验。

(二) 乡村旅游发展行动者强制通行点与协作体系

在网络构建过程中，乡村旅游快速健康发展是共同的"强制通行点"，否则可能面临网络解体(见图9-2)。根据加入网络时间早晚与投入精力以及作用，可以将行动者分为关键行动者、积极行动者、追随型行动者和潜在行动者。关键行动者主要是村委会和旅游公司，他们不仅将自身可控资源投入旅游业，还是旅游发展的主要决策者和执行者，其他主体行动受到他们影响：村委会是旅游行动的发起者，不仅进行投资和重要决策，协调旅游发展与其他方面的关系，还负责协调、管理和服务于内外部行动者；旅游公司具体执行旅游运营与管理，负责村集体旅游产品开发、营销，协助其他主体开展旅游活动和宣传，对涉及旅游活动的业务进行平台化管理，并承担财务、人事等管理职能。积极行动者包括农场主、政府、早期在旅游业及其产业链创业、就业的返乡本村村民和外来工作人员，他们在村集体动员下携带各种资源加入网络，对旅游产业链进行完善。追随型行动者包括工程、技术服务和咨询公司、研究机构和高校、媒体以及其他业务合作公司和近期创业就业者，这些行动者从当地旅游发展中寻找机会，也提供了多种资源和服务。潜在行动者是现在尚未加入网络但在后来可能加入的行动者，最终将进一步促进旅游发展。

目前，关键行动者和积极行动者共同行动及互动较多，追随行动者与其他行动者联系较少，潜在行动者尚未发挥作用。鲁家村乡村旅游快速健康发展需要解决的问题是完善旅游产品体系，进一步改善接待设施，加大营销力度以及加强行动者治理，各行动者需要加强配合和协调，各自重视网络中的角色，完成相应的任务才能通过"强制通行点"，增强网络功能，使网络更加稳定(见图9-2)。

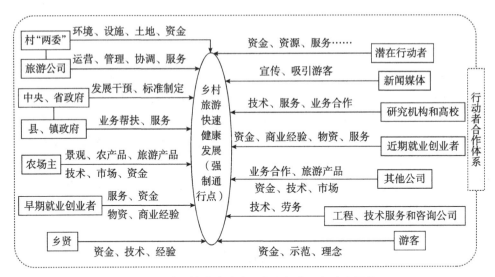

图 9-2　基于旅游功能实现的乡村发展行动者网络

资料来源：笔者自制。

二、乡村系统自组织与旅游产品开发的关系

(一) 旅游产品开发对乡村系统自组织条件和环境的影响

虽然鲁家村在空间上处于某一特定地域，但仍然是一个开放系统，与外界不断进行着物质能量的交换，浙江省 2008 年启动了"美丽乡村建设"对该乡村系统带来较大影响。以前该村脏、乱、穷，处于无序状态，2011 年，在美丽乡村建设政策的号召下，村"两委"改选引入新的领导干部决心改变现状，得到村民支持，开始从各个方面努力发展乡村。鲁家村在乡村发展过程中，选择利用乡村优美的环境和特色文化以及农场旅游功能发展旅游业，各部分之间相互影响，可以形成叠加作用，产品形成过程中给当地带来内外部更加密切的交流和协同，如村容村貌和基础设施改善以及农场建设可以使村落具备旅游价值，美丽乡村建设以及旅游开发过程中村民习惯意识也发生了改变等。无论从内生动力和外部影响的作用强度，都促使鲁家村具备了系统自组织的条件。

外部环境是系统自组织重要的影响力量。从外部环境的角度，党中央和国务院对乡村发展的重视与系列政策，尤其是浙江省先人一步的行动使村民对村庄发展有更好的期待和建设的信心；鲁家村所处的安吉县是"绿水青山就是金山银山"理论的发源地，而且正在打造"国际乡村旅游目的地"的品牌，旅游业发达，乡村旅游发展较好，具有较好的发展环境，其他借助旅游业发展的乡村也起到一定的示范作用；外出创业和务工的村民与当地乡贤一直将村庄外部先进的经验和信息及时传递到村庄，使村庄具备变革的思想力量。各种力量的叠加达到一定的阈值，促使鲁家村开始产生自组织。

（二）系统自组织过程中乡村记忆旅游产品创新

1. 鲁家村自组织过程

与自然现象不同，社会复杂系统的自组织过程相对较长，鲁家村自组织过程自 2011 年开始，至今仍在进行中，其不断从无序走向有序，借助重要的节点和事件可以描述这个过程。

（1）初期起步阶段。2011 年，作为已经在外创业成功的乡贤朱仁斌当选为村党支部书记，村"两委"是基层自治的正式组织，和以往没有形式区别，但以改变本村落后面貌为目的的新的组织已经有了质的不同，鲁家村自此开始进入以美丽乡村建设为目标的自组织初期阶段。该阶段鲁家村村容村貌发生了巨大的变化，将河道和村庄垃圾进行了清理，建设环境处理设施，并且聘用了监督员和保洁公司维护日常环境；拆除违建，建设商住两用楼，对沿街围墙进行美化；建设篮球场、老年活动中心等文体设施；改善了道路交通和自来水等基础设施。

（2）中期发展阶段。在第一阶段基础上，产业选择成了发展阶段的重要问题，在 2013 年政策引导下，基于原来的农业基础以及本村土地情况，鲁家村选择了建设农场发展现代农业，通过土地流转将原来分散经营的土地集中起来，通过内外招商引资 20 亿元，建设内容各异的 18 个农场，种植养殖齐备；农场保留了乡村的基本特征，土地流转创新了利用方式，在此基础上发展旅游业，并且用小火车这种特色方式将农场串联起来，形成农旅结合的发展模式；同时，村庄以本地木作文化为基础，开发特色文化旅游，丰富了旅游产品；游客到来激发了村民及外来人员的创业热情，餐饮、住宿、零售业等相关产业链逐渐形成；为了提升经营管理水平和村委会领导及服务水平，村委会吸纳了返乡青年加入，成立了旅游公司，并成立了一些表演组织，组建股份制公司，组织化程度进一步提升。

（3）后期完善阶段。经过两个阶段的发展，鲁家村已经出现环境优美、产业融合、治理有序的新现象，村民精神面貌也有很大变化，表现为以往乱扔垃圾、破坏环境、偷摸赌博的行为日渐消失，对村庄发展信心增加，拥护村"两委"工作，积极参与村庄各项行动，外出村民返乡和外来人员加入使村庄焕发出发展活力，2017 年列入田园综合体试点以及乡村振兴战略开始影响村庄进一步的发展方向。目前，鲁家村内外部合作网络联系日趋紧密，更多的合作者前来洽谈合作，这些合作者拥有更多的资金、实力、技术和知识，外部学习团队、研究团队、媒体也带来更多的信息、技术、智慧和物质；村庄内部逐渐形成以当地产业为纽带，以村民为主体，外来人才和劳动力为有效补充的协作体系；田园综合体项目干预使村庄进一步完善生产、生活及旅游服务条件，村庄整体按国家 4A 级景区标准进行建设，在空间上增加了农场、景观、游憩功能空间，完善了接待中心、商业街、民宿、餐饮等接待设施，具备了宜居、宜业、宜游的功能；随着旅游产品进一步丰富和升级，相互组合形成体系，经营管理组织架构和对外合作步入正轨，基本形成了"村委+公司+家庭农场"的鲁家模式，各项制度逐步建立完善，在统一平台上统一运营机制下，形成了竞争合作、优胜劣汰的演化路径。

2. 鲁家村自组织的序参量

序参量会贯穿系统自组织始终并支配其他部分，在乡村发展过程中是关键的内生力量。在鲁家村演化各阶段，村民对本村振兴的愿望一直是重要的支配力量，最初选举村"两委"干部期待引进外来力量带动本村发展，到后来进行土地流转，返乡就业创业，支持村庄各项建设，都是这种力量的体现。村民渴望内生性发展的愿望与外部政策和项目干预相结合，再加上引入外部力量，使鲁家村发展到现在的形态，在空间、组织和功能上都发生了很大变化，从"脏、乱、穷"的无序状态转向"绿、美、富"的有序状态，进一步向稳态发展。

三、乡村记忆旅游产品创新开发与乡村系统自组织的耦合分析

(一) 耦合环节分析

旅游发展与地方系统之间的耦合效应在城市和乡村目的地都存在，鲁家村旅游发展行动者构建与村庄自组织同样在多个方面出现了耦合现象(见图 9-3)。产生原因有两个：①乡村旅游需要优美的环境、完善的基础设施和公共服务以及游憩、接待设施与服务，这些需要保留乡村特色，从而区别于城市，保留乡村记忆基础上进行开发是最优的选择；②乡村发展同样需要生态良好，环境整洁以及更好的生产和生活条件，而我国美丽乡村建设要求要留住乡村风貌，生产和生活也需要结合本地实际，因此，旅游开发和乡村发展能够同步进行，都需要在保留乡村记忆基础上进一步提升，还可以形成村民与游客共享的设施与空间。村庄多种独特的资源作为旅游资源进行开发，不仅盘活了闲置资源，还能够多功能利用，创新成为旅游产品，整合产生新的旅游功能，起到保护乡村记忆和实现旅游效益"双赢"的效果。旅游顺利开展客观要求内外部合作，目的地组织化程度提高，

乡村发展也需要内外部形成协作的社会网络，内部治理能力提升，两种组织相互交织，乡村已有的熟人网络和外部合作者结合使治理体系和管理服务体系既有传统乡村的亲情感，也具备现代效率。旅游具有的经济效益和社会效益正是乡村发展需要的就业创业机会、收入提高、村民素质提升、知名度提高以及精神面貌改变，这些改变又可以推动目的地发展。

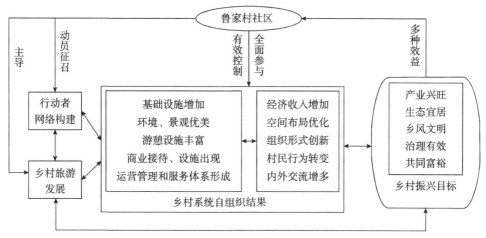

图9-3 旅游行动者构建与乡村系统自组织的耦合效应

资料来源：笔者自制。

首先，随着旅游开发和旅游产品的形成使村庄成为更加开放的系统，内外部物质、资金、技术、信息交流更加频繁，为自组织创造更好的条件。其次，乡村土地、资源环境、人力资源都因为参与旅游业，在旅游产品形成中发挥作用而发生变化，产生新的功能，产出大幅提高；乡村系统因旅游发展而增加了资金、技术、设施和旅游项目等多个要素，空间及空间功能得以重构。再次，因为旅游发展行动者网络互动，村中组织由原来的村"两委"正式组织发展为"村+公司+农场"等更为复杂有序的组织，内外部的互动交流也大量增加，外部的旅游发展行动者为村庄自组织提供了多种支持。最后，也是更为重要的，村民通过参与旅游发展，思想得以转变，知识眼界得以开阔，能力得以提升，更加遵守规则、秩序，懂得把握市场，推动了乡村自组织进程。乡村自组织也支持了旅游发展行动者网络形成以及多样化的具有乡村烙印的产品创建，美丽乡村建设产生的环境、景观、设施成为关键行动者，后续土地流转形成了更有特色和更大面积的景观成为旅游吸引物；村民在村庄变化过程中意识发生转变，成为重要行动者使加入旅游发展，提供了人力资源和劳动力保障，才能完成各项旅游建设和运营管理任务；村"两委"既是自组织的组织协调机构，也是旅游发展关键行动者，不仅征召和动员了其他行动者，而且一直完善组织为旅游发展提供保障，也是旅游发展行动者网络得以形成和扩散的有力推动者，还构建了正式合作体系，在增进网络成员间发挥了纽带作用，也使旅游各要素得以较好地整合。

(二) 耦合协调分析

在鲁家村发展过程中，旅游发展行动者网络构建与乡村自组织系统之间的耦合包括许多正向作用，两者和谐一致，相互协调。旅游发展使村庄环境更加优美，增加了许多住宿、商业设施和游憩设施，村民福利水平得以增加；为旅游业带来了就业和创业机会，使原来在外找不到工作的老人可以从事旅游业，家庭妇女也可以在照顾孩子、家庭的同时从事旅游接待工作或管理工作；旅游带动的土地流转、就业创业、股份分红等方式带来收入增加，村民生活水平提高和游客到访使餐饮、零售业可以生存下来，乡村愈加繁荣；整体环境的改变、与外界交流以及收入和生活水平的变化转变了乡村风气，不文明现象已经消失，信心和自豪感增强，民主参与意愿和能力也得以提高。多方面的变化已经使鲁家村摆脱了过去的贫穷落后状态，向更为先进的现代化乡村演进。旅游发展行动者网络构建也在村庄发展过程中受益，村庄新的资源环境以及不断完善的设施是网络存在的基础和升级的重要力量；在旅游嵌入村庄发展后，外来人才和本村人才及劳动力返乡提供了网络的核心行动者；高效务实、积极活跃的复合型组织保证了网络成员不断被转译，共同协作解决问题；在这几个方面基础上，旅游产品和活动才能不断加入到网络中来，使网络不断扩散，成员质量和数量不断提升，稳定性和能力日益增强。村庄本身高质量的发展尤其是成为乡村发展的重要示范村之后，品牌效应为旅游业提供强大的支持力，可以快速有效地解决资金、技术、人才等各种障碍，也使外部行动者不断加入旅游发展成为可能，促进旅游高速、高水平发展。

四、旅游嵌入的乡村自组织对乡村建设的影响

鲁家村以农旅结合、文化特色以及乡村环境为主要资源，通过旅游产业带动村庄发展，旅游发展行动者网络增强了乡村系统与外部的联系，而且旅游业的多关联性不仅给村庄带来经济收入提升，还有其他方面的变化，有助于乡村振兴（见图9-3）。

产业兴旺是乡村建设的首要内容，鲁家村从传统农业向现代农业转型，并与旅游业结合，两者相互促进，农场可以展示高科技农业技术和农产品，也可以进

行农产品加工、线上线下售卖，还能开展研学、亲子、休闲旅游；村集体、外来资本与村民可以投资旅游项目、从事旅游接待，也可以从事农业、零售等与旅游相关的产业；依靠旅游与其他产业融合以及旅游带动形成了多元化的产业，并随着游客增加呈现产业进一步增加的趋势。生态宜居方面，美丽乡村建设奠定了良好的基础，旅游开展后使生态环境进一步改善，基础设施、文化设施，接待服务设施给游客服务的同时也增加了社区便利性。美丽乡村和旅游业发展转变了村民的思想，他们对村庄未来充满信心，自觉讲究卫生，爱护环境，组织性、纪律性与合作意识大大增强，形成了努力创业工作，积极学习进取的风气，村民之间互动增多使关系更加融洽，对外交流增加也使他们更加包容开放，同时，旅游项目挖掘了当地优秀传统文化，原来的非遗技艺也得以保留，形成了优秀传统文化与先进的现代文明交融的状态。鲁家村创新了治理方式，借助正式组织村"两委"、旅游公司和股份公司的力量增强了基层自治的能力，利用领导人影响力、制度进行治理；并且借助地缘、亲缘和业缘关系使村民自觉遵守道德，讲求诚信；现代产业发展和相关培训也将法治引入乡村，逐渐形成自治、德治和法治体系。鲁家村发展过程中一直秉承共建共享的理念，通过各种方式增加全体村民的获得感，尤其是村集体股份分红和优先村民就业的举措使全体村民在发展中受益，从贫穷走向共同富裕。由此可见，旅游作为乡村发展的主要产业可以直接带动产业兴旺，也可以使乡村更加宜居；在乡村文明、治理有效方面能够具有一定的促进作用，需要社区自身发挥能动作用；共同富裕也依赖利益分配制度来实现，因此两者相互协同才能实现乡村振兴。

第四节 讨论、结论与局限性

一、讨论

(一)乡村记忆旅游产品开发对目的地社区发展的影响

乡村旅游推动乡村发展已经被大量的理论和实践证实，但由于季节性、规模小等问题出现带动能力有限，而且还可能在利益主体间发生冲突，究其原因，社区发展与旅游发展没有建立良好的互动机制对双方均造成了发展障碍。社区参与是旅游可持续发展的重要方面，基于社区资源和人员，乡村记忆可以被较好地保留，功能可以被挖掘，从而开发出相应的旅游产品，吸引游客，并且主要效益也会留在社区，在发展过程中出现自组织使社区居民普遍受益获得发展（陈志永等，2013），但仅依靠社区又会导致旅游业规模较小并影响社区进一步发展。因此，引入外来资本与政府干预几乎成为很多目的地的选择，这种选择使旅游业可以获得较好地发展，但又容易造成对社区发展影响较小以及因冲突导致发展的不可持续（刘昌雪和汪德根，2003；盖媛瑾等，2016）。由此可见，社区、政府与外来资本无论哪一方单独控制旅游业都会导致发展失衡，旅游与社区发展必须相互结合，从泰国和肯尼亚社区参与生态旅游的成功经验可以发现，旅游发展需要以社区居民利益为导向，在初期阶段需要进行帮助，而且内外部要建立密切合作的关系（何艺玲，2002；张建萍，2003）。在这种情况下，乡村记忆旅游产品也可以较好地开发和运营，而且还会有时尚因素加入，并且可以适度开发现代旅游产品，相互补充增强吸引力。本章案例鲁家村在这个基础上进一步进行优化，即以社区为主导，在政府适度干预和帮助下，通过与外部公司进行资金、技术、营销等多方面的广泛合作使旅游业从无到有，而且实现超越式发展，同时对社区经济、社会、环境等多方面进行了改善，增强了社区自身发展能力。在这个过程中，旅游发展得益于社区力量和外部政府、投资商以及其他机构多元化的行动者广泛加入网络，并且形成协作体系；社区系统在这个过程中不仅围绕旅游经营，而且着眼于社区全面和长远发展通过自组织达到有序发展状态；旅游发展行动者网络构建过程与社区通过自组织发生变化是同步进行的，并且在多个环节正向耦合取得了一定成效，验证了本书的理论假设成立。

（二）发展行动与自组织的伴生

乡村发展行动中经常伴生自组织现象，以正式组织和非正式组织的形式出现。以农业专业合作社为代表的经济组织十分常见，在旅游发展行动过程中也不例外。成功的发展往往伴随着社区内部与政府、外部机构联系的增强，形成合作网络。究其原因，发展行动经常需要大量的资源、资本、资金和技术以及人员投入，必须有许多异质的行动者参与其中，各自发挥作用，彼此协调，才能使发展行动得以推进和完成。这同时也是无序走向有序的自组织过程。以乡村旅游开发与运营管理为发展行动，以社区为主导模式势必会吸纳大量的社区内部行动者，往往也会形成各种管理制度和利益分配制度，必然在一定程度上给社区带来根本性的变革。乡村建设是全面的发展行动，需要进行全方位的自组织，改变乡村。旅游作为产业嵌入可以产生多方面的影响，充分借助社区资源，同时可以加强社区与政府及外部的联系。借助旅游基础的内外部行动者网络构建，社区在外部影响下积极开展其他发展行动，可以充分发挥协同作用，采用多种路径达到自组织

的结果。因此，两者必然产生一定程度的耦合。鲁家村的案例证实了在社区全面
主导下，通过一定的规划设计和人为努力，可以产生耦合协调作用：一方面，旅
游发展行动者网络的构建形成合作体系，使乡村系统具备自组织条件，旅游产品
开发、旅游活动开展有助于自组织发生，旅游效益回馈社区给自组织增加动力；
另一方面，乡村系统首先需要围绕旅游自组织助力旅游发展，形成更广泛的行动
者网络，扩大旅游规模和效益，其次在此基础上带动经济、社会、生态全方位改
善，又为旅游高质量、可持续发展创造更好的条件。

(三) 政府干预与能人作用

政府干预乡村发展是世界各国普遍做法，干预一般包括制度性干预(项目与
发展规划)和间接性干预(政策干预)两种(王伊欢和叶敬忠，2005)。乡村旅游经
常被包含在内，我国各级政府也采取了这两种措施对乡村发展进行干预，表现为
出台了支持利用乡村文化、生态以及田园景观发展旅游的多项政策以及多个项
目。在发展干预实践中，即使是制度性干预，也并非线性过程，而是外部互动之
后社区自我组织的结果(王伊欢和叶敬忠，2005)，目前我国政府资金项目的申请
批准制度也给了社区较大的自主权，外部政策不会直接进行干预，因此乡村系统
需要在发展过程中通过自组织不断调整，而不是被动接受特定干预。国内外研究
也肯定了政府作用(Sharp et al.，2002；Gramzow，2005；郭艳军等，2012)，政
府干预在鲁家村乡村旅游发展与乡村系统自组织方面也起到重要作用，体现在以
旅游发展重要的行动者身份加入网络承担规划、营销和公共服务功能，直接进行
项目援助和资金援助，作为协调者协调各利益主体等，为自组织提供方向和条件
并解决各种问题。

能人作用在乡村发展中受到重视，乡村旅游作为对经营要求较高的产业，更
需要能人。研究表明，能人在动员、初期成本承担以及后续自组织的稳定方面都
起到重要作用(罗家德等，2013)，在鲁家村的案例中，村书记朱某某返乡之后，
依托村"两委"正式组织进行了各种动员、对外联络、发展农场以及旅游业等活
动，肯定了能人作用并和以往的研究吻合。因此，乡村发展需要能人具有改变现
状的动力、决心和能力，带领社区进行自我发展，对于乡村旅游，高端产品供给
和目的地建设以及营销必须依靠外部力量，能人可以寻求政府干预以及外部帮
助。村中的正式组织可以在各方面发挥重要作用，本章案例中能人担任正式组织
领导人，形成较好的结合，但在其他案例中，即使不出现这样的情况，只要能人
有足够的动员和外部联络能力，也可以达到相应的目标；相反，正式组织在全国
普遍存在，多数情况下并不能发挥相应作用。

二、结论与启示

本章案例再次证明乡村旅游确实可以作为乡村振兴的工具，核心问题是旅游产品开发，以当地资源和特色的乡村记忆旅游开发不仅可以给本地带来经济收入，还可以带动本地就业和创业，改善本地环境和设施，给当地社区带来发展活力。结合以往研究，本书同时发现，旅游业规模和发展质量会影响作用大小，产品开发和经营需要适应市场需求，才能扩大旅游效益；社区参与程度和方式也会放大或减少两者之间的相互作用，如果社区要素被排斥在旅游发展行动者之外，并不能因乡村旅游获得发展，还会影响旅游发展。鲁家村的案例说明，通过由社区主导将旅游业作为当地产业，需要尽最大力量动员社区各种资源以及外部力量加入旅游发展行动者网络，借助内外部力量带动当地旅游发展，借此契机进一步促进社区多个方面进行自组织，并反过来支持旅游发展行动者网络进行完善，形成耦合协调效应，才能有助于乡村全面建设。在这个过程中，社区资源的充分和合理利用并得到政府及其他企业和机构的帮助才能促进乡村旅游提质增效，也决定了发展质量和速度，能人对外联络与对内管理能力是重要条件，社区内部人员动员和外部人才吸引十分关键，而且需要形成广泛的、紧密的互动协作组织作为保障，健全各项规章制度促进合作竞争保证同样必要。

本书的研究启示有以下四个方面：①在具备资源、区位、市场基础条件的乡村，可以考虑以田园综合体建设的新型形式促进乡村建设，因为该模式本身就是乡村建设和旅游发展的耦合形式。②在这个过程中，旅游业可以作为主要产业之一，旅游产品创新需要内外协作，在保持乡村特色的基础上实现多功能和多元化。除非乡村已经在较高的发展水平，否则仅依靠社区发展旅游业可能会导致长期处于较低的发展水平，需要积极利用政府资源及外部资源。借助旅游业联结乡村内外，为旅游业完善产品，同时致力于乡村系统内部要素重组，使之增值创造更多效益。③社区自组织要为旅游提供外部环境和条件、品牌、组织、高质量的服务等多方面的支撑，解决旅游发展中出现的问题，保证可持续发展。④需要发挥能人及社区普通成员的能动作用，充分发挥村"两委"正式组织的职能，发展更多合作组织及非正式合作网络。

三、局限性

本书通过典型案例验证了乡村旅游和乡村全面建设可以通过加强行动者网络构建与乡村系统自组织耦合实现，与理论推导、文献研究和实践具有一致性。但由于目前这种模式的案例较少，仅采取了单案例研究。此外，乡村旅游本身的发展受限于市场和基础资源条件，以及各行动者自身能力及营商环境等多个因素，地域文化导致的企业家精神和遵守契约、诚实守信的传统也会有一定影响。限于篇幅，本书未考虑这些因素的影响作用。因此，进一步研究可以扩展到跨案例研究以总结共性，也可以进一步分析更多因素所起的作用。当用于其他地区借鉴时，更需要考虑当地是否具备同样的发展环境与条件，才能避免盲目性。

·第十章·

美丽乡村建设中
乡村记忆旅游产品整体提升策略①
——基于利益相关者协同创新视角

随着工业化和城市化的发展,大量人口从乡村迁徙到城市,生产效率的提高带来收入和闲暇时间的增多,但同时失去了"田园牧歌"式的乡村生活,在大众旅游发展到一定阶段后,乡村旅游开始出现。在西方国家,工业革命时期,作为人们普遍的怀旧心理,具有乡村生活经历进入城市工作的居民因探亲访友、怀恋故土就出现了返乡现象。在城市化进程完成后,虽然许多城市居民并无乡村生活经历,乡村作为人类曾经的栖居地,逐渐演化成一种人类记忆中的美好形象,仍然可以满足城市居民怀旧以及其他旅游需求。一方面,我国正处于快速城镇化阶段,乡村人口大量涌入城市,一些乡村出现生态破坏、经济萧条和文化消失等现象,因此,新型城镇化要求保护乡村生态系统和文化传统,留住乡村记忆;另一方面,城市居民也会经常到乡村地区休闲游憩(李玉新和靳乐山,2016),寄托乡愁。因此,在乡村振兴战略背景下,通过开发乡村记忆旅游当地可以收到生态、经济、社会多重效益,达到城乡融合发展的目标。在这其中,提供给旅游者所期望的旅游产品并且不断提升最为关键,由于乡村记忆旅游产品由多个利益相关者提供,涉及复杂的产权和利益分配关系,必须激发各利益相关者的积极性,保证相互合作,目前通过协同创新才能突破开发中的各种困境,保证旅游产品整体提升。

第一节　乡村记忆旅游产品的特点与结构

一、乡村记忆旅游产品的特点

本章中乡村记忆旅游产品概念与本书第四章一致,指旅游者一次旅游经历中

---

① 李玉新. 山东省乡村记忆旅游品牌培育研究——基于利益相关者合作的视角[C]//山东社会科学研究[M]. 济南:山东人民出版社,2018:553-559.(山东社会科学论坛2017年度优秀百篇论文集,此文发表了本章中的部分内容)

所接受的，由多个主体提供的，具有乡村传统特色的产品和劳务以及基础设施和公共服务的总和。这其中包括公共物品、准公共物品和私人物品，既有有形的物品，也有无形的形象、氛围及服务。因此，旅游产品是多种事物因素的集成体，共同决定产品质量，影响游客满意度。乡村记忆旅游产品则更为特殊和复杂，这种旅游以乡村传统特征为主要吸引要素，通过各种形式体现产品个性与特色，满足游客在乡村观光、休闲、度假、养生养老、人际关系以及商务等多种需求，并辅以基础设施和公共服务满足游客便利、舒适、安全、卫生等基础需要，而且流程安排、信息流通也需顺畅才能获得较高的满意度。

二、乡村记忆旅游整体产品的层次构成

现代营销学将产品分为五个层次，分别是核心产品、形式产品、期望产品、延伸产品和潜在产品，该理论也适用于旅游产品（宋咏梅和孙根年，2007）。首先，乡村记忆旅游核心产品是以旅游资源为基础开发的吸引物，针对游客基本利益和效用，因此，依托城市不具备的"山水林湖田"一体化的生态系统以及人类过往所创造的物质遗产和非物质文化遗产，以游客获得乡村特有的体验为目标，在尽量保持生态系统原始性和文化原真性基础上进行创意开发，为游客提供舒适的设施，享受生态系统服务，将文化解译设计成形式多样和参与性强的旅游产品，满足游客多样化的需求。其次，乡村记忆旅游形式产品也体现为核心产品的系列内外在形式，其中品质是最为重要的方面，在满足程度方面符合或超出旅游者期望，因此要了解旅游者关注点、共同标准和个性化需求；特色方面需要体现乡村性、地方性以及产品本身特色；多样化的旅游产品要素形式以及通过宣传和包装提升核心产品内涵，也可以增加旅游者效益；商标和品牌不仅可以帮助旅游者识别产品的便利，还是质量承诺和特色标识，可以实现旅游者身份和价值认同。期望产品是乡村记忆旅游者所期望的产品的一系列的属性和条件，它决定着满意度，是供需双方关注的焦点，需要认真识别。延伸产品对乡村记忆旅游者来说，不仅是获得信息和产品购买的便利性以及过程中的各种服务，还包括目的地提供的一些便捷设施、公共服务和管理，因为这类旅游产品信息缺少以及购买并不便利，加之乡村地区公共服务缺乏，这些要素对游客体验影响较大，也会影响到旅游产品整体品质。潜在产品在前四层之外，不仅是未来产品发展趋势，还可以为旅游者带来超值利益，可以提高产品竞争力，从目前开发状况来看，这类产品的潜在产品还有很大的开发空间。

第二节　乡村记忆旅游利益相关者协同创新平台构建

一、乡村记忆旅游利益相关者构成及作用

乡村记忆旅游涉及多个利益相关者，主要有游客、政府、旅游相关企业、产业要素供应机构、外部专家与志愿者、社区以及居民个人，围绕乡村记忆旅游产品供给，这些主体各自承担相应的作用，产品整体提升必须通过利益相关者共同努力。游客是最为关键的利益相关者，他们是旅游产品的购买者和消费主体，产品供给必须围绕他们的需求，对产品各个方面起着决定性作用。政府不仅包括中央政府，还包括各级地方政府，其中中央政府主要提供政策和大的制度供给，对乡村记忆旅游产品开发方向、要素投入、资源保护等进行指导，对开发和运营过程的风险进行控制；地方政府根据各自资源条件、市场机遇、要素状况进行产品统筹开发和推进，在地方特色和产品质量进行指导，提供大部分基础设施和公共服务，协调当地主体关系。旅游企业是提供核心吸引物的主体，既包括外来企业，也有当地社区集体企业和居民开办的企业，这些企业一般以小微企业为主，依托不同的资源提供核心产品，满足旅游者吃、住、行、游、购、娱基本需求以及学、养、商、情、奇、闲等高层次需求。产业要素供应机构不仅包括供应商，还包括融资机构、人才培养机构以及土地供给机构，这些要素不仅影响到旅游发展，与产品各层次部分都有关联。社区对旅游发展及旅游产品开发影响较大，在旅游过程中不仅参与核心产品提供，还提供一些安全、组织、协调等公共服务，社区设施、人居环境和氛围也是附加产品的重要组成部分。社区居民以多种形式参与提供产品和服务，对乡村记忆旅游发展至关重要，在产品原真性以及特殊技艺方面发挥着重要作用。外部专家和志愿者是灵活参与的一类主体，其中外部专家一般参与政策及实施方案制订、机制设计、核心产品识别和具体形式设计、产品质量效益评估与改进，志愿者则参与服务提供，对产品整体提升起到越来越关键的作用。

二、利益相关者协同创新的必要性

旅游业是一个涉及经济、社会、生态多元要素的巨系统，各要素之间相互作用，形成有机联系的整体。乡村记忆旅游系统也是如此，内嵌入当地乡村系统，

外部联系城市系统，游客购买的旅游产品也和该系统中的多个要素相联系，因此各利益主体之间会直接或间接相互影响，仅靠自身力量难以达到各主体各自追求的目标，必须相互合作，才能提高系统适应性和产出效益。乡村记忆旅游产品有关要素分散掌握在各利益主体手中，由于和其他产业以及农村生产生活紧密联系，不能在市场自由流通，特别是非物质遗产传承和民俗，一旦脱离了社区提供，就失去了最有价值的原真性，同样，政府也是乡村公共服务和基础设施最合适的提供者，其他主体不具有替代性，因此，各主体各司其职，协同创新才能对产品进行整体提升。随着旅游者旅游经验的不断增加，散客出游不断增多，满意阈值不断提高，相比于著名景区景点，乡村记忆产品观赏性和科学艺术价值较小，需要依靠多样化的产品和特殊体验吸引游客，需求多样性和变化速度也要求供给者必须快速应对，主体间的协同创新可以使提供的产品快速适应市场需求，取得竞争优势。除此之外，我国旅游业已经从粗放式增长转向内涵式增长，乡村记忆旅游产出效率提升依赖创新驱动的全要素提升，产品是创新的关键，只有协同创新才能充分发挥市场和政府双重配置资源的作用，整合相关要素，提升主体创新意识和能力，完成创新目标。总之，为了产品整体提升和产业健康发展，客观条件要求各主体必须进行协同创新；从主观角度，随着乡村旅游发展进入成熟阶段，各主体也出现了相互合作的趋势，推动协同创新也已具备主观条件。

三、利益相关者协同创新平台构建

由于乡村记忆旅游利益相关者构成复杂，作用各异，而且必须通过合作才能维持旅游系统更好地运转，必须通过协同创新才能促进产品整体不断提升，因此必须构建合作平台以促进协同创新。由于旅游业的产业关联性较强，系统边界模糊，因此构建以上述乡村记忆旅游产业核心利益相关者为主要成员，并包含其他与旅游有关的成员开放式平台。在运作方面，以正式组织和虚拟组织相互结合促进平台更好地发挥作用，由政府牵头，各利益相关者代表组成正式的委员会进行重大事件和行动的决策及组织，依托互联网技术形成线上虚拟组织，进行日常沟通与合作。该平台主要是为成员合作提供更多机会，强化合作意识，形成多功能平台，包括相互交流信息以及便于进行商业交易，通过知识外溢加速创新，减少交易成本；相互配合进行有意识的创新，及时了解相关经济、社会、文化、技术发展前沿，根据旅游者需求的变化，不断改进旅游产品；还可以和电子商务平台、大数据平台以及政府的公共服务平台相互链接，为创新提供更好的条件。

第三节　基于协同创新的乡村记忆
旅游整体产品提升策略

一、整合各方资源，丰富核心产品

（一）借助传统乡村功能，对接游客多样化需求

乡村旅游出现之前，传统乡村主要功能是生产农产品，其他价值并未受到重视。现代化和城市化之后，传统乡村具有了更多的功能，主要可以归纳为生态功能、文化功能、经济（生产）功能、生活功能、教化（教育）功能几种（朱启臻等，2014）。留住这些乡村价值是乡村发展的重要途径，围绕这些价值，通过乡村记忆旅游产品设计与开发才能充分发挥这些功能。对于城市居民来说，旅游需求和动机非常多元化，既包括内部推动因素，也包括外部的拉动因素（刘聚梅，2007），乡村记忆旅游产品需要满足旅游者逃离城市生活紧张、枯燥、冷漠和远离自然，以及对食品安全和空气质量、饮用水等担心，通过利用乡村各种资源开发使旅游者可以获得亲近自然、享受舒适生活环境和条件、满足好奇心、获得亲情友情、体验乡村文化、品尝和购买绿色食品、增长知识等效用（张建国等，2007）。乡村记忆旅游吸引物必须考虑到细分市场的差异性，根据年龄、性别、收入和社会阶层来识别不同游客的利益和效用，发动利益相关者整合乡村地区各种资源，把握传统乡村多种价值，不仅要开发观光、体验、休闲、度假等传统产品，而且要进一步面向小众市场开发养老养生、摄影绘画、小型会议、探险猎奇等高端产品，不断丰富旅游产品；将旅游要素进行产品化，在交通系统、购物、乡村美食和居住特色上进行深度开发，既满足旅游者基本需求，又可以成为特色旅游吸引物，凸显乡村优势。

（二）基于合作各方优势，协作开发多类型产品

在开发过程中，各利益相关者不仅要发挥自身特长和优势，还必须相互合作，共同开发产品。协作开发不仅可以避免重复开发造成浪费，还可以通过合作整合土地、资金、人力、智力资源，开发单个利益相关者不能完成的大的旅游项目或系列产品，而且能在产品主题、特色、风格等方面保持相对一致，共同塑造目的地形象和个性。虽然中央政府不是旅游资源提供者和开发者，但需要把握发展阶段特征和趋势，结合我国具体情况进行制度创新，激活各方资源投入乡村记

忆旅游产品开发，还要在保护乡村记忆资源和确定产权方面给予政策指导和监管，在产品类型和开发方向上进行指导，促进利益相关者进行合作，鼓励协同创新。地方政府根据不同层级具体组织本地利益相关者协作进行市场分析，确定产品特色，并要在制度层面利用以奖代补，举办赛事、赋予称号、考核评价等多角度推进核心产品创新，还要与美丽乡村建设相结合，配合其他利益相关者提供传统特色的基础设施和灵活的公共服务，尤其要规范市场行为，营造好客氛围。在政府支持和指导下，产品要素供应机构和旅游相关企业、社区及社区居民要经常了解从源头到终端的市场需求与相关信息，不断主动进行产品创新，保证目的地舒适性和吸引力。外部专家和志愿者基于自身资源和能力与政府、企业、社区及居民个人进行灵活合作，为核心产品创新贡献智慧，并增加当地社区社会资本，提升其他利益相关者创新能力。游客也可以根据自己的感受，积极表达需求，提供可行性建议，为产品创新贡献力量。

二、加强协同创新，提升形式产品

(一) 通过利益相关者协作，提高产品质量

对于任何产品，质量都是影响满意度的重要因素之一，指的是产品本身对消费者满足的程度。乡村记忆旅游产品质量不仅受到消费者期望的影响，更重要的是产品本身体现出来的属性是否和旅游者期待契合，早期的旅游产品质量较低而引发旅游者不满，随着旅游消费的升级和竞争加剧，产品质量必须升级，才能给旅游者带来额外的价值，提高满意度。由于乡村记忆旅游产品提供主体的多元化，质量提升也需要参与主体协作完成。

首先，各主体必须有较高的质量意识，以全面质量管理方法开展合作，共同识别与旅游者利益效用相关的各种属性，乡村记忆旅游产品质量属性构成复杂，需要在每个产品部分从源头分析质量影响因素以及控制的关键点，将任务分解到利益相关者，由每个利益相关者进行质量控制。

其次，乡村记忆旅游产品由于许多产品生产和消费的同时性，而且受人为因素影响较大，控制难度较大，因此，需要共同努力创新质量管理方法，将不可控因素转变为可控因素，例如，设备采购规范、物资准备充足、对游客进行引导、平时培训员工、制定应急预案、对价格进行管控都可以减少服务过程中质量问题。

最后，各利益相关者需要相互合作，广泛参与，明确质量标准并保证科学合理性，成为质量保证的重要形式；其中政府要起到动员作用，制定通用性较强的卫生、消防、住宿设施等国家标准或行业标准，地方政府要切实重视质量，制定

地方性适用的地方标准和企业标准并进行检查和监督，社区和居民的小微企业或个体商户也要从原材料、流程、工序等各个方面控制质量；各利益相关者要积极贯彻标准并采用现代化管理和乡村乡规民约等相结合的手段强化自律监督，采用乡村特色的方式进行质量承诺，获取信任。除此之外，各利益相关者需要通过主动创新以及旅游者反馈机制进行质量改进，不断修订质量标准，完善质量管理手段，达到持续改进的目的。

(二)增强利益相关者能力，创新产品形象

对于有形产品，在满足消费者利益和效用并保证产品质量的基础上，特色、式样和包装可以吸引特定的目标群体，更好地满足消费者偏好以及标识产品档次，也可以较好地满足消费者的个性化需求。旅游产品自身的体验属性，客观要求也必须重视这几个方面。由于旅游者寻求猎奇和增长见识的需要，乡村记忆旅游产品必须要特色化开发，而满足同一利益和效用的产品也需要形式多样化，满足游客偏好的同时可以给游客更多的体验机会，虽然旅游产品没有有形包装，但产品的展示形式以及背后的故事和文化都可以增加核心吸引物的价值，凸显内涵和质量。目前，乡村记忆旅游产品雷同对产业发展和旅游者满意有较大的负面影响，需要通过协作创新改变现状。我国地域辽阔，各地乡村生态、社会、文化差异性较大，特色化开发是需要坚持的基本原则，多种式样以及产品包装形式也需要进一步提升，虽然中央政府曾经有多个政策进行鼓励，但实际收效甚微，主要在于整合资源方面的制度创新不够，开发涉及的领域较多，必须能够用制度动员利益相关者共同参与。地方政府则可以借助合作平台实际指导根据资源条件当地差异化开发，为当地旅游产品要素提供规划指导，突出不同乡村目的地特色，也可以形成较大的产业集群；组织利益相关者共同开发主题类产业集群、目的地和旅游线路；集中各方面的资源对于同一类产品采用多样化的形式，如多样化的度假方式、住宿设施以及美食等；采用多样化的手段包装旅游产品，借助多种方式展示和宣传，收效较好的有嵌入型的影视广告、背后的名人故事、用于综艺节目取景地以及由互联网进行直播等。旅游企业和社区及社区居民也要配合各种主题设计，真正实现特色化，注重所经营产品的创新，不断丰富产品具体式样以及可感知的部分。游客也需要参与协同创新过程，外部专家、志愿者除与各主体相互合作之外，还需要提升其他利益主体的政策制度制定能力、管理能力和产品研发和经营能力，才能在特色、式样和包装等方面真正实现创新。

(三)增进利益相关者配合，塑造产品品牌

为了与竞争产品相区别并塑造好的产品形象，经常借助品牌或商标，旅游产品领域应用经常局限于景区、城市等目的地品牌，而且注册商标也较少。乡村记忆旅游产品也需要打造品牌，因为品牌内涵丰富，既可以标识产品质量，还可以突出产品个性，同时有助于目标市场识别和认同，提升旅游者忠诚度。由于品牌管理包括多个方面，乡村记忆旅游产品必须强化各利益相关者在这个过程中的协作配合。中央政府需要强化品牌建设与管理在乡村记忆旅游产品开发中的重要性，鼓励地方和企业引入品牌管理，借助品牌提升产品整体质量，允许通过注册商标保护自身利益，进行品牌评比促进品牌建设。除此之外各利益相关者通过相互配合可以促进某类旅游产品、单项旅游产品甚至某个旅游要素进行品牌建设，乡村记忆旅游产品品牌需要突出地方特色和传统文化，或者与现代时尚元素相结合，根据自身优势和便利收集消费者信息共同进行目标市场研究，确定旅游者偏好，共同确定品牌定位以及品牌个性；在品牌形象塑造中各自承担责任，保证产品质量，凸显个性，展示良好的组织形象；各主体还应以广告、张贴宣传画、讲述品牌故事、鼓励游客传播等方式积极传播品牌并进行品牌维护。在这个过程中，不仅需要各利益相关者协商交流，还需要行动一致，在具体任务上相互配合，才能成功塑造产品品牌。

三、增进互动交流，管理期望产品

(一)收集多方信息，了解游客期望

期望产品指顾客购买产品时所期望的一组属性和条件，和顾客满意度密切相关。期望产品主要受顾客购买经验、竞争对手产品和企业自身宣传和承诺，在做出购买决策时已经对产品形成一定的期望，当购买的产品超过或和期望产品相当，顾客就会满意，否则为不满意。在出行之前，旅游者对乡村记忆旅游产品已经存在期望，其中一些有乡村生活经历，在他们过去的生活经历中留有许多乡村美好的记忆。对一些没有生活经历的旅游者，对乡村的原生形象来自田园诗、散文或者影视作品，也经常被乡村的美好形象所吸引，所以对乡村生态、文化、社会、生产等方式所带来的效用以及外在形式都具有很高的期待；而中国传统社会又具有"路不拾遗、夜不闭户"以及好客等较高的道德文化，因此对社区居民和接待者要求也较高。与之相对比的是乡村生态破坏、文化变迁，一些乡村目的地很难短期内提供符合他们期望的产品，虽然他们会根据自己的旅游经验调整经历，但是并不满意(陶玉霞，2015)。新时代信息获取方式的加速，给旅游者带来方便的同时也会影响他们对旅游在产品的期望，了解他们的具体期望十分必要。政府可以通过大数据平台获知游客在社交网络的分享以及预订信息来了解旅游者

期望；外部专家可以通过针对性的调查来了解各类旅游者更为具体的期望以及影响因素；游客本身可以主动通过多种途径反映他们对产品的期望；而其他利益相关者也要加强与游客沟通，在提供服务的同时了解他们的期望，各利益相关者要积极沟通期望产品信息，正确理解旅游者期望。

（二）增强各方互动，管理游客期望

为了提高旅游者满意度，需要尽可能提供可以满足他们期望的产品，一方面在了解期望的同时依据顾客期望提供产品，另一方面需要对旅游者进行影响，使他们的期望符合理性和现实。乡村记忆旅游产品需要在整体上恢复乡村韵味，体现传统乡村特色，但在具体部分却要考虑游客实际需要以及城市生活习惯的影响，在水平和标准上并不能低于城市，需要在卫生、安全等方面达到要求，另外，旅游者对产品了解不够也会导致不满意，要采用网络、电视、标牌、人员解说等加强沟通，避免因误会造成不满意。各利益相关者必须以旅游者需求为中心，除交流信息外，各方还要相互合作寻求满足期望产品的具体路径和方法，从产品整体着眼、每个部分着手，各自承担责任，共同贡献力量，相互配合提供符合期望的产品。对旅游者进行期望管理可以影响期望产品生成，也是提高满意度的一个手段，乡村资源经济价值不被大众了解，而维护生态和维修有形文化产品都需要花费较大的成本，开发产品也需要智力投入和劳动力投入；而许多公共服务和私人服务受限于政府和社区以及居民的能力，在现阶段往往难以达到旅游者的理想状态，而旅游者期望受到原有经验、决策过程中所获得的信息以及旅游过程中的感知影响，容易产生过高期望。因此，在获取信息阶段以及旅游过程中事先可以通过各种手段告知旅游者可能的产品缺陷，或者对产品进行分级，根据级别确定价格，便于旅游者理性决策，选择符合期望的产品。

四、促进公私合作，完善附加产品

（一）主动合作，精确分析附加产品需求

随着消费者的成熟和产品整体概念的不断发展，附加产品与核心、形式产品一样，成为产品不可或缺的部分，有形产品的信贷、说明书、安装、维修、售后服务等附加产品可以为企业获取竞争优势。作为一种服务产品，乡村记忆旅游产品更需要附加完善细致的服务使产品更具吸引力，但供给者多元化使各种附加产品提供责任不清晰，不仅如此，在缺乏利益驱动的情况下，有些主体也缺乏提供这些服务的动机。为更好提供附加产品，各主体必须通过合作了解旅游者的需要以及哪些服务可以增加价值，不仅需要投入经费和人员进行研究，还要有沟通机制不断发现新的内容并加以改进；另外，这些服务存在地域和具体产品的差异，应该由利益相关者进行具体研究和分析。一般情况下，由于乡村地区信息匮乏以及旅游产品要素分散，经常导致旅游决策前信息不充分，不仅增加了旅游者决策时间和精力的消耗，还减少了被选择的机会，因此，前期的信息服务需要格外重视。在旅游过程中，可进入性以及各环节衔接是旅游者满意度的重要影响因素，需要尽可能便捷以及提供咨询服务；各类核心产品消费如果可以用多种手段提供解说、个性化的服务并辅以及时的服务补救也能提高旅游者满意度。在旅游之后，积极征询意见、保持互动也有助于旅游者忠诚。

（二）公私协作，不断改进附加产品质量

附加产品既有公共产品部分，也需要有私人服务部分，需要分别由不同的供给者提供，但提供对象是同一个旅游者，协作提供能够节约更多资源，给旅游者带来更多便利。在信息提供方面，需要有客源地到目的地的交通信息，目的地以及产品要素基本情况，以及购买产品的渠道和价格折扣，一些注意事项和权益保障，这些信息掌握在政府、社区和私人手中，必须集成为较为完善的信息，在提供过程中也要体现协作意识，共同投资或策划，选择合适的媒介传达给旅游者，最终由旅游者便于接触的旅游咨询点、旅行社、网络、手机终端、多媒体、OTA等；社区及社区居民也需要了解信息，可以随时为旅游者提供咨询；游客自身也可以成为信息源，因此需要鼓励他们通过社交网络分享信息。在旅游公共服务方面，需要推进政府基础设施建设，尤其是主干道路；社区则要建设停车场以及进入村庄的道路，不仅解决可进入性，还要以绿道模式建设，进行绿化和美化，部分道路还需要机动车道、自行车道和步行道并存；旅游游览的上下游衔接的利益相关者应该彼此熟悉，可以提供咨询和更好的衔接方式，提供各种交通、沟通、购买便利；在具体产品的提供过程中，需要保持乡村热情好客的传统，使游客感受到亲情服务，提供陪伴、解说、个性化参与等额外便利，还要及时察觉其他利益相关者服务的失误进行补偿。旅游后期可以由各利益相关者采用各种办法对旅游者进行回访，听取意见，进行各种回馈，如消费返还、寄送当地小礼品、授予名誉村民等。

五、加速合作共赢，发现潜在产品

（一）拓展合作边界，把握消费趋势

潜在产品是产品的最高层次，代表产品未来的发展趋势，通常是消费者未满足的利益，或者一些其他层面的创新，在有形产品生产领域，潜在产品经常可以帮助企业获得竞争优势。乡村记忆旅游产品虽然以传统乡村特征为吸引物，但作为一种旅游形式，仍然是基于旅游需求，必须考虑潜在需求，不同游客差异也较大，需要把握现实旅游者和潜在旅游者的消费动向，创造新的产品满足目标市场。从旅游资源角度，乡村形式多样的旅游资源曾经满足人类生活需要，在一些方面未必逊于现代，可以进行多角度加工来满足现代旅游者。无论从哪一个角度，都需要吸引更多的组织和个人加入，保持合作平台的开放性，不仅符合旅游业边界模糊的规律，也能够从多个方面找到创新点。作为目标市场的城市居民消费经常会受到城市文化时尚潮流的影响，因此将城市相关领域的组织和个人纳入合作范围，结合乡村元素进行创新产品，不仅可以带来一定的客源，也可以不断丰富旅游核心产品。乡村内生型的创新也需要吸引和乡村有密切联系的组织和个人加入，原来生活在本地乡村的城市精英，返乡创业者和到乡村来创业以及有业务联系的公司，以乡村要素为研究对象的研究组织和研究者都可能对乡村记忆旅游产品创新贡献力量，而且有助于推动全域旅游。

(二) 推动产业融合，实现潜在产品

旅游业有较强的产业关联性，国家已经提出"旅游+"的发展方向，乡村记忆旅游也可以沿着这个发展方向，促进产业融合，不断发现潜在产品并创造条件进行开发。产业融合不仅需要政府在政策上进行指导，在机制体制上进行推动，而且还要各利益主体具有强烈的合作意识，才能真正将乡村与城市多个主体密切联系起来，加速推动旅游产品创新。传统乡村资源不仅包括中国博大精深的传统哲学，还有先人创造的生产生活所需的丰富灿烂的物质文化和精神文化，以及至今保存相对完好的人与自然共同创造的农业生态系统和各种类型的自然生态系统，这些资源相互结合构成庞大复杂的系统，可以从中获得多样化的独特利益。在保护乡村系统的基础上，将旅游与大文化产业、大健康产业、教育产业、传统制造业以及新兴的创意产业、互联网产业等多个产业相结合，可以发现多个潜在产品，通过合作开发变为现实产品。在发达国家和我国的发达地区，产品升级形式非常明显，许多城市的创业主体熟悉一些阶层的消费偏好，借助传统乡村资源进行产品开发，创造了一些高端商务、康养、度假产品；基于对传统文化学习体验的需求，乡村研学产品也逐渐流行；非物质文化遗产的各种传统技艺、曲艺等也能够吸引大量旅游者参与。因此，乡村记忆旅游潜在产品有很大的扩展和开发空间，增加利益主体和促进合作是必要条件。

在乡村振兴战略背景下，我国快速城镇化必须要注重传统乡村的保护和复兴，依托乡村本身的独特资源，激活内外部发展力量，内生性增长十分必要，旅游因关联性强，具有生态、文化和经济多重效益，可以同时促进保护和可持续发展。由于乡村在人类文明史上的地位，民族集体记忆或个人亲历的乡村具有普遍的吸引力，开展乡村记忆旅游能够满足游客多样化的需求。随着旅游者消费经验的增加，必须对产品整体进行提升。乡村记忆旅游利益相关者包括中央和地方政府、产品要素供应组织、旅游企业、社区以及居民，这些利益相关者各自承担产品供给的部分职责，而且在产品整体的核心产品、形式产品、期望产品、附加产品和潜在产品每个层次职责不尽相同，但为了产品整体提升的目标，必须通过构建合作平台，建立合作机制。在平台基础上，采用多样化的合作方式共同精确分析旅游者需求、进行市场定位；通过针对旅游者所重视的利益和效用开发多样化产品；协作进行产品质量控制，突出产品特色，合作设计主题产品，丰富产品式样，进行美化包装，打造个性鲜明的品牌；主体间需要加强沟通进行期望产品管理，而且还要协作提供更多高质量的附加产品；依靠拓展合作促进产业融合来把握未来产品的趋势并开发成为现实产品。总之，乡村记忆旅游的复杂客观要求利益相关者必须合作，激活资源、资金、智力和劳动力等要素，以政策、机制为保障，通过创新驱动产品整体提升，才能保证可持续发展。

·第十一章·

美丽乡村建设与
乡村记忆旅游产品创新政策研究①
——国家政策的回顾与优化路径

  2013 年，我国提出建设美丽中国，这也是党的二十届三中全会七大聚焦之一，美丽乡村建设是美丽中国建设的重要组成部分，关系到我国经济社会全面绿色转型的成败。2017 年党的十九大报告首次提出乡村振兴战略，产业兴旺、生态宜居等都是其中重要的内容。世界上许多国家都将乡村旅游作为乡村重要的产业，2023 年，我国休闲农业和乡村旅游消费超 30 亿人次，占国内旅游六成以上，② 说明我国乡村旅游已经具备一定规模，在乡村经济发展中起到越来越重要的作用。由于具有较强的产业关联性，具有良好的经济、社会和生态效益，经常被作为一种振兴乡村的工具。国际实践证明，乡村旅游对带动乡村产业发展、提高非农收入、环境改善、社区建设以及组织化程度都有一定的作用，为了更好地发挥这些作用，通常由政府出台系列政策干预发展，涵盖引导、支持和规范多个方面。

  纵观发达国家的乡村旅游实践，都先后经历了萌芽阶段、发展阶段以及成熟阶段，基于乡村特有的生态系统、良好的环境以及人居与社会特色，产品不断创新，最终成为城市居民和本地居民观光、度假和休闲的多功能游憩空间。我国各省市的实践也基本沿着这个规律发展，在这个过程中乡村生态逐渐恢复，环境变得优美，重新成为我国农耕社会时期富有吸引力的田园，青山绿水和乡村文化是乡愁的重要寄托对象，也是乡村旅游重要的旅游资源，在美丽乡村建设中考虑乡村旅游需要，既能更好地恢复和保护乡村记忆，还可以丰富乡村旅游产品体系。

  我国已进入一个新时代，发展方式和消费都面临升级，乡村记忆旅游产品创新既关系到人民日益增长的美好生活需要的满足，也对借助乡村旅游发展从而解

---

  ① 李玉新，吕群超. 乡村旅游产业政策演进与优化路径——基于国家层面政策文本分析[J]. 现代经济探讨，2018(10)：118-124.（本章内容在此文基础上进行了重新分析，数据更新到 2024 年）

  ② 来自农业农村部、文化和旅游部公开讲话，并对数据进行了简单加工。

决发展过程中存在的城乡发展差距、贫富差距等不平衡问题以及生态保护、社会发展等不充分问题具有独特的作用。虽然乡村建设与旅游业发展联系较多，但仍需要政府出台政策干预促进两者协同，尤其是借助美丽乡村建设支持乡村记忆旅游产品创新，并通过旅游业发展反哺下美丽乡村建设，才能达到相应的多重目标。自"十一五"规划中提出发展休闲观光农业以来，乡村旅游各种政策快速出台，不断完善，"十三五"以来，乡村旅游被确定为乡村新兴支柱产业，得到各利益相关者更多重视，这些政策不仅对产业发展起到了很好的促进作用，也对乡村特色的恢复和挖掘以及开发相应的旅游产品，扩展旅游功能起到了重要作用。与其他国家相同，我国乡村旅游产业政策是乡村政策的重要组成部分，国家层面没有专门文件，但在"三农"文件中涉及较多，起到纲领性的指导作用，然后由相关部委制定更为详细的产业政策，以嵌入旅游或乡村政策为主要形式；也正因如此，从政策层面，我国的乡村旅游与美丽乡村建设紧密联系在一起，而且乡村旅游产品也基本围绕乡村特色进行开发，经历了从低级到高级的发展过程。本书以国家层面（包括全国人民代表大会、中共中央、国务院和国务院办公厅）发布的文件为研究对象，厘清中国乡村旅游政策演进，分析现有内容的着力点和不足，着重突出围绕乡村记忆旅游产品创新，以及美丽乡村建设对乡村记忆旅游产品的支持，将现有政策进行优化，才能进一步促进产品创新，充分发挥乡村旅游作为支柱产业的作用，在促进乡村经济繁荣发展的同时，带动生态保护和社会发展，完成美丽乡村建设的目标，最终实现乡村振兴。

第一节　乡村旅游产业发展的政策干预

一、乡村旅游发达国家的政策干预

虽然乡村旅游可以较好地助推乡村发展，但由于发展目标比较多元，一方面这种作用不能依靠自发形成，而且大多数乡村自身能力有限，必须依靠外力支持；另一方面乡村旅游发展也可能会给当地生态、经济、社会造成负面影响，因此，几乎所有的国家和地区都通过一系列的政策干预乡村旅游发展，以确保该产业与乡村发展目标的一致性。西方国家中的西欧、美国等，都对乡村旅游发展进行政策干预（何景明，2010）。自1991年以来，在欧盟乡村地区发展联合行动

(LEADER)项目和后续的欧洲共同农业政策(CAP)的引导下，各国家和地区因地制宜制定了支持乡村旅游发展的多种政策：西班牙政府在欧洲游客出现下滑之后开始出台推动乡村旅游的发展计划和政策(Barke, 2004)；捷克采用一系列的区域政策支持乡村文化遗产重建(Hudečková & ševčíková, 2007)；欧洲其他国家也在适当时机推出乡村旅游促进政策，包含多样化的政策工具(王云才, 2002)；美国各州将乡村旅游列入重要议事日程，并采用多种手段支持发展(张颖, 2011)；如果将乡村旅游作为乡村重要政策，可以帮助应对相关危机(Sharpley & Craven, 2001)。一些国家还对政策实施效果进行评价，1981年，Getz(1981)在官方资助下对促进乡村旅游的政策影响进行了调查，发现了政策实施的成功以及不足之处，认为应该直接补贴或建造设施来支持小的居民点发展旅游。通过成本效益分析，发现以色列乡村旅游支持政策收到较好的回报(Fleischer & Felsenstein, 2000)，韩国政府在一些村落支持了乡村旅游综合体、农场留宿等多个项目以及后续的互联网宣传、人员培训以及土地政策的修订等，通过后评价同样发现政策效果明显，最初的乡村旅游政策则由于仅注重硬件建设而未取得预期效果(Lee & Thomson, 2006)。由此可见，乡村旅游产业政策对其健康发展十分重要，而且政策工具需要多样化，相互配合，理顺乡村地区资源环境与经济发展的关系以及发展过程中农民与外来资本以及政府的关系等多种关系，才能保证可持续发展。

二、中国乡村旅游产业政策概况

21世纪初，乡村旅游对乡村振兴的作用受到越来越多的重视。发展休闲观光农业首次被写入"十一五"规划，自此以后，国家权威机构在相关政策中多次提及乡村旅游(见表11-1)，各部门又在这些文件基础上制定更为详尽的措施，在很大程度上促进了我国乡村旅游发展。本章选取政策中有关乡村旅游的部分，两名多年从事该领域研究的研究者利用Nvivo11软件分别独立编码，将政策具体内容进行分解、提炼主题并分类(见表11-2)，发现各类型信度均超过0.8，代表看法高度一致。从政策分类可以看出，我国对乡村旅游的政策干预内容涉及广泛，已初步形成政策体系。但随着我国深化改革的进行，乡村旅游作为乡村产业发展的可行路径，对产业融合、农民增收均具有重要意义，将对乡村振兴产生更大影响，同时也会面临更多障碍和问题，借鉴一些国家和地区的先进经验，结合我国本土实践，进一步加强政策干预，优化政策体系十分必要。

表 11-1　"十一五"以来国家层面涉及乡村旅游的主要文件

发文时间	文件类型	说明
2006~2010 年	规划文件	全国人民代表大会发布的国民经济和社会发展"十一五"规划
	中央"一号文件"	包括中共中央、国务院发布的 2007~2010 年 4 个"一号文件"
	其他文件	包括国务院发布的加快服务业发展和加快旅游业发展的文件各 1 个
2011~2015 年	规划文件	包括全国人民代表大会发布的国民经济和社会发展"十二五"规划；国务院发布的服务业"十二五"规划和农业"十二五"规划
	中央"一号文件"	包括中共中央、国务院发布的 2012 年、2013 年和 2015 年 3 个"一号文件"
	其他文件	包括中共中央、国务院发布的扶贫、生态文明建设的文件各 1 个；国务院发布的促进旅游业改革、推动农村一二三产业融合文件各 1 个；国务院办公厅发布的改善人居环境、加快转变农业发展方式文件各 1 个
2016~2024 年	规划文件	包括全国人民代表大会发布的国民经济和社会发展"十三五""十四五"规划；国务院发布的旅游业"十三五""十四五"规划和农业"十三五""十四五"规划
	中央"一号文件"	包括中共中央、国务院发布的 2016 年和 2024 年 9 个"一号文件"
	其他文件	包括国务院办公厅发布的加快发展健身休闲产业、支持返乡下乡人员创业创新推动农村一二三产业融合、释放消费潜力促进旅游业发展、国务院关于促进乡村产业振兴的文件各 1 个

资料来源：新华网、农业部、中国政府网等网站，作者整理。

表 11-2　乡村旅游政策内容分析类目及参考点个数

一级类目	二级类目	三级类目
引导政策（120）	目标条件引导（22）	目标（18）、区位（1）、市场（3）
	发展方式引导（55）	产业融合（24）、特色化（11）、信息化（4）、因地制宜（4）、高质量发展（12）
	资源产品引导（43）	资源（24）、产品（19）
支持政策（122）	核心要素支持（37）	资金支持（14）、土地支持（9）、本地劳动力与人才支持（7）、外部智力支持（5）、科技支持（2）
	相关服务支持（85）	规划支持（11）、示范带动（16）、创新创业支持（10）、核心产品支持（12）、配套支持（29）、营销推广支持（5）、运营支持（2）
保障政策（54）	发展支撑体系（44）	发展条件改善（19）、利益分享保障（2）、政府服务保障（4）、资源环境保护（12）、组织保障（7）
	监督规范措施（10）	标准（4）、监管（4）、规范（2）

注：参考点是政策中提及与该主题相关的具体内容，括号内为两名编码员共同认可的参考点数。
资料来源：笔者依据政策内容整理。

第二节　基于产品创新与乡村发展的
政策演进及具体内容

一、乡村旅游政策演进

(一)经济目标导向，产品初步发展阶段(2006~2010年)

21世纪初，我国城市居民可支配收入的提高和闲暇时间的增多导致乡村旅游需求旺盛，而中国乡村则面临发展转型，乡村成为重要的旅游目的地，对乡村各方面产生了巨大的影响，同时自身发展也需要目的地的支持，在产品层面尤其如此，寻找乡村记忆是需求的主要方向，然而，游客又有一定的基础设施和服务设施的要求。2006年，国家旅游局将旅游主题年定为"中国乡村旅游年"，联合国世界旅游组织、世界银行和国家旅游局等在贵州召开乡村旅游国际论坛，强调了乡村旅游对就业、保护自然文化资源以及提高居民生活水平的重要意义。在此背景下，2006年发布的"十一五"规划中提出"发展休闲观光农业以挖掘农业增收潜力"，随后，2007年中央"一号文件"中首次在大力发展特色农业部分中提出要特别重视发展乡村旅游，将其作为"一村一品"的着力点之一，在当年发布的加快服务业发展的文件中将乡村旅游定为农村服务业。2008年中央"一号文件"又提出要提高乡村旅游的发展水平，将其作为提高非农收入的措施，进而促进农民增收；当年党的十七届三中全会则将其作为农业结构战略性调整的手段。2009年中央"一号文件"在推进生态重点工程的部分提出山区可以发展生态旅游业；当年还发布了加快发展旅游业的重要文件，提出了开发休闲农庄、"农家乐"、旅游村镇、农业观光和体验性活动等多样化的产品，实施乡村富民工程，并说明政府需要从规划、培训从业人员以及加大资金投入方面着手促进乡村旅游发展。2010年中央"一号文件"将发展休闲农业、乡村旅游、森林旅游作为农民非农就业的促进措施。"十一五"期间文件屡次提到发展乡村旅游，说明政府开始重视乡村旅游在解决"三农"问题的作用，尤其是作为提高非农就业和收入、扩展农业功能、调整农业结构以及生态脆弱区的替代生计的措施之一，这个阶段中央政府层面对乡村旅游的引导在于明晰了乡村旅游作为乡村第三产业的性质，与农业密切结合的特点以及以发展乡村经济作为目标。

从产品层面来看，这三年的政策重点指出了借助乡村地区的传统农业设计乡村旅游产品，以期对农村经济有所贡献；"十一五"期间后两年更加注重利用当地特色创新开发旅游产品，对依托生态环境开发产品尤为重视，而且产品从最初的观光产品、特色农业产品扩展到休闲农业、旅游村镇、生态产品、体验产品等多种类型。这些产品仍然不够多样化，对配套产品关注不够，反映出初级发展阶段的特点，但已开始出现加大支持产品产品开发的政策导向。

（二）整合多方资源，产品丰富完善阶段(2011~2015年)

经过"十一五"期间的政策引导以及新农村建设的带动作用，乡村旅游受到各级政府以及乡村社区的重视，借助乡村各方面的资源，产品逐渐丰富，游客接待量和旅游收入均呈现快速增长。在此背景下，2011年发布的"十二五"规划提出利用农业景观资源发展乡村旅游，同年发布现代农业"十二五"规划，布置了在东部农业先导区和大城市郊区进一步拓展农业游憩功能，目的是提升农业效益和农民收入水平。2012年"一号文件"中在生态建设部分提出支持森林旅游产业，同年的现代服务业"十二五"规划在旅游业和乡村服务业两个部分都提到发展乡村旅游作为乡村特色产业和旅游专项产品，并将其定为发展重点，首次提到鼓励农民合作组织发展乡村旅游业。2013年中央"一号文件"提出，鼓励社会资本投资乡村旅游业，在乡村生态文明建设部分提出发展乡村旅游。2014年国务院办公厅下发改善农村人居环境文件中提到发展乡村旅游以及保护历史名村、传统村落与民居；同年，国务院发布旅游业改革发展意见，对如何大力发展乡村旅游进行了较为系统的阐述，主要对依托资源、产品开发、资金支持、基础设施建设、人力资源保障等方面进行了说明，同时加强规划、规范组织化管理，并首次提出和新型城镇化、扶贫等乡村发展任务相结合。2015年中央"一号文件"用较大篇幅说明乡村产业融合部分利用农业、文化资源发展乡村旅游，并提出线上线下协同的营销措施以及提高管理服务水平，并提出促进用地、金融、税收支持政策的制定；该年度还出台推进生态文明建设的文件，指出加快发展乡村旅游休闲业，将其定位为绿色产业，同时将保护生态环境作为前提，并要监测旅游环境影响；在其他系列文件中，认为乡村旅游可以在转变农业发展方式、扶贫、拉动投资消费、促进产业融合以及乡村创业创新方面发挥一定的作用，首次提到要传承农耕文化，加强保护农业文化遗产，政府采用扶持建设、示范创建、加强推介等新角度来促进发展，而且，要在基础设施、服务配套设施、信息化水平、扶贫能力、创业空间等方面进行提升。

本阶段乡村旅游受到了更为广泛的关注，政府政策围绕社会经济发展，赋予乡村旅游更多功能，除以往强调经济功能外，还肯定它在延长乡村产业链、促进产业融合方面的独特作用，而且与扶贫、创业的结合对乡村经济发展具有更为重要的意义。这期间也开始强调它的社会文化以及生态功能，在社会文化方面可以传承传统农业耕作方式、保护农业文化遗产、保护古镇古村落及民居；在生态功能方面，可以利用农村生态文明建设的成果，提高生态效益，在林区也可以进一步发挥森林的生态服务功能。可见，乡村旅游对乡村经济以及其他方面发展都有贡献，因此，政策对乡村旅游的引导和扶持进一步加强，不仅指出依托资源和产品开发方向，还在人才与人力资源、组织、基础与服务设施建设、与其他产业结合方面指明了出路，在支持力度上也进一步加大，几乎包含乡村旅游发展需要的多个要素，尤其是在土地、财政与金融以及税收方面的支持和示范创建支持，可以对产业发展起到重要作用。这一阶段，对产业的支持也对乡村记忆旅游产品创新开发起到很大的促进作用，首先是旅游资源扩展，围绕乡村现有的、标志乡村特色的、可以寄托城市居民乡愁的各种资源，包括生态、社会文化与传统农业的景观与农事耕作；其次是产品功能多样化，观光、休闲、体验和游憩功能逐渐完善；再次是在配套产品上也逐渐完善，开始注重基础设施和服务设施的支持；最后是在产品实现机制上予以大力支持，在组织、资金、人力资源、公共服务等多个方面保障各项产品可以发挥作用并不断提升品质。

(三) 全面系统设计，高质量发展阶段(2016年至今)

"十三五"时期，我国经济社会面临深化改革，乡村旅游业经过一段时间的发展，也需要提质增效，转型升级，其中产品创新是最重要的领域，必须依托各种乡村资源进行深度开发，突出乡村传统特色并结合时代特色进行核心产品创新，并且在此基础上进一步完善配套产品并健全产品实现与运营机制。全国经济社会发展"十三五"规划中明确了农业和旅游业融合问题，全国农业现代化"十三五"规划具体论述了乡村旅游资源、产品、设施、社会资本激励措施和保护乡村文化，提出改善乡村旅游设施条件，并将乡村旅游作为重要的扶贫产业，明确涉农资金可以投入旅游项目。作为国家重点规划之一的旅游业"十三五"规划，对新时期乡村旅游的发展进行了详细指导，首先是乡村旅游产品的多元化，提出开发创客基地和研学旅游等新型产品；其次是进行环境整治、基础设施建设、旅游标识设置和智慧乡村旅游建设；还首次提出创新组织形式、深化对台合作以及促进乡村旅游健康发展。"十四五"总体规划、旅游业规划和农业农村规划也把发展乡村旅游作为乡村振兴的抓手，但这一时期更加注重提质增效，开始进入高质量发展阶段。2016年中央"一号文件"提出一些新的观点和指导意见，如将乡村旅游作为繁荣乡村、富裕农民的新兴支柱产业，发展更多元化的乡村旅游产品，采用多样化的措施进行资金支持，引导社会资本促进农民参与受益，强调乡村用地安排和盘活乡村资产等。2017年中央"一号文件"则认为乡村资源富集，可以充分发挥"旅游+"和"生态+"的作用，在产业融合基础上开发更多的产品，丰富业态；还提出乡村旅游主题化、特色化以及扩展旅游功能；首次提出完善行业标准、建立监管体系以及进行传统村落保护，在用地方面予以重点支持但进行用途管控。近两年的创业创新、产业融合以及休闲业发展等文件也涉及乡村旅游。乡村振兴战略提出之后，2018年中央"一号文件"中肯定乡村旅游在乡村产业融合中的作用，认为该产业可以将乡村生态优势转变为经济优势，并且带动乡村就业创业。后续的中央"一号文件"基本上把产业融合、一二三产业链条延伸以及建设现代化的产业体系作为重点目标，对于经营与业态引导支持力度不断加大，而且多次强调高质量发展。2024年则首次提出乡村集聚区发展，符合实践发展需求。

这一阶段的乡村旅游政策在前一时期基础上更加深化，表现为更加重视该产业在乡村现代产业体系中的作用。针对乡村旅游转型升级的问题明显增强，在产品和业态方面，都鼓励进行转型升级，尤其提出乡村旅游要和其他产业深度融合的指导意见。除传统的观光、休闲、体验外，进一步提升教育、养老、养生、创业功能；在产品方面，除利用原有的自然资源和社会文化资源开发多种产品外，还鼓励对具有乡村特色的资源进一步深化利用，结合时尚元素，开发露营、民宿、帐篷等新兴产品，这些新的产品不仅进一步丰富了旅游产品，也可以更好地保留住乡村记忆。各方面的支持政策也更加多元化，引导多元化的主体和多渠道的资金及人才投入乡村旅游；资源保护、用地监管、标准制定和监管措施也被提出作为进一步健康发展的保障，而且强调了完善政策保障体系。

二、美丽乡村建设与乡村记忆旅游产品创新的相关政策内容

(一) 美丽乡村建设与乡村记忆旅游产品创新引导政策

自"十一五"规划发布以来，中国乡村旅游政策多次强调了发展乡村旅游的目标(见表11-2)，可以看出这些目标主要可以分为经济、社会与生态三类，借助乡村特色资源，开发乡村记忆旅游产品，为美丽乡村建设服务。其中经济目标被最早提及并多次提及，围绕乡村主要产业农业进行一系列提升农业产出与农民收入的目标，主要包括扩展农业的多功能性、挖掘农业增收潜力、扶贫富民，增加农民收入，除此之外，还可以增加乡村特色产业，带动农副产品销售，完善现代农业产业体系，调整乡村产业结构，并促进产业融合，助力经济发展。这些目

标都建立在围绕农业自身特点，开发农业与旅游融合、富有乡村特色的乡村记忆旅游产品基础之上，不仅包括观光农业、体验农事、品味农业文化等旅游产品，还包括品尝传统的农村美食和农场住宿产品。乡村旅游的社会目标提出稍晚，但也包含多个方面，对于乡村记忆保留与旅游产品开发意义重大。提出对有形的历史名村镇、传统村落和民居以及无形的农业文化遗产、传统手工艺等乡土文化产品在保护的基础上加以利用，使游客通过乡村旅游丰富生活，享受青山绿水提供的生态系统服务，缓解乡愁，了解乡情；同时为乡村居民提供就业创业机会，贫困地区可以通过挖掘资源，实施旅游扶贫工程促进社会发展。社会目标均与美丽乡村建设密切相关，它们的实现需要对乡村记忆涉及的社会文化产品积极挖掘和保护，进行合理开发，才能满足游客怀旧需要，吸引更多就业和创业者回归乡村，为贫困地区脱贫做出贡献。政策中对生态目标提及较少，支持在森林等生态脆弱区将旅游作为替代生计，利于生态保护，还提及在乡村利用生态文明建设的成果发展旅游；生态宜居既是乡村记忆的重要组成部分，也是乡村重要的意象；既是乡村记忆旅游产品开发的重要资源，也是美丽乡村建设重要的目标之一。在发展条件方面，提出了旅游发展需要依托区位条件以及市场需求，但涉及次数较少（见表11-2），也充分说明政策已经指明并非每个乡村都可以发展乡村旅游，外在条件对旅游发展具有限制作用。

乡村记忆旅游可以依托的旅游资源多种多样，但都和乡村特色以及过去的历史和文化有关。首先是乡村生态资源，在政策中多次提到要依托乡村的绿水青山、生态优势开发乡村旅游产品；其次是以农业资源为凭借，如现代农业、田园风光，可以开发观光农业和采摘、"农家乐"等产品；后来，特色乡土文化资源也被作为乡村旅游资源，如具有历史、地域、民族特点的特色村镇和景观，还可以依托乡村生态生产生活深度挖掘乡村文化，如传统的农耕文化，特色节庆活动；在最近的文件中，则引导乡村利用各类物质和非物质富集优势，促进农业、林业和旅游融合，旅游资源进一步扩展。在文旅融合大背景下，近几年尤其强调了乡村旅游中的文旅深度融合，除此之外，将乡村旅游与其他多种旅游融合也是产品创新路径之一。乡村记忆旅游产品在文件中多次涉及，最初产品形式仅提及观光农业产品、"农家乐"、休闲农庄、森林旅游产品，后来陆续补充提出历史记忆和农耕文化、传统村镇等文化产品，近期又提出结合现代文化以及市场需求，发展创意农业、民宿等传统与时尚结合的产品以及扩展乡村养生养老、休闲度假新功能，在打造乡村记忆旅游产品同时，也发展现代房车、露营等新产品，并且提出打造旅游线路和旅游目的地。值得一提的是，民宿在最近几年受到更多重视，此类产品也是市场上颇受欢迎的产品，并且对城乡融合及农民增收带动明显。

各个文件都对乡村记忆旅游发展方式进行了指导和引导，旅游开发与乡村发展结合是产品开发和产业发展的基本方向。从最初提出利用农业资源发展休闲农业和乡村旅游，到近期提出的"旅游+"政策，产业融合一直作为乡村旅游的重要发展方式，政策鼓励将旅游作为乡村地区一二三产业融合的重要组成部分，可以和传统及现代农业、加工业、建筑业、文化产业、创意产业、信息产业等多个产业进行融合，增加旅游资源，丰富旅游产品，增强旅游产业对地区经济的带动。政策还多次提到因地制宜，根据不同地区具体条件和资源特色，结合当地农业、林业开发旅游产品。在旅游中坚持个性化、特色化是政策鼓励的发展方向，要突出地方特点，尤其是要深入挖掘文化特色，打造特色景观，这些个性化和特色体现需要借助旅游产品开发，通过产品将不同地区的乡村记忆留住，游客也可以获得更好的服务和体验。在配套产品开发方面，近期政策引导乡村旅游向信息化方向发展，不仅提出要建设智慧乡村旅游，还要建设农村信息化、旅游大数据平台，并加强互联网营销，新技术的应用为顾客带来更大便利，既可以增强整体产品的体验，也增加了核心产品的吸引力。集群化是最新出现的发展模式，代表着乡村旅游未来的发展方向。

(二)美丽乡村建设与乡村记忆旅游产品开发的支持政策

发展乡村旅游的核心要素主要有人力资源、资金、土地、科技、外部智力支持等，在这些方面进行支持同样有助于美丽乡村建设，也是乡村振兴的必由之路。在资金方面，提出多渠道筹集资金，包括财政惠农资金、社会资本、乡村资产入股、各种信贷资金，还提出以财政贴息、税收优惠、以奖代补或先建后补和产业发展基金等形式发挥杠杆作用，撬动更多资金投入，经营户还可以享受水、电、气价格优惠。在土地方面，近期政策要求在年度计划中必须考虑乡村旅游用地，已经列入重点支持。在科技支持方面也被多次提及，受到一定程度的重视。在外部智力支持方面，鼓励旅游志愿者、毕业生、艺术和科技工作者等各类人员到乡村从事旅游相关创业活动，发动了外部旅游企业与院校帮扶活动；本地人力资源对于旅游发展至关重要，政策多次提出加强从业人员素质培训，还提出培训村干部带头人。这些政策不仅有助于乡村记忆旅游核心产品和配套产品的开发，还可以同时带动美丽乡村建设，使乡村地区充满活力。

除对核心要素进行支持外，政策还提出一系列的其他支持措施，有利于乡村记忆旅游整体产品完善。政策明确支持旅游设施建设，主要有游客中心、旅游咨询中心、旅游厕所、停车场、观景台，并且支持旅游标识牌体系建设和休闲配套设施建设。由于基础设施建设是政府层面应该承担的责任，因此被提及较多，有些文件里笼统表述了要加大政府投入，加强基础设施建设，有些则细化到项目，主要有乡村旅游道路、卫生、环保、供水供电设施、信息网络等。在推进发展过程中，政策支持进行高水平的规划，并采用多种措施在营销推广方面予以大力支持，还利用多重手段支持各类人员在乡村旅游领域进行创新创业。从实施角度，多次提出利用示范带动手段，并采用建设示范园区、示范村和示范县、创客示范基地以及农旅产业融合先导区，最近又提出建设特色小镇以及田园综合体试点来探索旅游与乡村发展的新路径，既要留住乡村记忆，又要开发利用和实现乡村现代化。

(三) 美丽乡村建设与乡村记忆旅游产品开发的保障政策

发展支撑体系对旅游发展和美丽乡村建设都十分必要，提及也较多(见表11-2)，各项保障政策不仅有助于旅游产品的开发和完善，对美丽乡村建设也起到直接作用和间接的保障作用。因为个体农户力量有限，政策一直引导和鼓励农民成立专业合作社，提高组织化水平，借以提升服务质量和管理水平，政府加强自身服务也在政策中被提及。资源环境保护政策要求保护生态环境、传统村镇、乡村风貌、农业文化遗产、农耕文化和传统手工艺等，推进可持续发展，这些政策一方面保护了资源，另一方面也通过旅游产品创新开发使资源得以利用，从而产生价值。此外，政策对乡村记忆旅游发展外部条件的改善非常重视，在生态环境方面，提出要搞好生态建设，推进生态工程建设和农村生态文明建设用以支持发展林区、农区的旅游发展；在乡村人居条件改善方面，政策引导村庄进行规划、与自然环境协调，修复环境和景观，整治农房院落，美化绿化以及修复沟渠池塘等；其余包括创造好的创业就业环境，提升公共服务，发展相关产业等，这些政策与美丽乡村建设内容一致，同时可以改善旅游发展的外部条件，并且恢复了传统乡村核心特色。由于鼓励社会资本投资乡村旅游，政策也关注了利益分享问题，要求投资农民受益比较多的项目，该政策针对引入外部投资建设乡村和发展旅游，必须考虑是负面影响问题，保证以农民为主体，才能够保证乡村特色传承以及可持续发展。

监督规范措施提及较少(见表11-2)，而且近期才被纳入政策框架，主要提出要规范乡村旅游开发，对食品安全、消防安全、环境保护进行监督规范，还限制借乡村旅游开发建设房地产和私人庄园会所等；也提出要完善休闲农业与乡村旅游标准。监督和规范政策对保障游客权益至关重要，这在传统乡村仅仅依靠村规民约与自觉遵守，缺乏强制性和系统性，政策进行补充十分必要。

第三节 政策层面美丽乡村建设与乡村记忆旅游产品创新的互动分析

一、美丽乡村建设对乡村记忆旅游产品创新的支持作用

在已经出台的国家层面的有关乡村旅游的相关政策中，已经注意到美丽乡村建设对乡村记忆旅游产品创新的支持作用，不仅在引导政策中体现，也在支持政策中大量出现。在发展方式方面，政策多次提及产业融合和特色化发展，要因地制宜，与传统农业融合以及保持乡村原有特色可以保留住乡村记忆，而且因地制宜可以使不同目的地及其产品保持差异化，这些方面都需要以美丽乡村建设保持特色化，提升传统农业并因地制宜建设，在现代化进程中保持地方特色。政策提及的信息化与保持乡村记忆并不矛盾，而是增强了旅游产品满足游客的性能，也是传统产品开发的创新。政策提出的各种资源都是传统乡村和现代乡村产业、文化、社会、生态的基本要素，也强调了要依托各类物质和非物质的要素发展旅游，即在美丽乡村建设过程中要保护和恢复这些资源，取得更多的建设成果，开发为具有乡村记忆的旅游产品，政策也指出了这些产品包括观光产品、"农家乐"、农事体验等体验产品和新兴的创意农业、民宿等产品，它们都保留了乡村性，也有的融入了现代元素，改进了舒适性，更能满足游客需求。在支持政策方面，也同样支持美丽乡村建设中考虑旅游发展的需要，尤其是核心要素中的土地、劳动力和资金，需要当地予以倾斜，核心产品尤其需要本地提供资源进行开发，人居环境改善也可以促进旅游发展，而且，基础设施和旅游设施也需要本地建设时考虑乡村记忆旅游产品创新，彰显本地特色，其他要素获取也离不开本地的参与。由此可见，乡村记忆旅游产品开发不仅要依靠本地特色资源，还需要当地全面进行支持，因此，美丽乡村建设也要保持本地特色，保护传统乡村资源，并且在乡村现代化进程和发展过程中为旅游发展提供更好的条件。

二、乡村记忆旅游产品创新对美丽乡村建设的带动作用

政策十分关注乡村旅游对乡村建设的带动作用，这也是旅游发展的重要目标，而乡村记忆旅游产品是最重要的旅游吸引物，也影响到旅游经济、社会、生态效益的实现。十几年的政策一直强调旅游的经济目标、社会目标以及生态目标，这些目标对美丽乡村建设各项指标完成具有重要作用。利用乡村记忆开发旅

游，不仅可以提升传统农业产出，还可以带动相关产业发展，延长农业产业链，促进产业融合，提高农民收入，替代伐木、捕猎等消耗自然资源的生计；还可以传承传统乡村文化，保护农业遗产；利用生态退化的荒地、荒坡以及矿区等开发旅游，对生态建设也有带动作用。政策提及的对于旅游各个方面的支持也可以同时促进美丽乡村建设，基础设施和旅游设施可以主客共享，组织化程度提升有利于乡村有效治理，监管措施对乡村法治化也具有促进作用。

三、美丽乡村建设与乡村记忆旅游产品创新的耦合效应

虽然政策中并未提及美丽乡村建设与乡村记忆旅游产品开发的耦合效应，但在多处体现了它们之间的联系，两者可以取得耦合效应。美丽乡村建设产业丰富可以通过发展旅游来实现，而且旅游发展与生活富裕同步进行；在文化建设方面也可以通过乡村记忆旅游产品开发挖掘和展示传统乡村文化的精华部分，两者相互协同；旅游发展需要乡村环境优美，客观要求自然生态建设、农业绿色发展和人居环境改善，同时也可以完成生态宜居的目标。在其他方面，各种对乡村旅游的支持以及管理和服务的改进都有助于文明程度和治理水平的提升。并且，发展旅游所需要的人才、资金、科技等也可以给乡村建设带来活力。

第四节　美丽乡村建设与乡村记忆
旅游产品创新的政策优化

一、美丽乡村建设任务与乡村旅游发展环境

(一)美丽乡村建设任务

2013年，农业部制定了美丽乡村建设的一系列指标，2015年由国家标准委员会发布国家标准，同年6月1日实施。该标准共有9个部分，涵盖多个方面的任务，除经济发展外，村庄规划与建设、生态环境、乡风文明与公共服务以及长效管理方面几乎都有涉及，并且制定了详细的指标，具有很好的操作性。2017年，党的十九大提出的乡村振兴战略成为美丽乡村建设的升级版本，明确了未来乡村建设的任务和最终目标，相比于2006年开始的新农村建设以及美丽乡村建设，乡村振兴战略融入了城乡融合等新理念，并且提出以农业农村现代化为主要方向，最终实现农业发达、农村美丽宜居和农民富裕的目标。2018年9月，中共

中央、国务院印发《乡村振兴战略规划(2018－2022年)》，在该规划中，用37章详细地阐述了近五年来乡村建设的各项政策措施、工程、计划和行动。规划也涉及乡村记忆旅游产品开发，将历史文化名村、传统村落等自然历史文化特色丰富的村庄作为传承中华优秀传统文化的重要载体，在村庄建设过程中，要尊重原住民的生活形态和传统习惯，在改善基础设施和公共环境的基础上，利用特色发展乡村旅游，还提出要试点休闲农业和乡村旅游精品工程，大力发展生态旅游，将部分生态修复用地作为旅游用地，而且要推动文化、旅游与其他产业融合等。由此可见，"十一五"规划以来，乡村建设已经成为我国党中央、国务院、各级政府和全民的主要目标和任务，最终将实现乡村地区富强美丽，在这个过程中，需要保护乡村特色，留住乡村记忆，旅游产业也被作为乡村可能的产业选择，在特定地区可以利用乡村特色开发旅游产品，发展旅游为乡村振兴贡献力量。

(二) 中国乡村旅游发展环境

乡村振兴战略曾是全面决胜小康社会的七大战略之一，也是共同富裕的必由之路，新时代的乡村建设任务将更加艰巨，乡村旅游必然会受到更多重视，需要和农村现代化全面融合，带动多个方面的发展。旅游产品的重点开发方向必须围绕着乡村特色进行，尤其是在离乡进城的城市居民记忆中的良好的生态和自然环境、各地富有特色的田园风光和农事劳作、富有传统特色的村落聚居形态及建筑、淳朴的乡风、传统节庆习俗等，在这些资源基础上开发多功能和形式多样的产品，才能吸引游客到乡村进行旅游。在旅游消费层面，目前仍处于高速增长阶段，但是具有消费升级的趋势，在各个方面要求不断提升，而且出行方式、决策影响因素和在目的地的空间行为和消费行为都在改变。乡村记忆旅游需要把握这种趋势，才能在与其他类型的旅游竞争中成为市场上更受欢迎的旅游产品，这种旅游由于在乡村地区开展，必须保持与乡村振兴趋势一致，另外还需要把握文化和旅游深度融合的趋势，深度挖掘乡村记忆，创新开发系列符合消费需求的产品，传承乡村文化的同时促进旅游发展，最终助力乡村振兴。

(三) 中国乡村旅游产业政策总体方向

目前，乡村旅游仍处于快速增长期，2016年将其定位于农村新兴支柱产业明确了产业地位，中央农村工作领导小组也将其作为当前农村新产业和发展的新动能(韩俊，2017)，虽然发展面临机遇，但同时面临一定的问题和挑战，需要根据业界发展趋势，借鉴国际经验，将乡村旅游作为乡村政策的重要组成部分，在目前的政策体系基础上进一步完善和调整。在总体方向上，借助乡村记忆旅游产品开发，带动旅游产业朝精品化、多样化以及绿色化方向发展，需要以全面推动乡村经济发展，提升经济发展质量为主要目标，同时解决乡村发展过程中的社会和生态保护问题，走三大目标协同发展之路。在新的形势下，乡村记忆旅游还是连接城乡的可行手段，通过旅游带来其他发展机会，使乡村成为新的经济增长空间，能够进一步盘活乡村资源资产，使之发挥更多的功能。因此，在现有政策的基础上，未来的产业政策需适应目前的旅游发展环境以及乡村振兴要求，将旅游产业与乡村发展紧密结合，尤其是在乡村现代产业体系建设的大背景下，进行优化创新，以达到预期政策效果。

在引导政策方面，因为乡村复合系统要素间联系紧密，乡村记忆旅游需要多方面的资源以及会有多方面的影响，应该进一步挖掘和组合这些资源，从这些资源中提炼产品突出乡村特色，利用资源多样化和多功能的特点，强化经济、生态、社会目标的协同；将特色小镇、田园综合体等纳入乡村旅游政策范围，推进乡村建设、城镇化与乡村旅游发展相互支撑，在建设同时直接挖掘乡村记忆，形成主客共享的观光游憩资源；在发展方式角度，未来政策应该明确强调旅游绿色发展方式，盘活乡村闲置资源，在保持乡村特色基础上发展循环经济、共享经济，创新旅游发展模式，在适合的地区集群化、规模化发展；在新型城乡关系和全域旅游背景下，建立新的资源观，引导新的产品形式。

在支持政策方面，核心要素的支持未来应更强调智力支持和科技支持。智力支持集中在外部智库为乡村记忆旅游发展提供指导和高端咨询，需要旅游方面的专家及文化、生态、建筑、社会学等多方面的专家共同参与，以保证在乡村脉络基础上发展旅游。进一步加大返乡创业支持力度，充分利用好乡贤资源，对当地人才与劳动力进行培训，并大力吸引外部人才。在技术层面研发适用于乡村地区旅游的资源利用、环境保护和规划技术，探索高效的经营管理方法。融资方式、优惠政策以及土地以及资源利用也要不断创新以保证发展需要。相关服务支持需增加政府在推动城乡互动和营销推广方面的责任，进一步完善各种配套支持，相关的新型示范点也应不断推出。在高质量发展背景下，新质生产力需要受到足够重视，从生产资料、劳动力以及劳动对象全方位提升生产力水平，并且将它们有机结合。当下必须重视数字化、智能化等新技术在旅游消费中的应用，同时提升产品和劳动效率以及游客体验，达到高质量发展的目标。

在保障政策方面，需要进一步提升组织化程度，提高治理水平，吸纳多元主体参与形成协会以及委员会，以便更好地发挥协调作用；利益分享机制在未来政策中要更加明确，多主体共赢的模式应受到更多鼓励；目前政策刚刚涉及的监管规范措施也要作为未来政策的重点，不仅要推动加快制定完善各种标准，而且监管和规范措施应该更加全面和严格。这些保障和监管措施应该围绕保持乡村记忆资源，充分利用传统乡村生态智慧和文化精华以及社会治理等先进经验，而且引入适合于提升游客体验的先进管理经验和方法，建立产业生态圈提升品质，促进乡村旅游高质量发展。

二、美丽乡村建设中乡村记忆旅游产品开发的政策优化路径

(一)协调目标功能，增强引导力度

目前，借助乡村生态和文化展现乡村特色的乡村记忆旅游对乡村经济发展的带动作用已经明确，但经济目标功能有所遗漏，并且对生态目标和功能重视不够，在社会目标功能方面有所欠缺，必须出台一体化的政策才能保证美丽乡村建设顺利进行，达到乡村振兴的要求。产业政策应该进一步鼓励乡村旅游在挖掘、盘活乡村闲置资产、充分利用本地资源、完善和整合乡村产业链以及带动其他产业发展的深层次功能；突出增强城乡联系，带动当地社会进步，满足城市居民寄托乡愁、旅游、养生、养老以及保持文化多样性的功能；还要发挥乡村记忆旅游在保护生态和生物多样性方面以及改善乡村环境、促进绿色转型等积极作用。

在引导政策中，首先要明确这些发展目标和功能，鼓励利益相关者关注和追求这些目标，实现相应功能。围绕目标功能，在旅游资源上，鼓励利用一切可以利用的资源，尤其是闲置资源，鼓励资源多样化利用，宜人的气候、清新的空气、宽广的空间、生物的多样性、人与自然和谐的生产生活方式、民俗风情及遗址遗迹，保留了人们对乡村最基础的记忆，是乡村记忆旅游的核心和特色产品，在此基础上进一步充分利用资源，开发多元化的产品，应随着游客需求，充分吸纳业界供给侧改革成果，利用文化与旅游结合的契机，在自然景观和良好环境的基础上，进一步深度开发乡村传统景观、节庆活动、非遗产品，引入城市时尚流行元素和乡村资源与传统文化结合，在现有市场基础上，面向老年康养、中小学研学、亲子市场开发具有针对性的产品，不断丰富产品谱系，及时进行产品更新，借助产品满足游客需要，发挥旅游在乡村振兴中的功能。

在发展方式上，引导借助乡村旅游引发的乡村记忆和情怀，撬动乡村沉淀资源、城乡资本和人力资源，促进生态系统恢复、人居环境改善和农业绿色转型，将旅游纳入当地循环经济以及社会发展网络，使之与改善乡村整体面貌结合起来。在具备条件的地区，将乡村记忆旅游作为全域旅游的重要实施领域，推进旅游业和乡村地区发展的全面融合。借助田园综合体和特色小镇建设，推动多产业、集群式和城镇化结合的发展，实现规模化及信息化，扩大旅游效益；通过社区自身发展旅游可以促进多方面的可持续性(Fong et al., 2017)，在乡村记忆产

品开发方面，社区具有无可比拟的优势，占有资源并拥有无形资产以及本身就是记忆的组成部分，因此政策应该更加重视当地社区，但是，社区本身力量有限，需要引导多元利益主体与社区合作，实现合作共赢的内生性发展。

(二)提升质量效益，增加支持方式

乡村地区普遍落后于城市，发展乡村旅游必须进行全方位支持，尤其要加强在薄弱环节的支持力度，乡村现代化是保留乡土特色的现代化，需要将乡村发展和保持乡村特色相互结合。首先是基础设施，我国浙江、安徽和四川的实证研究表明，村庄规划与公共服务尚不能达到使当地农民满意(陈秋红，2017)，这种情况在全国普遍存在，虽然远离城市造成乡村相对闭塞，但闭塞并不是乡村记忆里美好的部分，对旅游发展也会造成障碍。未来政策必须统筹考虑改善乡村旅游目的地外部交通，广泛吸纳政府资金、私人资金和社区自有资金，再将乡村旅游和美丽乡村建设、乡村公共服务设施、人居环境改善相结合，以自力更生、PPP模式改善基础设施，结合智慧乡村建设，重视公共旅游服务体系建设，建设相应的硬件设施(吴泓，2014)，这些硬件设施建设过程中可以因地制宜，结合乡土技术和当地文化，使之成为乡村记忆旅游产品。在涉及乡村多项资金利用上允许创新，汇集财政支持农业农村发展资金，同时改善乡村旅游发展条件，涉及信贷资金的抵押资产和担保方式要进一步放宽，鼓励定向面向乡村旅游农户发放低息免息小额贷款，灵活运用奖补资金，把可以产生稳定现金流的资产进行众筹，鼓励对接城市社区以类似于CSA(社区支持农业)的方式支持旅游业，采用多元化的筹资形式解决乡村旅游建设与运营所需资金。除此之外，发动社区居民和利益相关者采用合适的方式以资源、技术和劳务入股，也能够减轻资金压力。

在智力支持层面必须采取有效方式进一步加强，政府要解决乡村旅游的顶层设计，如可行性论证、品牌化、布局、规划、组织化等问题，重点在乡村记忆旅游产品创新方面进行支持，由多方面的专家合作探索新的产品形式，创新机制以及创新方式；采用与院校联合、集中培训、定向考察和建立孵化器等多种形式，结合创新创业支持和乡村经营主体培育工作培养乡村旅游经营人才；鼓励外部企业、公共部门对乡村旅游经营管理的对口帮扶，还可以聘用专家进行针对性指导，达到智力支持和本地化人才培养的双重目标；在特定地区，基层政府人员和大学生村官选拔上可以偏重乡村旅游相关专业；采用多方合作方式加强有关的技术、经营、管理的研究和经验总结，将乡村旅游开发、运营等相关技术纳入农业推广体系，在全国范围内加以推广和指导。

各级政府和在线旅行社以及传统旅行社需要在推广与营销方面进一步加大支持，重点建立完善区域性网站和公众号、APP、上线抖音等平台支持乡村记忆旅游宣传、推广、预订、咨询；要求各级政府在进行目的地推介时加入乡村记忆旅游的内容，支持大型电商平台介入乡村记忆旅游营销，在城市旅游集散中心加入乡村记忆旅游线路，对进行乡村记忆旅游路线经营的旅行社进行奖励；鼓励重要景区联合推介附近的乡村旅游目的地，疏导游客的同时带动乡村记忆旅游。此外，在手段上，除规划引导、示范创建外，尽快进行乡村记忆旅游开发经营中的相关科学技术研究、集成和推广也十分必要，在旅游资源富集的地区，还可以将乡村记忆旅游纳入政绩考核，并且鼓励当地积极投入多种资源，探索更多的发展模式。

(三) 促进持续发展，补充规范手段

在发展支撑措施方面，现有政策需要关注利益分享问题以及加强政府服务功能，尽快提升组织化水平和治理水平，对各环节进一步完善监管以控制负面影响。借助农业生产适度规模化的契机，结合乡村新型经营主体培育，鼓励以农民合作社为核心进行产品经营，外延形成多元主体参与的合作组织，形成个人能力充分发挥、经营水平提升、公共管理有序的治理方式。社区参与旅游开发的利益分配是开发的底线，社会资本进入开发领域必须制订相应的方案保证社区利益，政策可以规定若干方案并要求当地政府在执行中监督，限制可能侵害社区利益的行为。

由于以往政策中涉及规范和监管的内容比较少，需要进一步完善。规范和监管主要应该集中在三个方面：①合理开发；②经营和服务行为规范；③负面影响的控制，三个方面相互联系、相互制约，应采取一系列手段和方法予以解决。首先是在合理开发方面，资源保护问题涉及生态和文化等方面，需要督促有关部门在现有法律法规基础上进一步细化导则和规范，明确开发的界限和范围，尤其要出台加强保护的细则，增强可操作性。其次是在经营和服务规范方面，需要完善经营规范、制度，管控涉及游客切身利益和可能妨碍市场有序竞争的经营行为，结合引导、支持手段促进经营和服务质量的提升，如许可制度、评价制度、认证制度，规定有关部门加强检查、督导。最后是在负面影响方面，需要列出负面影响清单，结合开发和经营监管，采取相应措施，减少生态、社会、文化负面影响。在手段上，需要多措并举，计划、法规、标准、奖励惩罚、公示、检查监督等共同使用，政府和社区以及第三方共同参与，同时积极推动行业自律，才能达到应有的效果。除此之外，及时对各地区政策进行评估，将绩效较好的、适用面广的政策进行全国推广，及时改正未达到预期效果的政策以及带来负面效果的政策。

结　论

通过对国家层面出台的乡村旅游产业政策文本进行分析，可以发现自"十一五"规划以来，乡村旅游受到越来越多的重视，产业政策内容逐渐增加，已经形成了包含引导政策、支持政策与保障政策的政策体系；政策分析发现，乡村旅游产品开发主要依靠乡村特色资源，保护和传承乡村文化，保留乡村记忆，满足怀旧需要。政策内容不仅涉及旅游产业本身，也和乡村发展的多个方面有密切联系，但在两者协同方面布置和安排较少，在新时代需要进一步完善。鉴于乡村旅游不仅是"两山"理论的实现渠道，并且在建立文化自信方面也具有重要作用，还能带动乡村振兴，产业政策必须随着外界环境变化和实践发展不断完善和改进，才能促进各种作用的发挥，进而有助于解决我国社会经济发展的矛盾问题。因此，在全域旅游背景下，乡村旅游仍然是围绕乡村特色，重点是围绕乡村记忆各项资源，开发具有市场吸引力的多样化产品，而且在开发机制方面进行创新，形成乡村记忆的全产业链产品，并在层次上进行全面提升。在引导政策方面重点要关注盘活乡村资源，鼓励形成以乡村记忆旅游为核心，以其他旅游与其他产业为辅助的产业链，贯彻新的发展理念，丰富产品体系；在支持政策方面需要在资金筹集方面进行创新，重点解决人才和劳动力成本提高问题，改善基础设施；在保障政策方面首先要提高组织化程度和治理水平，其次对旅游各环节进一步完善监管和规范，及时控制发展的负面影响。

在新形势下，城乡二元结构的差距是经济发展不平衡的重要表现，作为现代服务业的乡村旅游健康发展才能带动乡村发展，旅游业同时肩负着保护乡村特色的任务，因此必须借助具有本地特色的旅游产品的开发，推动乡村转型发展，并且在乡村经济、社会、文化建设和生态恢复和保护的同时，满足人民"看山望水记乡愁"的需要。政策制定部门需要及时分析和预测乡村记忆旅游发展态势和美丽乡村建设要求，借鉴发达国家和地区成功案例和可以引进的政策工具，来全面研判乡村旅游发展中的政策需求，并能快速制定适用于我国实践的政策条款。之后，还需要发改委和文化旅游等部门对出台的政策制定细则和行动方案，各省市因地制宜采取强有力的措施进行落实。此外，政策本身的效果评价也需要考量，从多目标、多角度评估政策效果，不断优化政策体系。

·第十二章·

结论、政策建议与研究展望

美丽乡村建设对我国全面建成小康社会具有举足轻重的作用，是乡村振兴的重要途径。乡村记忆不仅是祖先留给现代人的宝贵遗产，也是新时代乡村需要保留和传承的重要特色。借助乡村记忆旅游资源，开发多元化、功能多样和形式丰富的旅游产品，可以实现新时代乡村新功能，体现乡村价值。本书首先梳理了外国与我国发展较好的地区经验，可以为更为广大的地区发展提供借鉴；其次在总结基础理论与以往研究的基础上，进行了乡村记忆旅游资源、产品等概念的界定；再次采用问卷调查方式研究了城市居民对乡村旅游的需求与影响因素；又次采用单案例和多案例深度剖析了成功经验，并且对质量提升以及政策改进进行了专门的研究；最后进行总结、提出总体政策建议并且对进一步的研究进行展望。

第一节　主要结论

一、美丽乡村建设与乡村记忆旅游研究的理论基础与研究现状

(一) 研究的理论基础

乡村记忆旅游产生的原因是城乡间经济发展的差异，尤其是二元结构理论造成城乡间发展不平衡，乡村依然保持着原来的经济形态以及文化特点，能够满足人们逃离现代生活和怀旧的需要。它的本质是满足人们某种需要，与其他产品一样，符合经济学一般规律：在价格上一般会随着价值上下波动，随着价格上升，需求量减少，价格下降。消费者行为学在研究乡村记忆旅游游客行为上也有很好的解释能力，他们会考虑目的地的特点进行理性选择，外界的刺激也会对他们产生影响，尤其是互联网等新媒体宣传和价格刺激以及周边群体的推荐。旅游既是乡村发展重要的工具，也是人类普遍的一种行为，开发会涉及城乡多个要素，需要以系统论的观点考虑开发问题，也因此，美丽乡村建设与乡村记忆旅游产品开发之间相互依赖、相互制约，都关系到乡村振兴目标的实现，这就需要考虑两者

联系，取得协同效应。美丽乡村建设与乡村记忆旅游开发不仅是经济行为，也是社会行为，行动者网络理论与利益相关者理论以及制度经济学理论都可以用于分析表象之后的规律，以便进行创新，来解决实践中不断产生的问题。总之，美丽乡村建设和乡村记忆旅游产品创新都是人类理性的经济社会行为，而且受资源环境约束，所以需要尊重经济、社会和生态基本规律，在此基础上进行优化创新。

(二) 研究现状

自 20 世纪出现乡村旅游现象，研究随之跟进，在 20 世纪 90 年代已较为普遍，而且是长久不衰的研究话题之一。自 20 世纪以来，大量文献都得出乡村旅游发展有利于带动乡村各个方面发展，包括经济、文化和生态多个方面，而且乡村发展条件的改善也有利于促进旅游发展。乡村旅游的需求也一直是一个备受关注的领域，成果也比较丰富，结论都指向乡村特色的景观以及生产生活体验，近年来已出现从最初的简单的产品向更加多元化的现象发展，人群的需求异质性也逐渐显现，在研究方法上也越来越精确。另外一个受关注的是利益相关者的研究，利益相关者合作在乡村旅游成功影响因素中扮演着重要的角色。选择实验模型在旅游业也已有较好的应用，但对乡村旅游目的地选择的影响因素关注较少，更为先进的研究异质性方法还未应用。总之，以往的研究可以为本书奠定一定的研究基础，在这个基础上还需要进一步的研究。

二、乡村记忆旅游概念、核心资源与产品创新理念

(一) 乡村记忆旅游概念

从旅游及乡村旅游的定义来看，乡村记忆旅游是一种特殊的旅游形式。学术界对乡村旅游的定义并未统一，乡村地区这一概念在不同国家含义不同，但是，可以从地域概念和吸引物的角度来定义乡村旅游，最宽泛的乡村旅游概念是发生在乡村地区的旅游，而狭义的概念是以乡村性来吸引游客的旅游才被称为乡村旅游，由于乡村性强调乡村本质及其表征，并不强调对旅游者的效用，因此，在本书中，乡村记忆旅游在乡村旅游狭义定义基础上，强调给人们美好印象的、体现乡村特色的那部分吸引物引发的旅游活动，该定义强调对游客有怀旧意义、乡村性中更具有效用和价值的部分。这也决定由资源开发为产品时，可以在乡村特色基础上与其他元素结合进行开发，并非完全具备最纯粹的乡村性特征，国内外的成功案例也证实这类产品受到更多欢迎，说明美丽乡村建设需要保持特色，这将为旅游发展提供资源支撑。

(二)美丽乡村建设中乡村记忆旅游核心资源

此处的乡村记忆不同于官方和文化界更强调文化资源，乡村特色的生态、环境与文化都可以作为吸引物，这些特色是人们对乡村的集体记忆，也是有过乡村生活经历的人们最为怀念的事物和因素。从已经完成城市化的欧洲、北美和亚洲日本及韩国的经验来看，都经历过缩小城乡差距、进行乡村建设的阶段，在这个过程中都保留乡村特色文化并治理了生态环境，乡村变成了城市居民休闲的空间，在资源丰富的村落也进行旅游开发，可见，我国现阶段经历的美丽乡村建设以及乡村旅游开发符合人类社会发展的规律。我国传统乡村在人类集体记忆中有着较好的形象，有些乡村也有着丰富的旅游资源种类，不仅包括自然形成的山水景观、生物景观以及气候气象景观都可以作为旅游资源，还包括半自然的农田生态系统形成的资源，田园风光、农业观光园、人与和谐的氛围等，也有纯粹人文资源，包括遗址遗迹、民间风俗、节庆活动以及民间艺术等。这些资源代表着乡村特色，与城市事物有较大区别，具有一定的旅游价值，但是需要进行开发。

(三)乡村记忆旅游产品创新理念

乡村记忆旅游产品开发是目的地发展成败的关键要素。产品谱系可以根据旅游十二要素来划分，除传统六要素外，新的要素(商、养、学、闲、情、奇等新业态)也是乡村记忆旅游产品开发的重点方向。不同的客源市场也需要配备不同的产品，根据年龄划分，亲子、青少年学生、中青年以及老年人都可以成为重要的细分市场，但需求各不相同，产品必须差异化，而且考虑群体的各自特殊需要。在功能上，观光、休闲和度假市场是主流，还有会议、康养、健身、体育、摄影、研学、探险等小众市场，对于乡村记忆旅游，小众市场对当地经济影响依然很大，适宜以短期项目和活动、节庆等方式运营，目前消费品已经走入长尾市场，利基市场也受到重视，乡村记忆旅游需要关注这些市场。乡村记忆旅游还需要不断开发新的具有乡村特色的产品形式，非遗产品体验、演艺、夜间活动也适用于乡村记忆旅游产品的开发，这些产品要充分挖掘乡村特色，与城市和景区产品形成差异，以故事感、文化内涵以及真实情感和稀缺性去打动游客，用短视频、直播、公众号等新媒体、社群接近客源市场。从"网红"李子柒案例来看，乡村生产、生活场景以及自然环境和人物故事引发大量有相似生活经验的人的回忆和共鸣，而且还对跨文化的国外受众产生了影响，可见各种传统乡村美好事物是具有吸引力的资源，品种、类型多样，数量庞大，还可以组成不同的场景和体验，在此基础上开发丰富的产品。另外，乡村记忆旅游开发并不排斥乡村地区其他旅游产品开发，体育产品、节庆活动、现代娱乐项目都可以和乡村记忆旅游产品相互补充，而且与邻近城市、景区旅游相结合形成旅游线路也是重要的产品创新策略。

乡村记忆旅游产品开发必须具有整体产品的概念，在核心产品创新基础上还要做好形式产品、延伸产品、期望产品甚至潜在产品。产品创新不仅体现在核心产品要深度挖掘乡村在生态、社会文化方面的特色，还需要在表现形式、功能上进行创新，主要是增强游客体验性、参与性和新奇感，在手段上可以借鉴其他旅游项目的成功经验，尤其要关注新业态，采用全域旅游模式进行发展；需要结合美丽乡村建设，保留特色和提升品质；利用宣传和品牌塑造便于消费者识别，在管理和服务方面也要进行特色改造和质量提升；最终符合游客愿望，提升满意度。在美丽乡村建设背景下，精心设计产品各层次设计，把握需求趋势，整合各个要素推出整体产品以及产品组合，或者以主题和功能导向推出深度体验或性价比较高的产品，总之，需要在多个角度全方位进行创新。

三、乡村记忆旅游需求特点、影响因素与产品创新方向

(一) 乡村记忆旅游需求特点

通过对北京、银川、青岛以及淄博、烟台和临沂六个城市的调查，发现城市居民对乡村旅游具有一定的兴趣，不感兴趣的人很少，很有兴趣的占到将近一半，而且将近七成的人每年进行两次以上的乡村旅游活动，可见乡村旅游面临着较好的发展机遇。受访者目的中有一成左右是为了逃离城市，但其余人均表示要挑选喜欢的村庄。在他们所看重的村庄具备的要素中，自然环境、传统文化、特色食宿、当地特色项目以及当地特色的管理和服务受到更多的重视，而价格低、距离近受重视程度在一成或者不足一成。选择实验模型得出了同样的结论，而且潜分类模型还将受访者分为两类：一类是理性的消费者，追求价值最大化并且低价格；另一类是文化偏爱者和品质偏爱者，这与实地调查受访者反馈的信息相符合，即一些消费者可能仅关注自己喜爱的一两个属性特征，而且对价格不敏感。

调查还询问了受访者与乡村的关系，发现大多数人与乡村保持着较为密切的联系，对乡村非使用价值的认同感较强，而且九成的受访者愿意为保留乡村贡献力量，包括投资创业、捐赠、溢价支付乡村旅游和农产品、志愿服务等多种方式，除去志愿服务和投资创业等不易衡量的支付方式以外，测算出人均支付意愿超过千元，而且支付均值受到乡村旅游兴趣的影响。结构方程分析发现乡村地区优美和谐的环境对旅游体验有很大影响，而乡村记忆也会影响旅游体验、幸福感以及乡村认同。由此可见，城市居民记忆里的乡村依然充满着许多令人向往的属

性特征，应该积极利用与乡村的情感培育市场并且引导年青一代走入乡村，还要充分发挥乡村旅游的纽带作用进一步带动乡村振兴。

(二)乡村记忆旅游产品创新方向

研究结果说明产品创新开发仍然要注意乡村特色。在自然环境方面，将目前的仅作为旅游环境的绿水青山加以深度利用，加强体验产品开发，可以开发休闲、度假、生态、研学、摄影、探险等产品；继续保护传统村落，但同时进行活化，一方面进行文化创意产品开发，包括静态产品创意、举办活动、纪念品开发，另一方面挖掘生产和生活中的特色，开发体验产品，如利用传统农业开发多样化的农事体验活动，进行传统节庆活动创新；利用空余房屋开发特色食宿，尤其是民宿，满足人们对乡村特色生活的向往；在项目方面，对于年轻人来说，一些现代项目也具有市场，传统项目更受欢迎，充分挖掘民间游戏和生产生活趣味性的细节，开发为旅游项目，如鱼稻共生地区的稻田捉鱼，濒水地区捞鱼虾，垂钓、捉虫等活动，各地特色的游戏等；还应该注意的是人们已经越来越注重整体体验，而管理和服务是重要的环节，具有乡村特色的服务和管理受到城市居民的认可，因此，结合本地特色设计管理方式和服务方式，使之也成为具有吸引力的产品很有必要，这也应该是部分村落取得成功的原因之一。在产品档次方面，需要改变乡村地区是价格低廉产品的固有印象，可以开发中高端产品，这在浙江地区已得到验证，其他地区也可以根据实际消费水平提升产品档次。目前自驾车兴起以及高收入和受过高等教育的人群也加入乡村旅游，必须开发针对符合他们需要的产品；老年游客与乡村联系密切，也可以开发一些康养、寻根等寄托乡愁的特色产品。

四、美丽乡村建设中乡村记忆旅游产品创新开发策略

(一)美丽乡村建设中乡村记忆旅游资源保护与开发

目前许多乡村记忆旅游资源已遭到一定的破坏，美丽乡村建设应起到挽救作用而不是破坏作用，对有保护价值的村落列入名单进行保护，对一些被合并的村落尽力保留住一些代表性的事物和因素，其他村落在旅游开发过程中也要尽力挖掘和抢救这些资源。这些资源的保留以及在此基础上创新开发产品需要寻找低成本的开发方式，要立足本地条件，对这些存量资源进行整合提升，尽量使用本土化的要素，保持本地特色，利用本地工匠以及人力，在此基础上配套设施与基础设施也仍然延续本地乡村特色，在旅游开展过程中也尽量使用本地原料，注意节约资源和循环利用，减少污水排放、环境污染和破坏。产品开发过程中一定要注

意对资源进行创新加工，视情况保持拙朴的本色或者加入时尚元素、文化元素，使之成为高品位、高品质的产品；产品丰富是发展旅游的重要条件，要进行类型、形式多样化的开发；只有开发面向市场、符合市场需要并且不断进行创新，才能维持目的地长久的吸引力；通过产品创新开发形成目的地品牌，会对游客的选择有一定影响。

(二) 美丽乡村建设中乡村记忆旅游产业链构建

美丽乡村建设最终要在乡村文化、产业、治理、人居环境、居民收入等方面进行提升，一方面可以借助旅游业的带动作用构建产业链促进这些目标的达成，另一方面在实现这些目标的过程中会催生乡村新的产业，可以进一步与旅游融合。旅游产业链构建可以从产品要素入手，开发游客需要的十二要素产品体现在以下三个方面：①配套完成基础设施和服务设施，可以将这些设施开发为有乡村特色的吸引物，尤其是乡村美食和特色住宿，在世界各地都受到普遍欢迎；②娱乐项目和景点景区等开发以及商业设施、康养等新六要素开发也可以根据市场需要逐步跟进；③围绕着为游客和本地居民提供服务，构建基于本地的生产、加工、运输、销售等产业以及生产性服务业和生活性服务业，完善本地产业网络。旅游产业链构建不必局限在一个村落，可以跨村合作，尽量减少外部资源购入和使用，尽量深度挖掘本地资源的潜力，在成本合适、质量保证的情况下提供旅游产品，这样不仅可以凸显产品特色与品质，还能够最大限度地减少本地特色资源消失的风险。

(三) 美丽乡村建设中旅游与其他产业融合路径

在本研究实地调查和案例研究中发现，乡村记忆旅游产品开发促进了产业间的融合。很多乡村都开发了基于本地食材的特色美食吸引游客，或者是建立在当地品牌农产品基础之上开发旅游项目，与大农业(农、林、牧、渔)的融合是最为普遍的做法。第一产业与旅游业融合可以开发各种观光、体验产品、食品和旅游商品等，除传统的农事体验和采摘之外，还可以有摄影、节庆、赛事，或者自己动手体验制作等。乡村地区工业主要是传统手工业以及农产品加工，如果当地工程较多也可以发展建筑、修缮行业，农产品加工以及传统手工业都可以吸引游客体验和参与，一些葡萄酒庄、调料、食品制作工厂都可以提供这些项目，一些手工艺品前店后厂模式也受到游客欢迎。第三产业中文化创意产业可以和旅游业很好地融合，开发文创产品甚至创意节庆活动以及各种类型的展览；还可以和康养、养老产业结合提供旅居产品；为婚庆、影视拍摄、纪念活动举办等提供场景，也可以提供图书、咖啡、茶饮等休闲服务；与教育产业结合可以开发研学旅游产品；金融业在旅游开发中扮演着举足轻重的角色，可以解决融资问题；借助旅游带来的客流，可以发展电商等在线零售业销售本地特色农产品和旅游商品；互联网行业也需要进一步与乡村记忆旅游开发融合，两者也可以相互促动。总之，在美丽乡村建设背景下，需要充分考虑产业融合，这不仅可以开发新的旅游产品，还能够促进当地一、二、三产业发展。

五、乡村记忆旅游开发要素配置创新路径

我国乡村地区长期受城乡二元结构影响，资源要素并不丰富，在旅游开发过程中会遇到很多困难，这与城市以及风景名胜区情况相差很大，必须创新解决。

首要问题是用地问题，虽然国家政策中在用地方面给予优先支持并且创新了点状供地的方法，但事实上乡村地区建设用地非常有限，还受到生态红线或基本农田等影响，需要发挥策划人员的智慧，用好存量土地，以农村集体的设施、公共空间以及农户闲置的宅基地为主；积极开发新的旅游用地，在生态承载力允许以及不影响耕种的情况下，创新利用点状土地，在不改变土地用途情况下使用农地和生态用地设计项目，增加游客游憩空间；沟渠池塘等水利设施也可以美化，岸边采用生态利用方式布置，作为休闲和游憩场所。资金问题也是产品开发制约要素之一，需要进行融资创新，引入资本以及社区自筹是基本路径，应允许灵活抵押集体资产或农地经营权、住宅使用权等方式进行小额融资以及发展绿色金融等助力旅游发展，还要采用战略联盟、众筹、入股等方式以及与融物和设备融资相结合，吸引资金投入美丽乡村建设以及乡村记忆旅游产品开发，借助融资分散经营风险，形成合作平台，快速助推旅游项目建成运营。其次是人才问题，本村的乡贤以及刚毕业的大学生是可以考虑的重点人群，在我国乡村旅游发展较好的地区已经出现本地人才回流现象，可作为解决人才问题的首要路径；第二条路径是加强社区人员培训，使之可以较好地胜任工作，甚至成长为管理人员；第三条路径是高等级人才与外部机构进行合作是获取的重要途径，外来资本可以带来人才，与咨询公司、高校和科研机构以及各领域人员合作也能获取智力支持，这些人员并不需要从事基层工作，可以弹性、灵活地为乡村服务。在管理层面也需要创新，因为要在原来社区集体以及农户个人经营基础上为游客提供服务，需要分工协作，以正式组织方式运行；社区成员参与经营需要发挥每个人的特长，而且还需要避免恶性竞争，在公平和效率之间要取得较好的平衡，对于不参与经营的社区成员，需要给予一定的股权。依靠原有的党组织和村委会组织进行激励和约束是个可行的办法，在经营方面，个体农户可以组织合作社，进行自律并且进行

合作，村庄整体层面要保持合理的运营架构，在个人和农户层面则适度放权，激发自主创新能力。设计合理的服务流程和特色服务项目，在整个组织贯彻，可以提升服务水平。在城乡融合层面建立乡村与外部资本的利益连接关系，创新利益分配方式，以提供更多和更为优质的产品来共同获取更多利益，带动乡村集体和居民获益。

第二节 政策建议

一、改善美丽乡村建设与乡村记忆旅游产品创新发展条件

近年来，我国十分重视乡村发展，农业农村优先发展的原则以及乡村振兴战略的提出，给乡村建设与乡村记忆旅游发展带来了重大发展机遇，各地在理论和实践层面不断探索适合的路径。国家层面已有的政策以及各类乡村振兴规划，涵盖了美丽乡村建设的多个方面并多次强调旅游在其中的作用，无论在生态修复、人居环境整治、文化保护与繁荣以及农村产业发展中都提出可以与旅游发展相结合。事实上，乡村面临的各种问题较多，仍然需要进一步加大政策扶持并按既定目标落实，尤其要创新市场驱动的乡村振兴模式。村庄分类发展后要充分挖掘新价值、新功能和新业态，应采取以下三项措施：①在新的发展模式方面应适度放松原有的约束条件，奖补先行示范者。②在公共领域，除财政资金外，还要进一步引导多项资金采用公益、市场化运作方式投入美丽乡村建设，沟通城乡，破除二元经济结构藩篱；同时，生态、文化保护和乡村治理也是乡村建设的重要部分，同时是旅游的重要依托资源和发展条件，必须相互结合，创新保护模式和治理模式。③只有利用政府和市场双重手段，调动城乡两方面的积极性，才能达到美丽乡村建设的各项目标，乡村记忆才能够保留，在此基础上的旅游业才能发挥最大效益。以上三个方面，政策已经有初步导向，但仍需要进一步摸索和创新。

二、优化美丽乡村建设与乡村记忆旅游产品创新要素配置

在政策层面，尽管已引导资金、人才、土地资源向乡村流动，但并未改变乡村各种要素稀缺的现象。今后除财政资金继续支持农村外，必须利用乡村现有资源的比较优势，使之能转化为各种发展要素。首先，优先支持乡村社区内生发展，尤其在保护村落和旅游业规模较小的村落，外部资本不适宜介入或者不经

济，这类村庄需要政策进行多方面的支持，将惠农资金整合，派出外部援助力量，结合乡村内部农地、资金、劳动力资源统筹考虑同步进行乡村建设和旅游发展。其次，通过补贴、免税、融资担保等手段扶持适合乡村发展的企业，进一步鼓励大企业利用自身优势支持乡村产业，将取得良好效益者作为履行社会责任的典范，建立双赢的合作模式，目前电商、农产品加工业、旅游资本下乡都有做出较大贡献的例子。政策还要进一步强调乡村价值，盘活乡村各种存量资源并且给予正确的价值评估，采用多样化的补偿手段实现其经济价值，适度开发新业态以及采用新的利用方式进行增值。在目前政策基础上进一步建立城乡联系，促动要素流向乡村具有优势的产业和公共事务，利用乡村记忆旅游强化城乡连接。进一步鼓励各类人才参与到乡村振兴中去，也要发挥旅游研究者和经营者的作用，提供投资对接、志愿服务等多种机会，灵活利用人才为乡村做出各种贡献。在用地、人才、资金方面的政策应该结合具体情况，创新各种乡村特色的利用方式，鼓励各地大胆尝试新做法，保护既有的发展成果并且加快要素流动和合理配置；建立良好的沟通机制，积极总结各地经验教训，做到及时了解情况并且快速解决问题。

三、促进美丽乡村建设与乡村记忆旅游产品创新资源整合

充分认识到美丽乡村建设的全面性和系统性，在适合的村庄发展乡村记忆旅游必须与美丽乡村建设相结合，整合全部资源，达到两者双赢。美丽乡村各方面的建设需要充分保留乡村特色，在建设的同时考虑到乡村记忆产品创新，在绿水青山保护、传统文化保留方面为旅游发展提供基本条件，保护资源免遭破坏，在建设同时还要充分利用这些资源，允许在保护前提下进行旅游开发；投入人力物力、发动社区居民进行人居环境整治，形成舒适的公共空间和私人空间，同时可以为游客提供游憩场所；调动本地居民积极性投入开发当地特色旅游资源，在规划、资金、经营管理方面提供支持，培育各类经营主体，提升组织化水平，提高劳动力素质和文明程度，在产权确定、内部利益分配方面制定合理的制度，兼顾公平与效率，提升社区治理水平以推动旅游企业治理水平提高。

乡村记忆旅游开发需要做好前期论证，无论是外来资本还是社区自主开发，都要平衡生态、社会、经济效益及对美丽村庄建设的整体拉动；旅游业作为乡村可以选择的产业，在产品开发方面尤其要充分挖掘本地各类资源，丰富产品，大众产品开发的同时发展利基产品，在特色化、体验化方面进行提升，采用多元化的营销手段，尽量克服淡季，吸引邻近城市的居民以及附近景区的旅游客源；借

助旅游业开展，社区可以整合资源发展生态农业、手工业，加工业、电子商务、物业管理、建筑业等多样化产业；外来资本也要发挥自己的连接城镇的优势，承担一定的社会责任，尤其关注弱势群体以及乡村未来，增加社区的社会资本；充分利用接待游客的优势，积极发挥游客在各方面的作用，为他们提供帮助乡村发展的机会以及重访、后续购买农产品的机会；政府与研究机构在乡村发展与旅游产品创新方面也要发挥智力帮扶、宣传营销、对口协作等多种作用。总之，必须充分利用本地各种资源，再借助外部力量，进行资源整合，在制度层面进行创新，使之能够更好的耦合协同，减少内耗，最终实现"双赢"。

四、加强美丽乡村建设与乡村记忆旅游产品创新目标协同

自新农村建设启动以来，乡村建设目标相对明确，至乡村振兴战略上升为二十字总要求，"涵盖产业发展、人居环境、乡村文明与治理以及民生"问题。实现这些目标需要调动全社会的积极性，发挥乡村优势，吸纳城市力量，坚持不懈的努力。旅游业发展目标也是多元的，包括经济、社会、文化、环境目标，乡村记忆旅游恰是依托乡村特色优势，吸引城市居民前来旅游，因此制定目标时需要考虑和美丽乡村建设目标进行衔接，发挥在这些目标建设中的积极作用，同时控制负面影响。因此，两者可以在目标体系制定和完成过程中进行整合。

总体来说，旅游业要发挥产业带动作用，尽量减少漏损，拉动一二三产业同步发展，使当地产业更加兴旺；利用生态资源优势通过旅游业转变为经济优势，促进村庄绿化、配套基础设施和公共服务创造良好的、具有乡村特色的管理和服务，达到生态宜居，游客和社区居民可以共享；借助旅游引进先进的城市物质文明和精神文明，与原有的乡村传承文化相互结合，在保持乡村特色基础上进行传承和创新，并且要坚决遏制旅游可能带来的文化庸俗化、商品化、社会风气败坏、道德沦丧等负面影响，促进乡风文明；通过旅游业拉动本地人就业，提高旅游收入，考虑物资、资金折价入股、劳动力、智力报酬、投资、经营、出售农产品等多种方式，使社区居民可以获得多种形式的收入，促进他们脱贫致富，实现生活富裕；利用党支部、村委会正式组织与旅游公司进行合作或进行领导，发挥他们的自治与动员能力，促进合作社等合作组织发展，鼓励乡村旅游经营者和从业者增强自律意识，诚信经营、用心服务，为乡村善治贡献力量。美丽乡村建设完成自身目标是为了当地居民获得较好的生产、生活和生态环境，同时也可以为游客提供他们所需要的、舒适的整体旅游产品。因此各利益主体可以从乡村记忆旅游需求出发，促进基础设施和服务设施不断完善，旅游吸引物不断创新，管理

和服务不断提升，在资源与发展要素方面予以倾斜并在公共服务方面加大供给力度。

第三节 不足之处与未来展望

一、研究的不足之处

本书系统总结了基本理论和国内外已有研究及发展经验，在概念、资源和产品谱系方面进行了界定和说明，采用选择实验法测算了城市居民对乡村目的地特色属性的选择与支付意愿，利用结构方程模型测算了体验的影响因素，并且对典型案例进行了深度剖析，还研究了国家政策文本以及政策需要，并从利益相关者合作的角度对乡村记忆产品质量提升进行了专门研究，最后形成结论。虽然本书对乡村记忆旅游创新相关研究较为全面，但仍存在不足之处，社会经济的发展可能使一些理论并不适用，同样，目前市场变化较快，资源观和产品观可能不完全符合现实市场情况；选择实验法调查并不涉及具体产品；也没有对应关注的年青一代市场予以特别关注；典型案例的选取集中于东部地区，对民族地区和西部地区关注不够；政策研究由于研究者水平有限，有一定的局限性。

二、进一步研究的需要

产品创新问题是任何一种旅游都需要关注的问题，未来需要继续关注消费者行为和市场需求，结合乡村记忆产品开发和创新趋势进行深入研究；本研究对创新主题、协作组织、创新机制的关注较少，对具体产品研究也不够。另外，在乡村振兴战略条件下，两者如何整合城乡资源，加速协同发展也需要进一步探索。

参考文献

[1]Albaladejo Pina I. P. , DíazDelfa M. T. The effects of motivations to go to the country on rural accommodation choice: A hybrid discrete choice model[J]. Tourism Economics, 2021(27): 1484-1507.

[2]Albaladejo Pina I. P. , Díazdelfa M. T. Tourist preferences for rural house stays: Evidence from discrete choice modelling in Spain[J]. Tourism Management, 2009, 30(6): 805-811.

[3]Alexandros A. , Jaffry S. Stated preferences for two Cretan heritage attractions [J]. Annals of Tourism Research, 2005, 32(4): 985-1005.

[4]Allali K. Agricultural landscape externalities, agro-tourism, and rural poverty reduction in Morocco[A]. In: Food and Agriculture Organization of the United Nations (FAO)[C]. 2009, 189-220.

[5]Almeida A. M. M. , Correia A. , Pimpão A. Segmentation by benefits sought: The case of rural tourism in Madeira[J]. Current Issues in Tourism, 2014, 17(9): 813-831.

[6]An W. , Alarcón S. Exploring rural tourism experiences through subjective perceptions: A visual Q approach[J]. Spanish Journal of Agricultural Research, 2020, 18(3): e0108.

[7]An W. , Alarcón S. Rural tourism preferences in Spain: Best-worst choices [J]. Annals of Tourism Research, 2021(89): 103210.

[8]Baltas G. Econometric Models for Discrete Choice Analysis of Travel and Tourism Demand[J]. Journal of Travel & Tourism Marketing, 2007, 21(4): 25-40.

[9]Barke M. Rural tourism in Spain [J]. International Journal of Tourism Research, 2004, 6(3): 137-149.

[10]Barke M. , Newton M. The EU LEADER initiative and endogenous rural development: The application of the programme in two rural areas of Andalusia, Southern Spain[J]. Journal of Rural Studies, 1997, 13(3): 319-341.

[11]Beeton S. Entrepreneurship in rural tourism? Australian Landcare programs as

a destination marketing tool[J]. Journal of Travel Research, 2002, 41(2): 206-209.

[12]Bel F. , Lacroix A. , Lyser S. , Rambonilaza T. , et al. Domestic demand for tourism in rural areas: Insights from summer stays in three French regions[J]. Tourism Management, 2015, 46(2): 562-570.

[13]Blapp M. , Mitas O. Creative tourism in Balinese rural communities[J]. Current Issues in Tourism, 2017, 20(2): 1-27.

[14] Blichfeldt B. S. , Halkier H. Mussels, Tourism and Community Development: A Case Study of Place Branding Through Food Festivals in Rural North Jutland, Denmark[J]. European Planning Studies, 2014, 22(8): 1587-1603.

[15]Bramwell B. Rural tourism and sustainable rural tourism[J]. Journal of Sustainable Tourism, 1994, 2(1-2): 1-6.

[16]Briedenhann J. The role of the public sector in rural tourism: respondents' views[J]. Current Issues in Tourism, 2007, 10(6): 584-607.

[17]Briedenhann J. , Wickens E. Rural tourism—meeting the challenges of the new South Africa [J]. International Journal of Tourism Research, 2004, 6(3): 189-203.

[18] Briedenhann J. , Wickens E. Tourism routes as a tool for the economic development of rural areas: Vibrant hope or impossible dream? [J]. Tourism Management, 2004, 25(1): 71-79.

[19] Brown V. Heritage, tourism and rural regeneration: The heritage regions program in Canada[J]. Journal of Sustainable Tourism, 1996, 4(3): 174-182.

[20]Campbell D, Hutchinson W G, Scarpa R. Using Choice Experiments to Explore the Spatial Distribution of Willingness to Pay for Rural Landscape Improvements [J]. Environment and Planning A, 2009(41): 97-111.

[21]Cánoves G, Villarino M, Priestley G K, et al. Rural tourism in Spain: An analysis of recent evolution[J]. Geoforum, 2004, 35(6): 755-769.

[22] Carneiro M J, Lima J, Silva A L. Landscape and the rural tourism experience: Identifying key elements, addressing potential, and implications for the future[J]. Journal of Sustainable Tourism, 2015, 23(8-9): 1-19.

[23] Carson D A, Carson D B. International lifestyle immigrants and their contributions to rural tourism innovation: Experiences from Sweden's far north[J]. Journal of Rural Studies, 2018(64): 230-240.

[24] Cawley M, Gillmor D A. Integrated rural tourism: Concepts and Practice

［J］. Annals of Tourism Research, 2008, 35(2): 316-337.

［25］Chaminuka P, Groeneveld R A, Selomane A O, et al. Tourist preferences for ecotourism in rural communities adjacent to Kruger National Park: A choice experiment approach［J］. Tourism Management, 2012, 33(1): 168-176.

［26］Chen C F, Chen P C. Research note: Exploring tourists' stated preferences for heritage tourism services-the case of Tainan city, Taiwan［J］. Tourism Economics, 2012(18): 457-464.

［27］Chen S J, Sotiriadis M, Shen S W. The influencing factors on service experiences in rural tourism: An integrated approach ［J］. Tourism Management Perspectives, 2023, 47(2): 101122.

［28］Chia-Jung C, Pei-Chun C. Preferences and Willingness to Pay for Green Hotel Attributes in Tourist Choice Behavior: The Case of Taiwan［J］. Journal of Travel & Tourism Marketing, 2014, 31(8): 937-957.

［29］Choongki L, Jinhyung L, Taekyun K, Mjelde JW. Preferences and willingness to pay for bird-watching tour and interpretive services using a choice experiment［J］. Journal of Sustainable Tourism, 2010, 18(5): 695-708.

［30］Chow W T. Integrating tourism with rural development［J］. Annals of Tourism Research, 1980, 7(4): 584-607.

［31］Christou P A, Pericleous K, Komppula R. Designing and offering legend-based experiences: Perspectives of Santa Claus in the Joulupukin Pajakylä［J］. Annals of Tourism Research, 2023(98): 103519.

［32］Christou P, Farmaki A, Evangelou G, et al. Nurturing nostalgia?: A response from rural tourism stakeholders［J］. Tourism Management, 2018(69): 42-51.

［33］Corinto, G. L. Social tourism and social agriculture for rural development ［J］. Tourism Economics, Autumn, 2013(13): 150-162.

［34］Crotts, J. C., Holland, S. M. Objective indicators of the impact of rural tourism development in the state of Florida［J］. Journal of Sustainable Tourism, 1993, 1(2): 112-120.

［35］Daugstad, K. Negotiating landscape in rural tourism［J］. Annals of Tourism Research, 2008, 35(2): 402-426.

［36］De la Torre, M., Sánchez-Ollero, J. L., Millán, M. Ham Tourism in Andalusia: An Untapped Opportunity in the Rural Environment［J］. Foods, 2022, 11

（15）：2277.

［37］Dellaert B., Borgers A., Timmermans H. A day in the city：Using conjoint choice experiments to model urban tourists' choice of activity packages［J］. Tourism Management, 1995, 16(5)：347-353.

［38］Duim R. V. D., Ren C., Jöhannesson G. T. Ordering, materiality, and multiplicity：Enacting Actor-Network Theory in tourism［J］. Tourist Studies, 2013, 13 (1)：3-20.

［39］Duim V. R. V. D., Caalders J. Tourism Chains and Pro-Poor Tourism Development：An Actor-Network Analysis of a Pilot Project in Costa Rica［J］. Current Issues in Tourism, 2008, 11(2)：109-125.

［40］English B. K. D, Marcouiller D W, Cordell H K. Tourism Dependence in Rural America：Estimates and Effects［J］. Society & Natural Resources, 2000, 13 (3)：185-202.

［41］English, D. B. K., Marc, D. W. Tourism dependence in rural america：Estimates and effects［J］. Society & Natural Resources, 2000, 13(3)：185-202.

［42］Epuran, G., Tescasiu, B., Tecau, A. S., Ivasciuc, I. S., Candrea, A. N. Permaculture and Downshifting-Sources of Sustainable Tourism Development in Rural Areas［J］. Sustainability, 2021(13)：13230.

［43］Eusébio, Celeste, Carneiro, M. J., Kastenholz, E., et al. Who is consuming the countryside? an activity-based segmentation analysis of the domestic rural tourism market in Portugal［J］. Journal of Hospitality and Tourism Management, 2017(31)：197-210.

［44］Fernandez-Villaran, A., Rivera-García, J., Pastor-Ruiz, R. Disintermediation and the role of DMCs：A new management strategy in rural tourism ［J］. European Journal of Innovation Management, 2022, 27(4)：1206-1224.

［45］Fichter, T., Román, C. Rural tourism activities in mass tourism destinations：Residents vs non-residents perspectives［J］. Tourism Review, 2023, 78 (3)：778-793.

［46］Fleischer A, Felsenstein D. Support for rural tourism does it make a difference? ［J］. Annals of Tourism Research, 2000, 27(4)：1007-1024.

［47］Fleischer A, Pizam A. Rural tourism in Israel［J］. Tourism Management, 1997, 18(6)：367-372.

［48］Fleischer A., Felsenstein D. Support for rural tourism：Does it make a difference? [J]. Annals of Tourism Research, 2000(27): 1007-1024.

[49]Fong, S. F., Lo, M. C., Songan, P., et al. Self-efficacy and sustainable rural tourism development: Local communities' perspectives from kuching, sarawak [J]. Asia Pacific Journal of Tourism Research, 2017, 22(2): 1-13.

[50] Frisvoll, S. Conceptualising authentication of ruralness [J]. Annals of Tourism Research, 2013, 43(7): 272-296.

[51]Frost, Warwick, Laing, et al. Fictional media and imagining escape to rural villages[J]. Tourism Geographies, 2014, 16(2): 207-220.

[52] Fusté-Forné, F., Cerdan, L. A land of cheese: From food innovation to tourism development in rural Catalonia[J]. Journal of Tourism and Cultural Change, 2021, 19(2): 166-183.

[53]Gannon, A, Bramwell, B., & Lane, B. Rural Tourism as a Factor in Rural Community Economic Development for Economies in Transition [J]. Journal of Sustainable Tourism, 1994, 2(1-2): 51-60.

[54]Gao, C. L., & Cheng, L. Tourism-Driven Rural Spatial Restructuring in the Metropolitan Fringe: An Empirical Observation[J]. Land Use Policy, 2020, 95 (1): 104609.

[55]Gao, J., & Wu, B. Revitalizing Traditional Villages through Rural Tourism: A Case Study of Yuanjia Village, Shaanxi Province, China[J]. Tourism Management, 2017(63): 223-233.

[56]Gao, J., Barbieri, C., & Valdivia, C. Agricultural Landscape Preferences: Implications for Agri-Tourism Development[J]. Journal of Travel Research, 2014, 53 (3): 366-379.

[57]Garcia-Ramon M D, Canoves G, Valdovinos N. Farm tourism, gender and the environment in Spain[J]. Annals of Tourism Research, 1995, 22(2): 267-282.

[58] Garrod, B., Wornell, R., & Youell, R. Re-Conceptualising Rural Resources as Countryside Capital: The Case of Rural Tourism[J]. Journal of Rural Studies, 2006, 22(1): 117-128.

[59]Gartner, W. C. Rural Tourism Development in the USA[J]. International Journal of Tourism Research, 2004, 6(3): 151-164.

[60]Getz, D. Tourism and Rural Settlement Policy[J]. Scottish Geographical Journal, 1981, 97(3): 158-168.

[61]Getz, D., & Jamal, T. B. The Environment-Community Symbiosis: A Case

for Collaborative Tourism Planning[J]. Journal of Sustainable Tourism, 1994, 2(3): 152-173.

[62]Ghaderi, Z., & Henderson, J. C. Sustainable Rural Tourism in Iran: A Perspective from Hawraman Village[J]. Tourism Management Perspectives, 2012(2-3): 47-54.

[63]González, X. A. R., & Roget, F. M. Rural Tourism Demand in Galicia, Spain[J]. Tourism Economics: The Business and Finance of Tourism and Recreation, 2006, 12(1): 21-31.

[64]Gordan, C., Mary, C. Measuring integrated rural tourism[J]. Tourism Geographies, 2007, 9(4): 371-386.

[65]Grafeld, S., Oleson, K., Barnes, M., et al. Divers' Willingness to Pay for Improved Coral Reef Conditions in Guam: An Untapped Source of Funding for Management and Conservation? [J]. Ecological Economics, 2016(128): 202-213.

[66]Gramzow, A. Experience with Endogenous Rural Development Initiatives and the Prospects for Leader+ in the Region Dolina Strugu, Poland[D]. Discussion Paper, Institute of Agricultural Development in Central and Eastern Europe, No. 89. Leibniz-Institut für Agrarentwicklung in Mittel- und Osteuropa (IAMO). Halle (Saale), 2005.

[67]Gray, H. P. Tourism in Japan[J]. Annals of Tourism Research, 1981(8): 292-293.

[68]Greffe, X. Is Rural Tourism a Lever for Economic and Social Development? [J]. Journal of Sustainable Tourism, 1994, 2(1-2): 22-40.

[69]Gronau, S., Winter, E., & Grote, U. Modelling Nature-Based Tourism Impacts on Rural Development and Conservation in Sikunga Conservancy, Namibia[J]. Development Southern Africa, 2017, 34(3): 1-19.

[70]Guiver, J., Lumsdon, L., Weston, R., et al. Do Buses Help Meet Tourism Objectives? The Contribution and Potential of Scheduled Buses in Rural Destination Areas[J]. Transport Policy, 2007, 14(4): 275-282.

[71]Hammitt W. E., Backlund E. A., Bixler R. D. Experience use history, place bonding and resource substitution of trout anglers during recreation engagements [J]. Journal of Leisure Research, 2004, 36(3): 356-378.

[72]He J, Li H, Wang Q. Rural Tourism in China[J]. Tourism Management, 2013, 32(6): 1438-1441.

[73]Heckman J J, Singer B. A Method of Minimizing the Distributional Impact in

Econometric Models for Duration Data[J]. Econometrica, 1984, 52(2): 271-320.

[74]Hensher D. A., Rose J. M., Greene W. H. Applied choice analysis (Second Edition)[M]. Cambridge: Cambridge University Press, 2015: 456.

[75]Hernández Maestro R. M., Muñoz Gallego P. A., Santos Requejo L. The moderating role of familiarity in rural tourism in Spain[J]. Tourism Management, 2007, 28(4): 951-964.

[76]Hindsley P, Mcevoy D M, Morgan O A, et al. Consumer Demand for Ethical Products and the Role of Cultural Worldviews: The Case of Direct-Trade Coffee [J]. Ecological Economics, 2020(177): 106776.

[77] Hjalager A. M. Agricultural diversification into tourism: Evidence of a European Community development programme[J]. Tourism Management, 1996, 17 (2): 103-111.

[78]Hjalager A. M. Sustainable leisure life modes and rural welfare economy. The case of the Randers Fjord area, Denmark [J]. International Journal of Tourism Research, 2010, 6(3): 177-188.

[79]Hodges M. Disciplining memory: Heritage tourism and the temporalisation of the built environment in rural France[J]. International Journal of Heritage Studies, 2009, 15(1): 76-99.

[80]Huang W. J., Beeco J. A., Hallo J. C., et al. Bundling attractions for rural tourism development[J]. Journal of Sustainable Tourism, 2016, 24(10): 1387-1402.

[81]Huang Y. H., Stewart W. P. Rural tourism development: Shifting basis of community solidarity[J]. Journal of Travel Research, 1996, 34(4): 26-31.

[82]Hudečková H., Ševčíková A. The Renewal of the Rural Cultural Heritage of the Czech Republic with the Support of Regional Policy[J]. Agricultural Economics-Czech, 2007, 53(11): 505-512.

[83] Huybers T. Domestic tourism destination choices—A choice modelling analysis[J]. International Journal of Tourism Research, 2003, 5(6): 445-459.

[84]Hwang J. H., Lee S. W. The effect of the rural tourism policy on non-farm income in south korea[J]. Tourism Management, 2015(46): 501-513.

[85]Ilbery B., Saxena G., et al. Exploring tourists and gatekeepers' attitudes towards integrated rural tourism in the England - Wales border region[J]. Tourism Geographies, 2007, 9(4): 441-468.

[86] Jacobs L., Du Preez E. A., Fairer - Wessels F. To wish upon a star:

Exploring Astro Tourism as vehicle for sustainable rural development[J]. Development Southern Africa, 2019, 37(1): 87-104.

[87] Jennings G., Weiler B. Mediating Meaning: Perspectives on Brokering Quality Tourism Experiences [M]//Quality Tourism Experiences. Eds. Oxford: Elsevier Butterworth- Heinemann, 2006.

[88] Jóhannesson G. T. Tourism translations: Actor-Network Theory and tourism research[J]. Tourist Studies, 2005, 5(2): 133-150.

[89] Jung H. Valuing Amenity attributes of Farm Village using Choice Experiment: Valuing Rurality[J]. Journal of Korean Society of Rural Planning, 2014, 20(4): 243-252.

[90] Kastenholz, E., Carneiro M. J., Marques, C. P., et al. The dimensions of rural tourism experience: Impacts on arousal, memory, and satisfaction[J]. Journal of Travel & Tourism Marketing, 2017(4): 1-13.

[91] Kim, D., Perdue, R. R. The effects of cognitive, affective, and sensory attributes on hotel choice[J]. International Journal of Hospitality Management, 2013 (35): 246-257.

[92] Kim, M. Determinants of rural tourism and modeling rural tourism demand in Korea[D]. Michigan State University, 2005.

[93] Kim, S., Jamal, T. The co-evolution of rural tourism and sustainable rural development in Hongdong, Korea: Complexity, conflict and local response[J]. Journal of Sustainable Tourism, 2015, 23(8-9): 1363-1385.

[94] Koscak, M. Integral development of rural areas, tourism and village renovation, Trebnje, Slovenia[J]. Tourism Management, 1998, 19(1): 81-85.

[95] Lancaster, K. A new approach to consumer theory[J]. Journal of Political Economy, 1966, 72(2): 132-157.

[96] Lane, B. What is rural tourism? [J]. Journal of Sustainable Tourism, 1994, 2(1): 7-21.

[97] Lane, B., Kastenholz, E. Rural tourism: The evolution of practice and research approaches-towards a new generation concept? [J]. Journal of Sustainable Tourism, 2015, 23(8-9): 1133-1156.

[98] Lee, H. J., Wall, G., et al. Creative food clusters and rural development through place branding: Culinary tourism initiatives in Stratford and Muskoka, Ontario, Canada[J]. Journal of Rural Studies, 2015(39): 133-144.

[99]Lee, J. K. , Thomson, J. The promotion of rural tourism in Korea and other East Asia countries: Policies and implementation[C]//Poster paper for the 26th Conference of the International Association of Agricultural Economists (IAAE). Gold Coast, Australia: IAAE, 2006: 1-14.

[100]Lee, M. K. , Yoo, S. H. Using a choice experiment (CE) to value the attributes of cruise tourism[J]. Journal of Travel & Tourism Marketing, 2015, 32(4): 416-427.

[101]Lee, Y. Creating memorable experiences in a reuse heritage site[J]. Annals of Tourism Research, 2015(55): 155-170.

[102]León, Y. M. The impact of tourism on rural livelihoods in the Dominican Republic's coastal areas[J]. Journal of Development Studies, 2007, 43(2): 340-359.

[103]Liu, J. , Nijkamp, P. , et al. Urban-rural imbalance and Tourism-Led Growth in China[J]. Annals of Tourism Research, 2017(64): 24-36.

[104]Lopez-Feldman, A. DOUBLEB: Stata module to compute Contingent Valuation using Double-Bounded Dichotomous Choice[EB/OL]. (2013-02-13) [2021-02-13]. SSC, Boston College Department of Economics, https://econpapers. repec. org/scripts/search. pf? ft=doubleb.

[105]Lwoga, N. B. , Maturo, E. Motivation-based segmentation of rural tourism market in African villages[J]. Development Southern Africa, 2020, 37(5): 773-790.

[106]MacCannell, D. Staged authenticity: Arrangements of social space in tourist settings[J]. The American Journal of Sociology, 1973, 3: 589-603.

[107]MacDonald R. , Jolliffe L. Cultural rural tourism: Evidence from Canada [J]. Annals of Tourism Research, 2003, 30(2): 307-322.

[108]Mair H. Global restructuring and local responses: Investigating rural tourism policy in two Canadian communities[J]. Current Issues in Tourism, 2006, 9(1): 1-45.

[109]Mariel P, Khan M A, Meyerhoff J. Valuing individuals' preferences for air quality improvement: Evidence from a discrete choice experiment in South Delhi[J]. Economic Analysis and Policy, 2022, 74: 432-447.

[110]Mark S. , Rosenbaum Carolyn A. , Massiah. When customers receive support from other customers: exploring the influence of intercustomer social support on customer voluntary performance[J]. Journal of Service Research, 2007, 9(3):

257-270.

[111] Marzonavarro M., Pedrajaiglesias M., Vinzón L. Key variables for developing integrated rural tourism[J]. Tourism Geographies, 2017, 19(3): 1-20.

[112] Matarrita - Cascante D. BEYOND GROWTH: Reaching Tourism - Led Development[J]. Annals of Tourism Research, 2010, 37(4): 1141-1163.

[113] McFadden D., Train K. Mixed MNL models of discrete choice response [J]. Journal of Applied Econometrics, 2000(15): 447-470.

[114] Mcgehee N G, Knollenberg W, Komorowski A. The central role of leadership in rural tourism development: A theoretical framework and case studies[J]. Journal of Sustainable Tourism, 2015, 23(8-9): 1277-1297.

[115] Mitchell C. J. A., Shannon M. Exploring cultural heritage tourism in rural Newfoundland through the lens of the evolutionary economic geographer[J]. Journal of Rural Studies, 2018(59): 21-34.

[116] Molera L., Pilar Albaladejo I. Profiling segments of tourists in rural areas of South-Eastern Spain[J]. Tourism Management, 2007, 28(3): 757-767.

[117] Morley C. L. Experimental destination choice analysis [J]. Annals of Tourism Research, 1994, 21(4): 780-791.

[118] Morosi J., Amarilla B., Conti A., Contin M. Estancias of Buenos Aires Province, Argentina: Rural heritage, sustainable development and tourism [J]. International Journal of Heritage Studies, 2008, 14(6): 589-594.

[119] Murdoch J. Networks-a new paradigm of rural development? [J]. Journal of Rural Studies, 2000, 16(4): 407-419.

[120] Murphy A., Williams P. W. Attracting Japanese tourists into the rural hinterland: Implications for rural development and planning[J]. Tourism Management, 1999, 20(4): 487-499.

[121] Neba N. E. Developing rural tourism as an alternative strategy for poverty alleviation in protected areas: Example of Oku, Cameroon [J]. International NGO Journal, 2010, 5(2): 50-58.

[122] Nematpour M., Masood K. Farm tourism as a driving force for socioeconomic development: a benefits viewpoint from Iran[J]. Current Issues in Tourism, 2021, 24 (2): 247-263.

[123] Nogueira S., Pinho J. C. Stakeholder Network Integrated Analysis: The Specific Case of Rural Tourism in the Portuguese Peneda-Gerês National Park[J].

International Journal of Tourism Research, 2014, 17(4): 325-336.

[124] Novak T., Hoffman D., Yung Y. Measuring Online the Customer Experience in A Structural Environments: Modeling Approach[J]. Marketing Science, 2000, 19(1): 22-42.

[125]Obenour W., Patterson M., Pedersen P. M., Pearson L. Conceptualization of a meaning-based research approach for tourism service experiences [J]. Tourism Management, 2006(1): 34-41.

[126]Odendal A., Schoeman G. Tourism and rural development in Maputaland: A case-study of the Kosi Bay area[J]. Development Southern Africa, 1990(7): 195-207.

[127] Oh H., Fiore A. M., Jeoung M. Measuring experience economy concepts: Tourism applications[J]. Journal of Travel Research, 2007, 46(2): 119-132.

[128] Ohe Y. Evaluating integrated on-farm tourism activity after rural road inauguration-the case of pick-your-own fruit farming in Gunma, Japan[J]. Tourism Economics, 2010, 16(3): 731-753.

[129] Okubo K, Gardebroek C, Heijman W. The economic value and roles of rural festivals in Japan[J]. Tourism Economics, 2014, 20(5): 1125-1132.

[130]Oliver T., Jenkins T. Sustaining Rural Landscapes: The role of integrated tourism[J]. Landscape Research, 2003, 28(3): 293-307.

[131]Oppermann M. Rural tourism in southern Germany[J]. Annals of Tourism Research, 1996, 23(1): 86-102.

[132]Pan H Y, Chen M H, Shiau W L. Exploring post-pandemic struggles and recoveries in the rural tourism based on Chinese situation: a perspective from the IAD framework[J]. Journal of Hospitality and Tourism Technology, 2022, 13(1): 120-139.

[133] Paniagua A. Urban-rural migration, tourism entrepreneurs and rural restructuring in Spain[J]. Tourism Geographies, 2002, 4(4): 349-371.

[134]Park D, Lee H, Yoon Y S. Understanding the Benefit Sought by Rural Tourists and Accommodation Preferences: A South Korea Case [J]. International Journal of Tourism Research, 2014, 16(3): 291-302.

[135]Perales R M Y. Rural tourism in Spain[J]. Annals of Tourism Research, 2002, 29(4): 1101-1110.

[136] Pesonen J A. Segmentation of rural tourists: Combining push and pull motivations[J]. Tourism & Hospitality Management, 2012, 18(1): 69-82.

[137] Petrick M. Reversing the rural race to the bottom: an evolutionary model of neo-endogenous rural development[J]. European Review of Agricultural Economics, 2013, 40(4): 707-735.

[138] Petroman C, Mirea A, Lozici A, Constantin E C, Marin D, Merce I. The Rural Educational Tourism at the Farm[J]. Procedia Economics and Finance, 2016 (39): 88-93.

[139] Petrou A, Fiallo E, Dimare E, Skuras D. Resources and activities complementarities: the role of business networks in the provision of integrated rural tourism[J]. Tourism Geographies, 2007, 9(4): 421-440.

[140] Phillips A, Tubridy M. New supports for heritage tourism in rural Ireland [J]. Journal of Sustainable Tourism, 1994, 2(1-2): 112-129.

[141] Pilving T, Kull T, Suškevics M, et al. The tourism partnership life cycle in Estonia: Striving towards sustainable multisectoral rural tourism collaboration [J]. Tourism Management Perspectives, 2019, 31: 219-230.

[142] Polo Peña A I, Frías Jamilena D M, Molina M A R. The effect of a destination branding strategy for rural tourism on the perceived value of the conservation of the indigenous resources of the rural tourism destination: the case of Spain [J]. Current Issues in Tourism, 2013, 16(2): 129-147.

[143] Qu M, McCormick A D, Funck C. Community resourcefulness and partnerships in rural tourism[J]. Journal of Sustainable Tourism, 2022, 30(10): 2371-2390.

[144] Qu M, Zollet S. Neo-endogenous revitalisation: Enhancing community resilience through art tourism and rural entrepreneurship[J]. Journal of Rural Studies, 2023, 97(3): 105-114.

[145] Reichel A, Lowengart O, Milman A. Rural tourism in Israel: Service quality and orientation[J]. Tourism Management, 2000, 21(5): 451-459.

[146] Rodríguez-Entrena M, Colombo S, Arriaza M. The landscape of olive groves as a driver of the rural economy[J]. Land Use Policy, 2017(65): 164-175.

[147] Román C, Martín J C. Hotel attributes: Asymmetries in guest payments and gains-A stated preference approach[J]. Tourism Management, 2016(52): 488-497.

[148] Romeiro P, Costa C. The potential of management networks in the

innovation and competitiveness of rural tourism: A case study on the Valle del Jerte (Spain) [J]. Current Issues in Tourism, 2010, 13(1): 75-91.

[149] Rosenbaum, Massiah. When customers receive support from other customers: Exploring the influence of inter - customer social support on customer voluntary performance [J]. Journal of Service Research, 2007, 9(3): 257- 270.

[150] Rugg D. The Choice of Journey Destination: A Theoretical and Empirical Analysis [J]. Review of Economics & Statistics, 1973, 55(1): 64-72.

[151] Saarinen J. Contradictions of rural tourism initiatives in rural development contexts: Finnish rural tourism strategy case study [J]. Current Issues in Tourism, 2007, 10(1): 96-105.

[152] Salvatore R, Chiodo E, Fantini A. Tourism transition in peripheral rural areas: Theories, issues and strategies [J]. Annals of Tourism Research, 2018(68): 41-51.

[153] Sangkyun K, Iwashita C. Cooking identity and food tourism: The case of Japanese udon noodles [J]. Tourism Recreation Research, 2016, 41(1): 89-100.

[154] Sardaro R, La Sala P, De Pascale G, Faccilongo N. The conservation of cultural heritage in rural areas: Stakeholder preferences regarding historical rural buildings in Apulia, southern Italy [J]. Land Use Policy, 2021, 109 (Suppl 2): 105662.

[155] Saxena G, Clark G, Oliver T, Ilbery B. Conceptualizing integrated rural tourism [J]. Tourism Geographies, 2007, 9(4): 347-370.

[156] Sayadi S, González-Roa M C, Calatrava-Requena J. Public preferences for landscape features: The case of agricultural landscape in mountainous Mediterranean areas [J]. Land Use Policy, 2009, 26(2): 334-344.

[157] Seddighi H R, Theocharous A L. A model of tourism destination choice: A theoretical and empirical analysis [J]. Tourism Management, 2002, 23(5): 475-487.

[158] Sharp J S, Agnitsch K, Ryan V, Flora J. Social infrastructure and community economic development strategies: The case of self - development and industrial recruitment in rural Iowa [J]. Journal of Rural Studies, 2002, 18(4): 405-417.

[159] Sharpley R, Craven B. The 2001 Foot and Mouth Crisis-rural economy and tourism policy implications: A Comment [J]. Current Issues in Tourism, 2001, 4(6): 527-537.

[160]Sharpley R, Vass A. Tourism, farming and diversification: An attitudinal study[J]. Tourism Management, 2006, 27(5): 1040-1052.

[161]Sharpley R. Flagship attractions and sustainable rural tourism development: The case of the Alnwick Garden, England[J]. Journal of Sustainable Tourism, 2007, 15(2): 125-143.

[162]Sharpley R. Rural tourism and the challenge of tourism diversification: The case of Cyprus[J]. Tourism Management, 2002, 23(3): 233-244.

[163]Shrestha R K, Decosta P L. Developing dynamic capabilities for community collaboration and tourism product innovation in response to crisis: Nepal and COVID-19 [J]. Journal of Sustainable Tourism, 2023, 31(1): 168-186.

[164]Silva L, Prista M. Social differentiation in the consumption of a pastoral idyll through tourist accommodation: Two Portuguese cases [J]. Journal of Rural Studies, 2016(43): 183-192.

[165]Soulard J, Park J, Zou S W. Pride in Transformation: A Rural Tourism Stakeholder View[J]. Journal of Travel Research, 2024, 63(1): 80-99.

[166]Spilková J, Fialová D. Culinary tourism packages and regional brands in Czechia[J]. Tourism Geographies, 2013, 15(2): 177-197.

[167]Stronza A L. The effects of tourism development on rural livelihoods in the Okavango Delta, Botswana[J]. Journal of Sustainable Tourism, 2010, 18(5): 635-656.

[168]Su M, Wall G, Wang Y, Jin M. Livelihood sustainability in a rural tourism destination-Hetu Town, Anhui Province, China [J]. Tourism Management, 2019 (71): 272-281.

[169]Tanase M O, Nistoreanu P, Dina R, Georgescu B, Nicula V, Mirea C N. Generation Z Romanian Students' Relation with Rural Tourism-An Exploratory Study [J]. Sustainability, 2023, 15(10): 8166.

[170]Tolstad H K. Development of rural-tourism experiences through networking: An example from Gudbrandsdalen, Norway[J]. Norsk Geografisk Tidsskrift-Norwegian Journal of Geography, 2014, 68(2): 111-120.

[171]Turnock D. Sustainable Rural Tourism in the Romanian Carpathians[J]. Geographical Journal, 1999, 165(2): 192-199.

[172]Turnock D. Tourism in Romania: Rural planning in the Carpathians[J]. Annals of Tourism Research, 1990(17): 79-102.

［173］Van Zanten B T, Zasada I, Koetse M J, Ungaro F, Verburg P H. A comparative approach to assess the contribution of landscape features to aesthetic and recreational values in agricultural landscapes［J］. Ecosystem Services, 2016(17): 87–98.

［174］Vanslembrouck I, Huylenbroeck G V, Meensel J V. Impact of agriculture on rural tourism: a hedonic pricing approach［J］. Journal of Agricultural Economics, 2010, 56(1): 17–30.

［175］Velvin J, Kvikstad T M, Drag E, Krogh E. The impact of second home tourism on local economic development in rural areas in Norway ［J］. Tourism Economics, 2013, 19(3): 689–705.

［176］Wheeler F, Frost W, Weiler B. Destination Brand Identity, Values, and Community: A Case Study from Rural Victoria, Australia［J］. Journal of Travel & Tourism Marketing, 2011, 28(1): 13–26.

［177］Willis K G. Assessing visitor preferences in the management of archaeological and heritage attractions: A case study of Hadrian's Roman Wall［J］. International Journal of Tourism Research, 2010, 11(5): 487–505.

［178］Wilson S, Fesenmaier D R, et al. Factors for success in rural tourism development［J］. Journal of Travel Research, 2001, 40(2): 132–138.

［179］Xue L, Kerstetter D, Hunt C. Tourism development and changing rural identity in China［J］. Annals of Tourism Research, 2017(66): 170–182.

［180］Yang J, Yang R, Chen M H, Su J, Xi J. Effects of rural revitalization on rural tourism［J］. Journal of Hospitality and Tourism Management, 2021, 47(4): 35–45.

［181］Yang X, Xu H. Producing an ideal village: Imagined rurality, tourism and rural gentrification in China［J］. Journal of Rural Studies, 2022, 96(5): 1–10.

［182］Yang Z, Cai J, Sliuzas R. Agro-tourism enterprises as a form of multi-functional urban agriculture for peri-urban development in China ［J］. Habitat International, 2010, 34(4): 374–385.

［183］Ying T, Zhou Y. Community, governments and external capitals in China's rural cultural tourism: A comparative study of two adjacent villages［J］. Tourism Management, 2007, 28(1): 96–107.

［184］Zeng B, Ryan C. Assisting the poor in China through tourism development: A review of research［J］. Tourism Management, 2012, 33(2): 239–248.

[185]Zhang L., Zhang J. Perception of small tourism enterprises in Lao PDR regarding social sustainability under the influence of social network[J]. Tourism Management, 2018(69): 109-120.

[186]Zhou L. Online rural destination images: Tourism and rurality[J]. Journal of Destination Marketing & Management, 2014, 3(4): 227-240.

[187]Zhou L., Chan E., Song H. Social capital and entrepreneurial mobility in early-stage tourism development: A case from rural China[J]. Tourism Management, 2017(63): 338-350.

[188]Zhu Z., Wang R., Hu J. The elements identification and model construction of rural tourism experience based on user-generated content [EB/OL]. Environment, Development and Sustainability, 2023, Available: https://doi.org/ 10. 1007/s10668-023-03728-6 [Accessed: 02 January 2024].

[189]Zou T., Huang S., Ding P. Toward a community-driven development model of rural tourism: The Chinese experience[J]. International Journal of Tourism Research, 2014, 16(3): 261-271.

[190]白凯. 乡村旅游地场所依赖和游客忠诚度关联研究——以西安市长安区"农家乐"为例[J]. 人文地理, 2010(4): 120-125.

[191]财政部. 关于开展田园综合体建设试点工作的通知[EB/OL]. [2017-06-01]. http://www. mof. gov. cn/mofhome/guojianongcunzonghekaifa/zhengwuxinxi/zhengcefabu/xiangmuguanlilei/201706/t20170601_ 2613307. html.

[192]陈吉元, 胡必亮. 中国的三元经济结构与农业剩余劳动力转移[J]. 经济研究, 1994(4): 16-24.

[193]陈佳, 张丽琼, 杨新军, 李钢. 乡村旅游开发对农户生计和社区旅游效应的影响——旅游开发模式视角的案例实证[J]. 地理研究, 2017, 36(9): 1709-1724.

[194]陈可石, 娄倩, 卓想. 德国、日本与我国台湾地区乡村民宿发展及其启示[J]. 开发研究, 2016, 183(2): 163-167.

[195]陈秋红. 美丽乡村建设的困境摆脱: 三省例证[J]. 改革, 2017(11): 100-103.

[196]陈燕纯, 杨忍, 王敏. 基于行动者网络和共享经济视角的乡村民宿发展及空间重构——以深圳官湖村为例[J]. 地理科学进展, 2018, 37(5): 718-730.

[197]陈英华, 杨学成. 农村产业融合与美丽乡村建设的耦合机制研究[J].

中州学刊，2017(8)：35-39.

[198]陈昭玖，周波，唐卫东．韩国新村运动的实践及对我国新农村建设的启示[J]．农业经济问题，2007(2)：150-155.

[199]陈志永，李乐京，李天翼．郎德苗寨社区旅游：组织演进、制度建构及其增权意义[J]．旅游学刊，2013，28(6)：75-86.

[200]陈志永，李乐京，梁涛．利益相关者理论视角下的乡村旅游发展模式研究——以贵州天龙屯堡四位一体的乡村旅游模式为例[J]．经济问题探索，2008(7)：106-114.

[201]程励．生态旅游脆弱区利益相关者和谐发展研究[M]．成都：四川大学出版社，2008：30-48.

[202]储德平，黄成昆．旅游发展背景下乡村自我绅士化的过程与机制——以陕西袁家村为例[J]．地理研究，2023，42(7)：1856-1873.

[203]戴斌．旅游产业发展的国家战略与中国旅游学人的历史使命[J]．旅游学刊，2010，25(2)：6-8.

[204]单浩杰．呼和浩特市居民乡村旅游需求的实证研究[J]．干旱区资源与环境，2015，29(5)：203-208.

[205]党国英．城乡一体化发展要义[M]．杭州：浙江大学出版社，2016：49.

[206][美]道格拉斯·诺斯．经济变迁的过程[J]．经济学(季刊)，2002(3)：797-802.

[207]道格拉斯·诺斯，路平，何玮．新制度经济学及其发展[J]．经济社会体制比较，2002(5)：5-10.

[208]刁宗广．中国乡村休闲旅游的兴起、发展和建设刍议[J]．中国农村经济，2006(11)：63-67.

[209]丁晓燕，孔静芬．乡村旅游发展的国际经验及启示[J]．经济纵横，2019(4)：79-85.

[210]董培海，李伟．旅游、现代性与怀旧——旅游社会学的理论探索[J]．旅游学刊，2013，28(4)：111-120.

[211]杜春林，孔珺．"慢城"何以"快干"：乡村旅游产业振兴的多元共治路径[J]．西北农林科技大学学报(社会科学版)，2021，21(2)：80-90.

[212]杜辉．在国家叙事与地方叙事之间——英国北约克郡乡村博物馆实践[J]．东南文化，2017(6)：91-96.

[213]杜江，向萍．关于乡村旅游可持续发展的思考[J]．旅游学刊，1999

(1)：15-18.

[214]范钧．顾客参与对顾客满意和顾客公民行为的影响研究[J]．商业经济与管理，2011，1(1)：68-75.

[215]冯淑华，沙润．乡村旅游的乡村性测评模型：以江西婺源为例[J]．地理研究，2007(3)：616-624.

[216]盖媛瑾，陈志永，杨桂华．民族村寨景区化发展中自组织模式及其优化研究——贵州郎德苗寨的案例[J]．黑龙江民族丛刊，2016(6)：56-71.

[217]高春凤．自组织理论下的农村社区发展研究[M]．北京：中国农业大学出版社，2009：7.

[218]葛学峰，武春友．乡村旅游偏好差异测量研究：基于离散选择模型[J]．旅游学刊，2010(1)：48-52.

[219]古红梅．乡村旅游发展与构建农村居民利益分享机制研究——以北京市海淀区西北部地区旅游业发展为例[J]．旅游学刊，2012(1)：26-30.

[220]顾小玲．农村生态建筑与自然环境的保护与利用——以日本岐阜县白川乡合掌村的景观开发为例[J]．建筑与文化，2013(3)：91-92.

[221]郭华．乡村旅游社区利益相关者管理研究——基于制度变迁的视角[M]．广州：暨南大学出版社，2010：75-87.

[222]郭明哲．行动者网络理论(ANT)[D]．复旦大学，2008.

[223]郭世奇，王崑，孙雅然．乡村振兴背景下乡村旅游代际活动项目开发策略研究[J]．北方园艺，2020(19)：160-168.

[224]郭艳军，刘彦随，李裕瑞．农村内生式发展机理与实证分析——以北京市顺义区北郎中村为例[J]．经济地理，2012，32(9)：114-119.

[225]国务院发展研究中心课题组．农民自组织的成长与约束[J]．管理世界，1994(6)：170-176.

[226]国务院发展研究中心农村部课题组，叶兴庆，徐小青．从城乡二元到城乡一体——我国城乡二元体制的突出矛盾与未来走向[J]．管理世界，2014(9)：1-12.

[227][德]哈肯·H. 协同学：自然成功的奥秘[M]．戴鸣钟，译．上海：上海科学普及出版社，1988：4-6.

[228][德]哈肯·H. 信息与自组织——复杂系统中的宏观方法[M]．郭治安等，译．成都：四川教育出版社，1988：28-29.

[229]韩俊．农村新产业新业态的发展[J]．中国金融，2017(3)：19-21.

[230][日]河本英夫．第三代系统论：自生系统论[M]．郭连友，译．北

京：中央编译出版社，2016：17.

[231]何成军，李晓琴，曾诚. 乡村振兴战略下美丽乡村建设与乡村旅游耦合发展机制研究[J]. 四川师范大学学报(社会科学版)，2019(46)：101-109.

[232]何景明，李立华. 关于乡村旅游概念的探讨[J]. 西南大学学报(社会科学版)，2002，28(5)：125-128.

[233]何景明. 西方国家乡村旅游发展：政策的维度[J]. 西南民族大学学报(人文社科版)，2010，31(6)：205-208.

[234]何临昌. 开发贵州山区的先锋经济——浅谈旅游业的社会效益和经济效益[J]. 中国农村经济，1986(8)：40-44.

[235]何艺玲. 如何发展社区生态旅游？——泰国 Huay Hee 村社区生态旅游(CBET)的经验[J]. 旅游学刊，2002，17(6)：57-60.

[236]贺爱琳，杨新军. 乡村旅游发展对农户生计的影响——以秦岭北麓乡村旅游地为例[J]. 经济地理，2014，34(12)：174-181.

[237]贺斐. 消费需求变化背景下乡村旅游产业的发展模式[J]. 农业经济，2020(11)：143-144.

[238]胡鞍钢，马伟. 现代中国经济社会转型：从二元结构到四元结构(1949—2009)[J]. 清华大学学报(哲学社会科学版)，2012(1)：16-29.

[239]胡宪洋，保继刚. 乡村旅游景观特质网络演进的蒋巷村案例[J]. 地理研究，2016，35(8)：1561-1575.

[240]胡向东，王晨，王鑫. 国家农业综合开发田园综合体试点项目分析[J]. 农业经济问题，2018(2)：86-93.

[241]胡月，田志宏. 如何实现乡村的振兴？——基于美国乡村发展政策演变的经验借鉴[J]. 中国农村经济，2019(3)：128-144.

[242]黄进. 乡村旅游的市场需求初探[J]. 旅游论坛，2002，13(3)：84-87.

[243]黄向，吴亚云. 地方记忆：空间感知基点影响地方依恋的关键因素[J]. 人文地理，2013(6)：49-54.

[244]黄祖辉，胡伟斌. 推进乡村有机更新实现乡村价值再造[J]. 浙江经济，2019(13)：11-13.

[245]黄祖辉，马彦丽. 再论以城市化带动乡村振兴[J]. 农业经济问题，2020(9)：9-15.

[246]季玉群. 旅游业经济-文化协同论[M]. 南京：东南大学出版社，2011：7.

[247]金川，冯学钢．基于文本挖掘的乡村旅游需求特征与体验差异研究——以上海市为例[J]．资源开发与市场，2017，33(9)：1127-1133．

[248]金慧子．韩国乡村旅游发展策略之研究[J]．辽宁大学学报(哲学社会科学版)，2010，38(1)：79-83．

[249]孔德帅，李玉新，靳乐山．都市生态涵养区休闲农业景观的游憩价值——以北京市珍珠泉景区为例[J]．城市问题，2016(9)：97-103．

[250]郎富平，杨眉．社区居民对乡村旅游的态度感知分析[J]．中国农村经济，2006(11)：68-74．

[251]李冰，王青青，黄天娥．基于居民认同的我国当代城市社区建设模式选择[J]．湖南社会科学，2015(1)：165-168．

[252]李冰．二元经济结构理论与中国城乡一体化发展研究[M]．北京：中国经济出版社，2013：20-27．

[253]李桂花．自组织经济理论：和谐理性与循环累积增长[M]．上海：上海社会科学院出版社，2007：29．

[254]李开宇，张传时．城市化进程中的城郊乡村旅游发展研究[M]．北京：北京理工大学出版社，2011：106-108．

[255]李立华，付涤非，刘睿．旅游研究的空间转向——行动者网络理论视角的旅游研究述评[J]．旅游学刊，2014，29(3)：107-115．

[256]李庆雷，唐跃军，李秋艳．社会主义新农村建设背景下乡村旅游的责任及发展战略[J]．农业经济，2007(10)：6-8．

[257]李盛．临安市新农村建设与乡村旅游互动发展研究[D]．杭州：浙江农林大学，2015．

[258]李天元，王连义．旅游学概论(修订本)[M]．天津：南开大学出版社，1999．

[259]李晓莉，杨林美，麦振雄．乡村旅游可持续发展的动力机制：法国经验与启示[J]．旅游论坛，2018(11)：61-70．

[260]李燕琴，崔佳奇，施佳伟.IRT框架视域下的中国旅游减贫特征与模式[J]．资源科学，2023，45(02)：361-374．

[261]李莺莉，王灿．新型城镇化下我国乡村旅游的生态化转型探讨[J]．农业经济问题，2015(6)：29-34．

[262]李禹．怀旧旅游研究：地方感理论下的一个视角[D]．大连：东北财经大学，2015．

[263]李玉新，靳乐山．基于游客行为的乡村地区游憩价值研究——以北京

市延庆县为例[J]．旅游学刊，2016，31(7)：76-84．

[264]李志飞，朱永乐，喻珍，曹珍珠．乡村旅游发展对土地利用变化的影响——基于四个县域的多案例研究[J]．华中师范大学学报(自然科学版)，2022，56(1)：168-179．

[265]李志龙．乡村振兴-乡村旅游系统耦合机制与协调发展研究——以湖南凤凰县为例[J]．地理研究，2019，38(3)：187-198．

[266]梁丹．天津休闲农业转型与创意农业发展研究[D]．天津：天津科技大学，2015．

[267]廖慧怡．基于《里山倡议》的乡村旅游发展途径初探——以台湾桃园地区对乡村旅游转型的需求为例[J]．旅游学刊，2014(6)：76-86．

[268]林超群．创意农业发展路径分析——以成都市为例[J]．农村经济，2015(9)：51-54．

[269]林德荣，潘倩．乡村旅游发展与新农村建设的互动模式研究[J]．北京第二外国语学院学报，2009，31(5)：67-75+33．

[270]蔺雷，吴家喜．科技中介服务论——服务链与创新链融合视角[M]．北京：清华大学出版社，2014：37-42．

[271]凌丽君．美国乡村旅游发展研究[J]．世界农业，2015(10)：60-63．

[272]刘昌雪，汪德根．皖南古村落可持续旅游发展限制性因素探析[J]．旅游学刊，2003，18(6)：100-105．

[273]刘家强，唐代盛，蒋华．我国城乡统筹发展与结构调整的几种模式[J]．四川省情，2005(1)：11-12．

[274]刘聚梅．我国乡村旅游发展实证研究——推拉理论的应用与实践[D]．北京：北京第二外国语学院，2007．

[275]刘沛林，于海波．旅游开发中的古村落乡村性传承评价——以北京市门头沟区爨底下村为例[J]．地理科学，2012，32(11)：1304-1310．

[276]刘天福．农村旅游经济初探[J]．中国农村经济，1990(9)：21-27．

[277]刘旺，孙璐．成都城市居民乡村旅游目的地选择行为特征的考究[J]．西南民族大学学报(人文社科版)，2010(3)：186-189．

[278]刘仲芸．乡村旅游产品种类的创新发展[J]．西北农林科技大学学报(社会科学版)，2022，22(5)：91-97．

[279]刘祖云，何艺兵．美丽乡村国际经验及其启示[M]．北京：中国环境科学出版社，2014：8-226．

[280]卢小丽，毛雅楠，淦晶晶．乡村旅游利益相关者利益位阶测度及平衡

分析[J]. 资源开发与市场, 2017, 33(9): 1134-1137.

[281]陆林, 李天宇, 任以胜, 符琳蓉. 乡村旅游业态: 内涵、类型与机理[J]. 华中师范大学学报(自然科学版), 2022, 56(1): 62-72.

[282]陆林, 任以胜, 朱道才, 程久苗, 杨兴柱, 杨钊, 姚国荣. 乡村旅游引导乡村振兴的研究框架与展望[J]. 地理研究, 2019, 38(1): 102-118.

[283]路小静, 时朋飞. 美丽乡村建设与乡村旅游发展的耦合研究——以江西婺源为例[J]. 福建论坛(人文社会科学版), 2018(2): 166-172.

[284]罗伯特·K. 殷. 案例研究: 设计与方法(第5版)[M]. 重庆: 重庆大学出版社, 2017: 35-83.

[285]罗家德, 孙瑜, 谢朝霞, 等. 自组织运作过程中的能人现象[J]. 中国社会科学, 2013(10): 86-101.

[286]罗杨. 读哈布瓦赫的《论集体记忆》[J]. 西北民族研究, 2011(2): 190-194.

[287]吕欢欢. 基于选择实验法的国家森林公园游憩资源价值评价研究[D]. 大连: 大连理工大学, 2013.

[288][德]马克斯·韦伯. 经济与社会(第1卷)[M]. 阎克文, 译. 上海: 上海人民出版社, 2010: 114-116.

[289]马耀峰. 旅游资源开发及管理[M]. 北京: 高等教育出版社, 2010: 8.

[290][美]A. 迈里克·baikai(A. Myrick Freeman Ⅲ). 环境与资源价值评估——理论与方法[M]. 曾贤刚译. 北京: 中国人民大学出版社, 2002: 12-14.

[291]曼昆. 经济学原理: 微观经济学分册(第7版)[M]. 梁小民, 梁砾, 译. 北京: 北京大学出版社, 2015: 71-95.

[292]倪鹏飞. 新型城镇化的基本模式、具体路径与推进对策[J]. 江海学刊, 2013(1): 87-94.

[293]欧丹. 需求视角下乡村旅游转型升级策略探究[J]. 农业经济, 2021(8): 26-28.

[294]乔娟, 张振. 中国直辖市居民猪肉消费行为研究[M]. 北京: 中国农业出版社, 2014: 29-42.

[295]冉陆荣, 李宝库. 消费者行为学[M]. 北京: 北京理工大学出版社, 2016: 21-29.

[296]任保平. 论中国的二元经济结构[J]. 经济与管理研究, 2004(5): 5-11.

[297]邵鹏. 媒介记忆理论: 人类一切记忆研究的核心与纽带[M]. 杭州:

浙江大学出版社, 2016: 123.

[298] 申明锐, 沈建法, 张京祥, 等. 比较视野下中国乡村认知的再辨析: 当代价值与乡村复兴[J]. 人文地理, 2015, 30(6): 53-59.

[299] 盛亚, 等. 复杂产品系统创新的利益相关者管理[M]. 杭州: 浙江大学出版社, 2011: 10-31.

[300] 石金莲, 崔越, 黄先开. 美国乡村旅游发展经验对北京的启示[J]. 中国农业大学学报, 2015, 20(5): 289-296.

[301] 舒庆尧. 美丽乡村——欧洲的农业与农村[J]. 新农村, 2011(2): 5-7.

[302] 宋慧娟, 陈明. 乡村振兴战略背景下乡村旅游提质增效路径探析[J]. 经济体制改革, 2018(6): 76-81.

[303] 宋瑞. 利益相关者视角下的古村镇旅游发展[M]. 北京: 中国社会科学出版社, 2013: 53-91.

[304] 宋咏梅, 孙根年. 科特勒产品层次理论及其消费者价值评价[J]. 商业时代, 2007(14): 31-32.

[305] 粟路军, 何学欢, 胡东滨. 旅游者主观幸福感研究进展及启示[J]. 四川师范大学学报(社会科学版), 2019, 46(2): 85-94.

[306] 孙冬玲, 张黎, 舒伯阳. 乡村旅游与中国新农村建设的互动关系研究[J]. 桂林旅游高等专科学校学报, 2007(4): 537-541.

[307] [美] Timothy D J. 文化遗产与旅游[M]. 孙业红, 译. 北京: 中国旅游出版社, 2014: 296-309.

[308] 覃群. 中国、加拿大乡村旅游可持续发展对比研究——以阳朔大榕树景区与加拿大 St. Jacobs Village 为例[J]. 旅游论坛, 2012, 5(1): 102-108.

[309] 谭华云, 许春晓. 舒适移民型乡村绅士化空间格局及其形成机制——以广西巴马盘阳河流域为例[J]. 旅游学刊, 2021, 36(2): 40-53.

[310] 陶玉霞. 乡村旅游需求机制与诉求异化实证研究[J]. 旅游学刊, 2015, 30(7): 37-48.

[311] 屠帆, 宋海荣, 郭洪泉. 美国乡村社区规划经验及借鉴[J]. 中国土地, 2017(9): 52-53.

[312] 万绪才, 丁敏, 张钟方, 等. 南京市城市居民对乡村旅游发展的感知及旅游行为研究[J]. 地域研究与开发, 2011, 30(6): 102-105.

[313] 汪芳, 孙瑞敏. 传统村落的集体记忆研究——对纪录片《记住乡愁》进行内容分析为例[J]. 地理研究, 2015, 34(12): 166-178.

[314]王芳．新农村建设与乡村旅游发展的耦合研究[D]．乌鲁木齐：新疆大学，2011．

[315]王国恩，杨康，毛志强．展现乡村价值的社区营造——日本魅力乡村建设的经验[J]．城市发展研究，2016，23(1)：13-18．

[316]王金叶．新农村建设视角下的西部少数民族村寨乡村旅游开发[J]．旅游论坛，2011，4：36-39．

[317]王晋楠．基于选择实验法的村镇景观游憩价值评估[D]．北京：北京林业大学，2014．

[318]王景新，李长江，等．明日中国：走向城乡一体化[M]．北京：中国经济出版社，2005：20-38．

[319]王敬尧，段雪珊．乡村振兴：日本田园综合体建设理路考察[J]．江汉论坛，2018(5)：133-140．

[320]王路．农村建筑传统村落的保护与更新——德国村落更新规划的启示[J]．建筑学报，1999(11)：16-21．

[321]王宁．旅游、现代性与"好恶交织"——旅游社会学的理论探索[J]．社会学研究，1999(6)：95-104．

[322]王琦娜．怀旧旅游中怀旧情感及景观偏好影响因素研究——以古镇旅游为例[D]．蚌埠：安徽财经大学，2015．

[323]王声跃，王龚．乡村地理学[M]．昆明：云南大学出版社，2015：31-35．

[324]王舒媛．德国乡村旅游的发展及对我国的启示[J]．神州，2014(9)：261．

[325]王铄．中国和英国乡村旅游发展模式比较研究——以英国伦敦东南部乡村和中国武汉木兰山乡村旅游为例[J]．旅游论坛，2007，18(2)：219-222．

[326]王素洁，李想．基于社会网络视角的可持续乡村旅游决策探究——以山东省潍坊市杨家埠村为例[J]．中国农村经济，2011(3)：59-69+90．

[327]王燕华．利益主体视角下的古村落旅游经营模式探讨[D]．北京：北京第二外国语学院，2008．

[328]王伊欢，叶敬忠．农村发展干预的非线性过程[J]．农业经济问题，2005(7)：69-73．

[329]王玉莲．日本乡村建设经验对中国新农村建设的启示[J]．世界农业，2012(6)：24-27．

[330]王云才．国际乡村旅游发展的政策经验与借鉴[J]．旅游学刊，2002

（4）：45-50.

[331]魏宏森，曾国屏．系统论 系统科学哲学[M]．北京：清华大学出版社，1995：312-322.

[332]吴必虎．大城市环城游憩带（ReBAM）研究——以上海市为例[J]．地理科学，2001，21（4）：354-359.

[333]吴泓．公共旅游信息服务体系构建路径和模式——基于智慧城市视角[J]．现代经济探讨，2014（9）：67-71.

[334]吴理财．农村社区认同与农民行为逻辑——对新农村建设的一些思考[J]．经济社会体制比较，2011（3）：123-128.

[335]吴丽娟，李洪波，门宝辉，刘昌明，夏军，刘苏峡．乡村旅游目的地乡村性非使用价值评估——以福建永春北溪村为例[J]．地理科学进展，2010，29（12）：1606-1612.

[336]吴明隆．问卷统计分析实务——SPSS操作与应用[M]．重庆：重庆大学出版社，2010：208.

[337]吴小霞．推动乡村旅游可持续发展[J]．人民论坛，2018（32）：84-85.

[338]吴亚平，陈志永．基于核心力量导向差异的乡村旅游制度比较研究——对贵州天龙屯堡、郎德苗寨与西江苗寨的实证分析[J]．热带地理，2012，32（5）：537-545.

[339]谢新丽，吕群超．"乡愁"记忆、场所认同与旅游满意：乡村旅游消费意愿影响因素[J]．山西师范大学学报（自然科学版），2017（2）：105-114.

[340]谢彦君．基础旅游学（第三版）[M]．北京：中国旅游出版社，2011：62-75.

[341]熊剑峰，王峰，明庆忠．怀旧旅游解析[J]．旅游科学，2012，26（5）：30-37.

[342]徐虹，张妍，张行发，呼延文娟．价值共创视角下公司社会创业促进乡村振兴的实现路径研究[J]．农业经济问题，2023（11）：63-75.

[343]徐明水，张振乾．世界各国农业合作社发展现状[J]．现代农业，2016（12）：79-81.

[344]薛熙明，覃璇，唐雪琼．旅游对恩施土家族居民民族认同感的影响——基于个人生活史的视角[J]．旅游学刊，2012（3）：27-35.

[345][美]亚伯拉罕·匹赞姆（Abraham Pizam），[以]优尔·曼斯菲尔德 编著．旅游消费者行为研究[M]．舒伯阳，冯玮，译．大连：东北财经大学出版社，2005：3-53.

[346]杨晶，黄福才，李玉新．交互行为场视角下的游客在场体验影响因素研究——基于厦门自助游客的实证研究[J]．旅游研究，2017，9(5)：51-66.

[347]杨丽君．英国乡村旅游发展的原因、特征及启示[J]．世界农业，2014(7)：157-161.

[348]杨柳．提升民族地区乡村旅游对新农村建设贡献度的策略[J]．农业经济，2015(12)：34-36.

[349]杨欣，Burton，张安录．基于潜在分类模型的农田生态补偿标准测算——个离散选择实验模型的实证[J]．中国人口·资源与环境，2016，26(7)：27-36.

[350]杨新军，李佳．乡村旅游客源结构分析——以西安市上王村农家乐为例[J]．云南师范大学学报(哲学社会科学版)，2013(1)：25-32

[351]叶春雷，张微．费孝通的模式思想综述[J]．江苏改革，2001(12)：14-16.

[352]叶敬忠，杨照．参与式思想与新农村建设[J]．中国农村经济，2006(7)：36-41.

[353]叶兴庆，程郁，赵俊超，等．"十四五"时期的乡村振兴：趋势判断、总体思路与保障机制[J]．农村经济，2020(9)：1-9.

[354]殷章馨，夏赞才，等．乡村旅游市场细分的统计检验[J]．统计与决策，2018，34(20)：114-117.

[355]银元，李晓琴．乡村振兴战略背景下乡村旅游的发展逻辑与路径选择[J]．国家行政学院学报，2018(5)：182-186+193.

[356]于建嵘．乡村振兴需要公众有序参与[J]．人民论坛，2018(12)：74-75.

[357]于秋阳，冯学钢．文化创意助推新时代乡村旅游转型升级之路[J]．旅游学刊，2018，33(7)：6-8.

[358]余勇，田金霞．骑乘者休闲涉入、休闲效益与幸福感结构关系研究——以肇庆星湖自行车绿道为例[J]．旅游学刊，2013(2)：68-77.

[359]袁庆明．新制度经济学[M]．上海：复旦大学出版社，2012：1-21.

[360]袁中许．乡村旅游业与大农业耦合的动力效应及发展趋向[J]．旅游学刊，2013，28(5)：80-88.

[361]张洪昌，舒伯阳．社区能力、制度嵌入与乡村旅游发展模式[J]．甘肃社会科学，2019(1)：186-192.

[362]张环宙，周永广，魏蕙雅，等．基于行动者网络理论的乡村旅游内生

式发展的实证研究——以浙江浦江仙华山村为例[J]. 旅游学刊, 2008, 23(2): 65-71.

[363]张建国, 俞益武, 白云晶, 等. 城市居民对乡村旅游产品需求趋势研究——以宁波市民为例[J]. 商业研究, 2007(6): 195-197.

[364]张建萍. 生态旅游与当地居民利益——肯尼亚生态旅游成功经验分析[J]. 旅游学刊, 2003, 18(1): 60-63.

[365]张军. 乡村价值定位与乡村振兴[J]. 中国农村经济, 2018(1): 2-10.

[366]张文祥. 阳朔乡村旅游国内外游客需求分析的启示[J]. 旅游学刊, 2006, 21(4): 11-12.

[367]张彦, 林德宏. 系统自组织概论[M]. 南京: 南京大学出版社, 1990: 289-291.

[368]张瑛, 雷博健. 大都市远郊区乡村绅士化表征和机制研究——以北京市北沟村为例[J]. 农业现代化研究, 2022, 43(3): 398-408.

[369]张颖. 美国西部乡村旅游资源开发模式与启示[J]. 农业经济问题, 2011(3): 105-109.

[370]张玉祥. 乡村旅游与新农村建设耦合模型及实证研究[D]. 杭州: 浙江工商大学, 2013.

[371]张圆刚, 季磊磊, 郭英之, 何杨媚. 国内经济大循环与乡村旅游的适配性: 内涵与研究框架[J]. 人文地理, 2023, 38(1): 28-35.

[372]赵强. 电子政务政策过程研究: 政策网络和行动者网络的视角[M]. 上海: 学林出版社, 2009: 22-34.

[373]郑辽吉. 基于行动者-网络理论的乡村旅游转型升级分析[J]. 社会科学家, 2018, 258(10): 92-98.

[374]郑石, 林国华. 福建休闲农业、乡村旅游和新农村建设耦合协调性研究[J]. 福建农业学报, 2017(3): 100-107.

[375]郑耀星, 刘国平, 张菲菲. 基于生态文明视角对福建乡村旅游转型升级的思考[J]. 广东农业科学, 2013, 40(7): 211-214.

[376]中共中央决胜全面建成小康社会夺取新时代中国特色社会主义伟大胜利——在中国共产党第十九次全国代表大会上的报告[EB/OL]. 人民网, http://cpc.people.com.cn/n1/2017/1028/c64094-29613660.html, 2017. 获取时间: 2018-07-26.

[377]周玲强, 黄祖辉. 我国乡村旅游可持续发展问题与对策研究[J]. 经

济地理，2004（4）：141-145.

[378]周睿，钟林生，刘家明. 乡村世界遗产特征与价值研究[J]. 世界地理研究，2016，25（4）：156-165.

[379]周晓. 新农村背景下武汉市石榴红村乡村旅游发展研究[D]. 武汉：华中师范大学，2015.

[380]周永广. 山村旅游业可持续发展研究——以基层组织和机制创新为切入点[M]. 杭州：浙江大学出版社，2011：62-69.

[381]朱峰，保继刚，项怡娴. 行动者网络理论（ANT）与旅游研究范式创新[J]. 旅游学刊，2012，27（11）：24-31.

[382]朱峰，王江哲，王刚. 游客地方依恋、满意度与重游意愿关系研究——求新求异动机的调节作用[J]. 商业研究，2015（10）：186-193.

[383]朱竑，刘博. 地方感、地方依恋与地方认同等概念的辨析及研究启示[J]. 华南师范大学学报（自然科学版），2011（1）：5-12.

[384]朱启臻，鲁可荣. 乡村旅游与农村社区发展[M]. 北京：中国农业大学出版社，2008：84-113.

[385]朱启臻，赵晨鸣，龚春明. 留住美丽乡村：乡村存在的价值[M]. 北京：北京大学出版社，2014.

[386]邹统钎. 中国乡村旅游发展模式研究——成都农家乐与北京民俗村的比较与对策分析[J]. 旅游学刊，2005（3）：63-68.

[387]左冰，保继刚. 制度增权：社区参与旅游发展之土地权利变革[J]. 旅游学刊，2012，27（2）：23-31.

·附录一·
初步访谈与探测性调查

普通游客访谈提纲(多省样本初步访谈)

访谈注意事项：先介绍该访谈的目的意义，游客知情同意后进行访谈，访谈中请保持客观中立，对游客疑问解答并对回应要点进行记录。空间不够可在反面。基本信息从访谈中得出或最后询问。

1. 基本信息：

地点：　　居住地：　　年龄：　　职业：　　收入：　　家庭人口：

2. 乡村旅游经历(频次、类型、动机、距离、同行者)

3. 过去经历(农村经历)

4. 乡村旅游吸引物与乡村记忆(类型、体验、满意度、期望，此问题包含环境饮食、活动、节事和购物)

5. 乡村旅游设施与乡村记忆(便捷、卫生、空间、质量、服务等方面，包括吃饭、住宿、车船、咨询，此处更强调场所和服务，有特色的在吸引物体现)

6. 乡村旅游基础设施与乡村记忆协调（道路、绿化、邮电物流、通信、水、电、能源、污染物处理）

7. 乡村旅游组织和管理与乡村记忆（单个农户、村集体、合作社、外来资本）

8. 对乡村记忆旅游产品的创新开发的看法与建议（必要性、路径）

9. 对乡村记忆旅游产品开发中存在的问题（负面影响、障碍）

乡村记忆旅游需求调查(探测性调查)

尊敬的女士/先生：

您好！我们是国家社科基金项目《美丽乡村建设中乡村记忆旅游产品的创新开发研究》课题组，因研究需要进行抽样调查，了解游客对乡村记忆旅游的认知与需求，您的回答将作为重要样本数据，调研采用匿名形式，仅用于研究，恳请您的配合，谢谢！

总体填写说明：请先理解每个题的题意，将您的选择告知调查员，并确认您的答案。

调查员注意事项：首先询问是否去过乡村进行旅游，如没有去过，不符合样本要求。

第一部分：对乡村记忆旅游的需求

1. 您认为哪一类乡村更具有吸引力？A. 现代化新农村　B. 未被破坏的古村落　C. 保持古村形态内涵，设施现代　D. 其他

2. 您与农村联系程度如何？A. 连续居住 10 年(含)以上　B. 连续居住 1 年(含)以上不足 10 年　C. 不连续的方式居住过(非旅游度假目的)　D. 仅旅游度假等目的去过

3. 以下哪些乡村旅游产品会吸引您呢？请选择出重要的 3 项。

A. 观赏乡村自然和田园风光　B. 欣赏古村落建筑、手工艺品与民俗表演 C. 采摘/品尝/购买农产品、土特产品　D. 参与农耕、制作手工艺品和民俗活动 E. 品尝本地特色饮食，住当地特色民居　F. 呼吸新鲜空气，享受清洁水和舒适的环境，度假和养生养老　G. 带孩子或自己了解有关自然、农业和文化知识 H. 追寻原来的乡村一切，满足怀旧情感　I. 其他产品

4. 某乡村有青山绿水、田园风光，您认为您值得每次付出_____元门票观光休闲。如果生态系统更加完好，田园经过精心设计，开展多种活动并配备设施用来娱乐、养生、度假以及进行耕作收获、学习自然和农业知识，您每次愿意再多付出_____元享受这些。

5. 如果一个乡村有古老的民间建筑、村庄布局巧妙，保留着古老的民俗和手工艺品您愿意花费_____元进去观光休闲？如果您可以学习有关建筑、传统文化知识，参与手工艺品制作和民俗表演，品尝特色小吃您愿意再多付出____

____元。

6. 如果乡村旅游目的地有三种吃住产品供选择，您倾向于选择哪一种？愿意多付出多少钱

A. 菜品、房间布置、服务和场所与平时在城市去的一样；

B. 菜品、房间布置、服务和场所还保留部分当地特色；选择 B 愿意比 A 多付出_____元。

C. 菜品、房间布置、服务和场所深度挖掘了当地传统特色；选择 C 比 A 多付出_____元。

7. 哪种村庄更吸引您？A. 迁出原住民　B. 保留有原住民生产生活 B 比 A 愿意多付出_____元。

8. 以下哪些因素可能会影响您的选择_____A. 距离近，交通方便　B. 消费价格低　C. 品牌好，名气大　D. 管理和服务好　E. 可以查到更多信息　F. 亲朋好友推荐　G. 其他

第二部分：对乡村记忆的认知

9. 您对乡村印象最深刻的记忆或最向往的方面是(多选题，在括号详细选项中画圈勾选)

A. 良好的生态环境（绿水青山、清新的空气、清洁的水、宁静的夜晚、星空、野生动植物等）

B. 田园风光　（农田整体景观、农作物春华秋实、多样化的农作物和牛羊鸡鸭等牲畜）

C. 农村建筑景观(与自然和谐一体的村落、本地特色住宅、祠堂等建筑、本地特色的街巷)

D. 农村日常生产生活(耕作、起居习惯、日常饮食与特色小吃、手工制作的器具和工艺品)

E. 农村风俗与娱乐方式(传统节庆、特色风俗、民间游戏)

F. 中国传统道德与文化（与自然和谐、淳朴的民风、遵守道德、日常传统文化印记)

G. 其他

10. 传统乡村特征可能在现代化中消失，您认为是否值得保护？A. 否　B. 是，以上值得全部保护　C. 是，部分保护_____(认为值得保护填出相应题项序号，认为不值得保护转第三部分 12 题)

11. 您认为以下哪几项是值得保护的原因(多选)？最重要的原因是

A. 传统乡村是农耕社会的缩影，记录了人类历史，承载了文化，应该继续存在；(存在价值)

B. 传统乡村作为历史遗产，继承自祖辈，我们也应该遗留给子孙后代；(遗产价值)

C. 应该保留下来提供子孙后代居住、旅游以及各种形式开发利用等选择的权利。(选择价值)

12. 您认为传统乡村的三种价值每年可以折合成人民币_____元?

(该题只是测算价值的方法，不作为政策参考，请如实填写；选择 0 支付者请说明原因：

第三部分：人口统计因素

13. 性别　A. 男　B. 女　居住地：_____省_____市_____家庭人口_____人(共同生活为准)

14. 年龄：A. 14 岁以下　B. 15~24 岁　C. 25~34 岁　D. 35~44 岁　E. 45~54 岁　F. 55~64 岁　G. 65 岁以上

15. 受教育程度：A. 初中及以下　B. 高中、中专、技校　C. 大专、高职 D. 大学本科　E. 研究生

16. 职业：A. 机关、事业、国有企业中高层管理者　B. 外资或私营企业中高层　C. 个体工商户、自由职业者　D. 专业技术人员　E. 机关、事业单位办事人员、企业员工　F. 农业从业人员　G. 退休人员　H. 学生　I. 其他

17. 家庭年可支配收入_____元(即可以拿到手自己支配的，包括全家全年各种收入如工资、经营性收入、财产性收入、转移支付等，扣税和五险一金等社会保障费之后的值，估值到千元即可)

如果您不便填写具体数值，请参考下面选项给定范围：

A. 20 万元以上　B. 15 万~19.99 万元　C. 10 万~14.99 万元　D. 5 万~9.99 万元　E. 2 万~4.99 万元　F. 1.99 万元以下

再次感谢您的配合！

调查员：　　　调查地点　　　调查时间　　　编号　　　说明：

·附录二·
三次选择实验问卷调查

　　说明：问卷调查之前需要对调查员进行培训，并且有辅助的材料提供给他们，对不能理解的受访者采用彩色的引导卡以便有直观感受。调查共进行三轮，第一轮发现一些问题后修改了实验设计方法，第二轮数据为第三轮提供先验参数，第三轮为正式调研数据。

　　第一轮问卷选择集生成为 SPSS 正交设计后剔除不合理选择项，共余 30 个，之后随机搭配成 10 个选择集，分在 5 种问卷，后附该问卷的选择卡。本轮问卷结果分析后为奇异矩阵，主要是编码问题以及剔除后产生多重共线性。

　　第二轮问卷选择集生成使用 SAS 软件 D-最优设计模块，经过剔除后剩余 36 个选择项，随机搭配 18 个选择集，分在 6 种问卷。本轮问卷进行数据分析后产生参数作为正式调查的先验数据进行贝叶斯实验设计。

　　第三轮问卷选择集借助第二轮先验参数，利用 Ngene1.2 设计以 D-error 最小化标准自动生成选择集 24 个，分布在 6 种问卷。

乡村记忆旅游需求调查(1.1)

尊敬的女士/先生：

您好！我们是国家社科基金项目《美丽乡村建设中乡村记忆旅游产品的创新开发研究》课题组，因研究需要进行调查，了解游客对乡村记忆旅游的认知与需求，您的回答非常重要，调研匿名形式，仅用于研究，恳请您的配合，谢谢！

总体填写说明：请先理解每个题的题意，选出您确定的答案。在答案后打"√"即可。

第一部分：对乡村记忆旅游的需求

9. 您去过乡村地区旅游吗？A. 是　B. 否

10. 您愿意花钱去乡村地区旅游吗？A. 非常喜欢　B. 兴趣一般　C. 没任何兴趣(跳转第二部分)

11. 以下哪些乡村旅游产品会吸引您呢？请选择出重要的3项。

自然类	A. 观赏乡村自然和田园风光；采摘、品尝、购买农产品和土特产品
	B. 享受舒适的环境(水、空气、绿色)，参与乡村特色的游山玩水娱乐活动
人文类	C. 欣赏古村落建筑、观赏手工艺品市场
	D. 参与农耕、制作手工艺品和民俗活动；了解相关自然、农业和文化知识
	E. 品尝本地特色饮食，住当地特色民居
综合类	G. 追寻原来的乡村一切，满足怀旧情感
其他	H. 其他产品

4. 请在以下两组乡村中分别选择出您喜欢去并且愿意付出相应花费的一个乡村(请调查员出示村庄图片)。

选择集1：普通村庄　旅游村庄A1　旅游村庄B1　旅游村庄C1　都不喜欢

选择集2：普通村庄　旅游村庄A2　旅游村庄B2　旅游村庄C2　都不喜欢

5. 除了有吸引力外，以下哪些因素可能会影响您的选择(多选)

A. 距离近，交通方便　B. 消费价格低　C. 品牌好，名气大　D. 管理和服务好　E. 可以查到更多信息　F. 亲朋好友推荐　G. 其他

6. 除了有吸引力外，乡村哪些特征会影响您的选择？(多选)

A. 有多样化的现代娱乐活动　B. 有时尚、流行的元素　C. 外形古老，设施

和内容现代　D. 保留着传统的布局和文化　E. 生态环境好

第二部分：对乡村记忆的认知

7. 您和农村联系程度如何？

A. 成年之前家曾经在农村　B. 成年前家不在农村，但有近亲(外祖父母或祖父母、父母的兄弟姐妹)在农村生活　C. 三代以内已经不在农村生活

8. 您认为乡村最具代表性是哪几个方面？(请选择三项)

A. 良好的生态环境(绿水青山、清新空气、宁静夜晚、野生动植物)

B. 优美的田园风光(农田景观、春华秋实、多种农作物和牲畜)

C. 传统建筑景观(与自然和谐的村落、本地特色民居、巧妙布局的街巷)

D. 传统生产生活方式(耕作起居习惯、绿色饮食与特色小吃、特色器具和工艺品)

E. 传统风俗与娱乐(传统节庆、特色风俗、民间游戏)

F. 传统道德与文化(淳朴的民风、遵守道德、中国传统观念与地方文化观念)

G. 其他

9. 您认为传统乡村除去旅游、生产农产品外还有其他价值，值得保护吗？____(多选)

A. 无其他价值	(选择A跳至第三部分)
B. 存在价值	传统乡村是农耕社会的缩影，记录了人类历史，承载了文化，应继续存在
C. 遗产价值	传统乡村作为历史遗产，继承自祖辈，我们也应该遗留给子孙后代
D. 选择价值	应该保留下来提供给子孙后代居住、旅游等开发利用等选择的权利

10. 为保留住传统乡村，您的家庭是否愿意以合适的方式贡献一份力量？

A. 否，原因_____　B. 是　C. 是，但无能力(选A、C跳转第三部分)

11. 如果这份力量可以用货币衡量，您全家每年愿意贡献的相当于多少人民币？请标记"√"或填空。

50元　100元　200元　300元　500元　1000元　2000元　5000元　1万元　2万元　其他

第三部分：人口统计因素

12. 性别　A. 男　B. 女　家庭人口____人(以供养几个人全部花费为准)

13. 年龄：A. 14岁以下　B. 15~24岁　C. 25~34岁　D. 35~44岁　E. 45~

54 岁　F. 55~64 岁　G. 65 岁以上

14. 受教育程度：A. 初中及以下　B. 高中、中专、技校　C. 大专、高职 D. 大学本科　E. 研究生

15. 家庭年可支配收入_____元(鼓励填写具体收入，如不便请选择收入段，恳请配合，此题非常重要)

A. 20 万元以上　B. 15 万~19.99 万元　C. 10 万~14.99 万元　D. 5 万~9.99 万元　E. 2 万~4.99 万元　F. 1.99 万元以下　G. 没工作，不知道家庭收入

家庭可支配收入解释：[即可以拿到手的，包括全家全年各种收入如工资奖金、经营性收入(如开店和租房等收入)、财产性收入(如理财、股票等收入)、转移支付(政府帮扶补偿)等，扣税和五险一金等社会保障费之后的值]

再次感谢您！

调查员：　　　调查地点　　　调查时间　　　编号　　　说明：

乡村记忆旅游需求调查(2.1)

尊敬的女士/先生:

您好!我们是国家社科基金项目《美丽乡村建设中乡村记忆旅游产品的创新开发研究》课题组,因研究需要进行抽样调查,了解游客对乡村记忆旅游的认知与需求,您的回答非常重要,调研匿名形式,仅用于研究,恳请您的配合,谢谢!

总体填写说明:请先理解每个题的题意,选出您确定的答案。在答案后打"√"即可。

第一部分:对乡村记忆旅游的需求

12. 您愿意去乡村地区旅游吗?A. 非常喜欢　B. 兴趣一般　C. 没兴趣(原因)＿＿＿＿＿＿　(转第二部分)

13. 您去过乡村进行旅游吗?A. 是,每年4次或更多　B. 是,3次或以下 C. 没去过(原因)

14. 您希望想去的村庄是什么样的?(说明:只选您最看重的三项)A. 自然环境好　B. 保留传统风貌　C. 有特色住宿和美食　D. 有当地特色项目(民间娱乐或生产生活体验活动)　E. 有现代项目(游乐场、攀岩和露营、咖啡厅、现代节庆活动等)　F. 管理和服务好　G. 管理和服务具有乡村特色　H. 价格低 I. 距离在150千米内　J. 其他:

15.【请先查看调查员手中的说明表及图片】选出您想去的村庄,在最后一列打"√"标记,如都不喜欢请选"都不喜欢"选项。(请仔细比对六个方面的差异,价格高的不一定好,注意性价比!)。

第一组:

村庄 属性	自然环境	传统风貌	食宿特色	娱乐项目	管理服务	价格	选择
普通村庄	绿化率20%	消失	自行解决食宿	无娱乐项目	无	无	—
旅游村庄1	绿化率50%	保留50%	一半当地特色	传统结合时尚	规范但商业化	210	—
旅游村庄2	绿化率90%	保留50%	与城市相同	传统结合时尚	差	280	—
都不喜欢	—						—

第二组：

村庄 属性	自然环境	传统风貌	食宿特色	娱乐项目	管理服务	价格	选择
普通村庄	绿化率20%	消失	自行解决食宿	无娱乐项目	无	无	—
旅游村庄3	绿化率50%	保留80%	70%以上当地特色	现代项目	规范且有乡村特色	130	
旅游村庄4	绿化率90%	现代风貌	70%以上当地特色	现代项目	规范但商业化	160	
都不喜欢			—				—

第三组：

村庄 属性	自然环境	传统风貌	食宿特色	娱乐项目	管理服务	价格	选择
普通村庄	绿化率20%	消失	自行解决食宿	无娱乐项目	无	无	—
旅游村庄5	绿化率20%	保留80%	与城市相同	现代项目	差	210	
旅游村庄6	绿化率90%	保留80%	70%以上当地特色	无娱乐项目	规范且有乡村特色	280	
都不喜欢			—				—

5. 您去乡村旅游一般基于什么目的？（请选择最重要的三项）A. 逃离日常环境　B. 满足怀旧情感　C. 休闲放松　D. 回归自然　E. 探访农村亲友　F. 与同行的亲友家人增进感情　G. 品尝美食　H. 了解自然与民俗文化　I. 健身娱乐（登山、徒步、唱歌跳舞）　J. 猎奇（新游乐项目、新环境）　其他：

第二部分：对乡村记忆的认知

6. 您和农村联系程度如何？

A. 成年之前家曾经在农村；B. 成年前家不在农村，但有近亲（外祖父母或祖父母、父母的兄弟姐妹）在农村生活，因工作原因和农村联系密切；C. 外祖父母或祖父母三代已经不在农村生活

7. 您认为传统乡村除去旅游、生产农产品外还有没有其他价值？（多选）

A. 无其他价值	（选择A跳至第三部分）
B. 存在价值	传统乡村是农耕社会的缩影，记录了人类历史，承载了文化，应继续存在
C. 遗产价值	传统乡村作为历史遗产，继承自祖辈，我们也应该遗留给子孙后代
D. 选择价值	应该保留下来提供给子孙后代居住、旅游等开发利用等选择的权利

8. 为保护乡村，您的家庭是否愿意贡献一份力量？A. 是　B. 否，原因＿＿＿＿＿＿（转第三部分）

9. 您愿意采用什么样的方式？（多选）A. 投资和创业帮助农村发展　B. 提

供无偿服务　C. 通过乡村旅游、购买农产品等超额支付(指比公平交易的价格多支付)　D. 捐赠　E. 其他(选 CDE 请做 10 题)

10. 您全家每年愿意贡献(超额支付只算超出部分)多少元人民币? 请标记"√"或填空。

50元　100元　200元　500元　800元　1000元　2000元　5000元　1 万元　2 万元　其他

第三部分：人口统计因素

13. 性别　A. 男　B. 女　家庭人口＿＿＿＿＿＿人(以供养几个人全部花费为准)

14. 年龄：A. 14 岁以下　B. 15～24 岁　C. 25～34 岁　D. 35～44 岁　E. 45～54 岁　F. 55～64 岁　G. 65 岁以上

15. 受教育程度：A. 初中及以下　B. 高中、中专、技校　C. 大专、高职 D. 大学本科　E. 研究生

16. 家庭年可支配收入＿＿＿＿＿＿元(鼓励填写具体收入, 如不便请选择收入段, 恳请配合, 此题非常重要)

家庭可支配收入解释：[即可以拿到手的全部收入, 包括全家全年各种收入如工资奖金、经营性收入(如开店和租房等收入)、财产性收入(如理财、股票等收入)、转移支付(政府帮扶补偿)等, 扣税和五险一金等社会保障费之后的值]

A. 20 万元以上　B. 15 万～19.99 万元　C. 10 万～14.99 万元　D. 5 万～9.99 万元　E. 2 万～4.99 万元　F. 1.99 万元以下

再次感谢您!

调查员：　　　调查地点　　　调查时间　　　编号　　　说明：

注：问卷引导卡与第一轮类似, 此处略。

乡村记忆旅游需求调查(3.1)

尊敬的女士/先生：

您好！我们是国家社科基金项目《美丽乡村建设中乡村记忆旅游产品的创新开发研究》课题组，因研究需要进行抽样调查，了解游客对乡村记忆旅游的认知与需求，您的回答非常重要，调研匿名形式，仅用于研究，恳请您的配合，谢谢！

总体填写说明：请先理解每个题的题意，选出您确定的答案。在答案后打"√"即可。

第一部分：对乡村记忆旅游的需求

16. 您愿意去乡村地区旅游吗？A. 非常喜欢　B. 兴趣一般　C. 没兴趣

17. 您去过乡村进行旅游吗？A. 是，每年5次或更多　B. 是，2~4次　C.1次或以下

18. 您希望想去的村庄是什么样的？0 只想逃离城市，对村庄无要求；1 我会选择喜欢的村庄

如果选择，请选择您最看重的三个方面：A. 自然环境好　B. 保留传统风貌　C. 有特色住宿和美食　D. 有当地特色项目(民间娱乐或生产生活体验活动)　E. 有现代项目(游乐场、攀岩和露营、咖啡厅、现代节庆活动等)　F. 管理和服务好　G. 管理和服务具有乡村特色　H. 价格低　I. 距离在 150 千米内　J. 其他：

19.【请先查看调查员手中的说明表及图片】选出您想去的村庄，打"√"标记(请仔细比对六个方面的差异，价格高的不一定好，注意性价比！)。

第一组：（注意：价格是每人每天包括食宿和基本的游乐项目的价格）

村庄 属性	自然环境	传统风貌	食宿特色	娱乐项目	管理服务	价格	选择
旅游村庄 1	绿化率20%	消失	无特色的食宿	传统结合时尚	较差	130 元	—
旅游村庄 2	绿化率90%	保留80%	无特色的食宿	现代项目	规范、亲情服务	130 元	—
普通村庄	绿化率20%	消失	无特色的食宿	无娱乐项目	较差	100 元	—

第二组：（注意：价格是每人每天包食宿和基本的游乐项目的价格）

村庄 属性	自然环境	传统风貌	食宿特色	娱乐项目	管理服务	价格	选择
旅游村庄3	绿化率90%	保留80%	无特色的食宿	传统结合时尚	较差	280元	—
旅游村庄4	绿化率90%	消失	70%以上当地特色	传统结合时尚	规范、商业服务	130元	—
普通村庄	绿化率20%	消失	无特色的食宿	无娱乐项目	较差	100元	—

第三组：（注意：价格是每人每天包食宿和基本的游乐项目的价格）

村庄 属性	自然环境	传统风貌	食宿特色	娱乐项目	管理服务	价格	选择
旅游村庄5	绿化率90%	消失	70%以上当地特色	现代项目	较差	280元	—
旅游村庄6	绿化率50%	保留80%	50%当地特色	传统结合时尚	规范、亲情服务	160元	—
普通村庄	绿化率20%	消失	无特色的食宿	无娱乐项目	较差	100元	—

第四组：（注意：价格是每人每天包食宿和基本的游乐项目的价格）

村庄 属性	自然环境	传统风貌	食宿特色	娱乐项目	管理服务	价格	选择
旅游村庄7	绿化率50%	消失	70%以上当地特色	无娱乐项目	规范、亲情服务	210元	—
旅游村庄8	绿化率90%	保留80%	70%以上当地特色	无娱乐项目	较差	280元	—
普通村庄	绿化率20%	消失	无特色的食宿	无娱乐项目	较差	100元	—

第二部分：对乡村价值的认知

5. 您和农村联系程度如何？

A. 成年之前家曾经在农村；B. 成年前家不在农村，但有近亲（外祖父母或祖父母、父母的兄弟姐妹）在农村生活；因工作原因和农村联系密切；C. 外祖父母或祖父母三代已经不在农村生活

6. 您认为传统乡村除去旅游、生产农产品外还有没有其他价值？（多选）

A. 无其他价值	（选择A跳至第三部分）
B. 存在价值	传统乡村是农耕社会的缩影，记录了人类历史，承载了文化，应继续存在
C. 遗产价值	传统乡村作为历史遗产，继承自祖辈，我们也应遗留给子孙后代
D. 选择价值	应该保留下来提供子孙后代居住、旅游等开发利用等选择的权利

7. 为保护乡村，您的家庭是否愿意贡献一份力量？A. 是 B. 否，原因_____
_____（转第三部分）

8. 您愿意采用什么样的方式?（多选）A. 投资和创业帮助农村发展　B. 提供无偿服务　C. 通过乡村旅游、购买农产品等超额支付(指比公平交易的价格多支付)　D. 捐赠　E. 其他(选 CDE 请做 9 题)

9. 您全家每年愿意贡献(超额支付只算超出部分)100 元? A. 是　B. 否_____ _____元

如果您全家同意贡献 100 元，愿意贡献 200 元吗? A. 是　B. 否

第三部分：人口统计因素

10. 性别　A. 男　B. 女　家庭人口_____人(以供养几个人全部花费为准)

11. 年龄：A. 14 岁以下　B. 15~24 岁　C. 25~34 岁　D. 35~44 岁　E. 45~54 岁　F. 55~64 岁　G. 65 岁以上

12. 受教育程度：A. 初中及以下　B. 高中、中专、技校　C. 大学(专科、本科)　D. 研究生(硕士、博士)

13. 家庭年可支配收入_____元(一年全家到手的各种收入加起来)

家庭可支配收入解释：[即可以拿到手的全部收入，包括全家全年各种收入如工资奖金、经营性收入(如开店和租房等收入)、财产性收入(如理财、股票等收入)、转移支付(政府帮扶补偿)等，扣税和五险一金等社会保障费之后的值]

A. 20 万元以上　B. 15 万~19.99 万元　C. 10 万~14.99 万元　D. 5 万~9.99 万元　E. 2 万~4.99 万元　F. 1.99 万元以下

再次感谢您! 以上回答是否需要修改? A. 确定表达了我的真实想法，不需要修改　B. 不确定，我再想想

调查员：　　　调查地点　　　调查时间　　　编号　　　说明：

注：本轮问卷引导卡为 A3 版面彩色，但与第一轮形式类似，故略。

村庄属性和水平总说明

选出您想去的村庄：在 3 组村庄中每组选 1 个，请注意包含普通村庄和旅游村庄；旅游村庄在以下六个方面存在差异：

自然环境	传统风貌	食宿特色	特色项目	管理服务	价格
指青山绿水保留情况，直观表现为绿化覆盖率，分为三个水平：一般、中等、最高水平为 20%、50%、90%	传统建筑（民居 祠堂、庙宇）街区以及布局保留情况，三个水平分别为传统风貌消失、保留 50%；和保留 80%以上	提供的食品和住宿设施是否具有当地特色，分为与城市相同、一半特色和具有 70%以上特色	指设置的游乐场、登山、攀岩、漂流等现代项目；或当地干农活、摸鱼等传统游戏以及民俗节庆（传统项目包含部分时尚元素），分为三个水平：无项目、现代项目、传统与时尚结合	出行前后以及过程中为游客提供信息、管理当地秩序和物价，投诉处理和人员服务等，分为三个水平：差、规范但商业化、规范且具有乡村特色	旅游村庄每人每天（非全家）要收取费用（包含门票、吃住，有特色项目的含一个项目），四个水平：130 元、160 元、210 元、280 元普通村庄不收费，没有专门针对游客的食宿设施，成本 100 元

问卷中横向每行是对一个村庄属性特征的说明（请仔细比较村庄差异，并和真实购买一样关注性价比，另外，价格高低是电脑随机分配的，与村庄好坏无关！！！）

· 附录三 ·

乡村旅游体验和幸福感的调查问卷

亲爱的朋友：

您好！为进行乡村旅游体验和幸福感的研究，我们特组织此次调查，真诚希望您能给予我们支持！本次调查数据不会涉及任何商业目的和个人隐私，敬请放心。

1. 以下是乡村真实性的描述，请在最适合的选项后面画"√"	完全同意	同意	一般	不同意	完全不同意
此地保持了乡村的历史原貌	—	—	—	—	—
此地体现了当地的乡村文化	—	—	—	—	—
建筑和风土人情看上去都很真实	—	—	—	—	—
建筑和风土人情没有刻意造假、模仿的感觉	—	—	—	—	—
2. 以下是乡村自然景色描述，请在最适合的选项后面画"√"	完全同意	同意	一般	不同意	完全不同意
此地的景色很迷人	—	—	—	—	—
此地的风景秀丽	—	—	—	—	—
此地体现了自然和谐	—	—	—	—	—
3. 以下是对乡村氛围的描述，请在最适合的选项后面画"√"	完全同意	同意	一般	不同意	完全不同意
此地营造的氛围很吸引我	—	—	—	—	—
此地的设计和布局很漂亮	—	—	—	—	—
我可以在这里内轻松随意地游玩	—	—	—	—	—
我在这里感到舒适自由	—	—	—	—	—
4. 以下是对旅游同伴的描述，请在最适合的选项后面画"√"	完全同意	同意	一般	不同意	完全不同意
我与同伴相处得很融洽	—	—	—	—	—
我与同伴在旅游中互相帮助	—	—	—	—	—
我与同伴相互交流旅游感受	—	—	—	—	—
我与同伴相互交流旅游经验	—	—	—	—	—
5. 以下是乡愁记忆的描述，请在最适合的选项后面画"√"	完全同意	同意	一般	不同意	完全不同意
在这个村落，我能体验在家乡的感觉	—	—	—	—	—

美丽乡村建设中乡村记忆旅游产品的创新开发研究

5. 以下是乡愁记忆的描述，请在最适合的选项后面画"√"	完全同意	同意	一般	不同意	完全不同意
这个村落的菜肴让我找到家乡的感觉	—	—	—	—	—
这里的建筑、民居风格和记忆里的乡村很像	—	—	—	—	—
这里的自然环境和记忆里家乡环境相似	—	—	—	—	—
在这里，我体验到记忆里家乡的生活场所	—	—	—	—	—
村落的邻里关系让我想起家乡的时光	—	—	—	—	—
6. 以下是对地方依恋的描述，请在最适合的选项后面画"√"	完全同意	同意	一般	不同意	完全不同意
我喜欢这个乡村胜过其他地方	—	—	—	—	—
比其他地方，这里让我获得更多的快乐和满足	—	—	—	—	—
没有其他的乡村能和这里相比	—	—	—	—	—
去过这里之后，我会喜欢到类似的地方进行旅游	—	—	—	—	—
7. 以下是对地方认同的描述，请在最适合的选项后面画"√"	完全同意	同意	一般	不同意	完全不同意
这个地方对我来说很特别	—	—	—	—	—
我非常认同这个地方	—	—	—	—	—
在这里旅游对我意义重大	—	—	—	—	—
在这里旅游促使我发现自我	—	—	—	—	—
8. 以下是关于地方归属感的描述，请在最适合的选项后面画"√"	完全同意	同意	一般	不同意	完全不同意
这个地方给我的感觉很亲密	—	—	—	—	—
我热爱这个地方	—	—	—	—	—
我觉得我像是这个村落的一分子	—	—	—	—	—
我觉得我很适合这个地方	—	—	—	—	—
9. 以下是关于乡愁唤醒的描述，请在最适合的选项后面画"√"	完全同意	同意	一般	不同意	完全不同意
这次旅游让我想起以往的乡村旅游经历	—	—	—	—	—
这次旅游让我怀念记忆中的家乡	—	—	—	—	—
这次旅游让我怀念记忆中的家乡美食	—	—	—	—	—
这次旅游让我怀念以前乡村生活的日子	—	—	—	—	—
10. 以下是关于旅游幸福感的描述，请在最适合的选项后面画"√"	完全同意	同意	一般	不同意	完全不同意
这次旅游让我很有成就感	—	—	—	—	—
这次旅游启发了我的思考	—	—	—	—	—
这次旅游让我认识到真正的自我	—	—	—	—	—
这次旅游对我来说很有意义	—	—	—	—	—

续表

11. 以下是此次旅游体验的描述，请在最适合的选项后面画"√"	完全同意	同意	一般	不同意	完全不同意
增进了我对目的地的了解	—	—	—	—	—
获得很多关于目的地的知识和信息	—	—	—	—	—
了解了目的地很多不同的事物	—	—	—	—	—
我在这里很开心	—	—	—	—	—
我在这里很享受	—	—	—	—	—
我在这里获得了很多快乐	—	—	—	—	—
我感觉我在一个截然不同的环境中	—	—	—	—	—
我远离了烦恼	—	—	—	—	—
我融入景色中，忘记了一切	—	—	—	—	—

1. 您此次出游的旅游动机是：□ 满足好奇；　□ 寻找乡村记忆；　□ 放松休闲；

□ 了解乡村文化；□ 寻根访古

2. 这次旅游让我回想起了乡村的美好记忆：□ 同意；　□ 不同意

3. 您近一年来乡村旅游的次数：□1~2 次；□3~5 次；□5 次以上

4. 您的年龄是：□18 岁以下；□18~30 岁；□31~40 岁；□41-50 岁；□51~60 岁；□61 岁及以上

5. 您的性别是：□ 男；□ 女

6. 您的职业是：□农民　；□学生；□军人；□ 离退休人员；□行政机关；□事业单位；□企业；□自由职业者　；　□其他

7. 您的学历：□初中及以下；　□高中或中专；□ 大专或本科；□研究生及以上

8. 您的月收入：□ 2000 元以下；□2000~3500 元；□3501~5000 元；□5001~8000 元；□8001~10000 元；□10000 元以上

非常感谢您的配合！祝您旅途愉快！

·附录四·
案例研究的访谈大纲

创业者访谈提纲

1. 您认为未来乡村是什么样子的?

2. 您为什么要在乡村创业?

3. 和您联系的是哪些单位和个人? 您受到哪些影响又如何影响他们? 这和没创业前有变化吗? 您需要什么样的资源支持创业?

4. 本地以前是什么样子? 乡村振兴要改变以前哪些方面? (制度)

5. 旅游业对乡村振兴哪些方面有帮助, 您认为您的贡献是什么? 打算进行哪些创新?

6. 两者在哪些方面是可以一起推进的?

村民访谈提纲

1. 您对本村未来有信心吗？

2. 您认为乡村振兴行动村子有什么变化？

3. 您参与了哪些事情？贡献了什么资源？

4. 您直接参与旅游业了吗？旅游业发展后受到什么影响，您做了哪些工作？如何影响了别人？

5. 您认为旅游业是不是可以推动乡村振兴？是否可以一举两得？哪些方面可以？

管理层访谈提纲

1. 您对乡村未来是如何设想的？

2. 您打算改变哪些方面来实现乡村振兴？如何动员这些资源？制度变化情况如何？

3. 在这个过程中，旅游业又起到怎样的作用？如何完善旅游产品的？

4. 您动员哪些力量和资源来发展旅游业？受到哪些影响又如何影响他们？进行哪些产品创新？冲突如何协调？

5. 您认为两者怎样来结合？

后 记

自我国新农村建设之后，我就将自己的研究方向改为乡村旅游，一方面是因为童年美好的乡村记忆使我一直有乡土情结，另一方面是觉得乡村调研虽然辛苦，但调查对象配合度比较高。研究起步从几篇不成熟的小论文开始，幸得编辑支持得以发表，再后来获得山东省软科学资助，对乡村旅游生态化发展进行了较为深入的研究，也因此萌生了学习农村发展管理的想法，并幸运地考入中国农业大学人文与发展学院，在读博期间拿到中央高校基本科研业务经费项目及教育部人文社科青年项目，支持我在乡村旅游研究这条道路上继续走下去，毕业后申请到国家社科基金一般项目和山东省社科基金一般项目，对乡村旅游的发展有了更深入的认识和思考，也就形成了本书。

回顾十几年的研究历程，虽然有论文难以发表的焦虑和课题结题的焦虑，但更多的是乐在其中，也让我在学术道路上不断成长，从定性研究到量化分析，从中文论文到英文论文发表，一步一步克服学习的困难，逐渐丰富理论知识和研究方法及写作范式。为了做好研究，我先后到十几个省份进行调研，结识了很多朋友，他们从事各行各业的工作，和乡村旅游有一定交集，从他们身上我学到了更多知识，使我的人生更加丰富多彩。

本书是我多年在研究的一个阶段性总结，需要感谢的人实在太多，感谢我的三位导师马波教授、靳乐山教授和于法稳研究员对我的培养，也感谢参与调研和整理数据的本科生和研究生，还有与我交流的从业者、村干部、政府工作人员及接受调查的游客，你们对本书的面世帮助很大。当然，经济管理出版社的支持十分重要，尤其是任爱清女士，总能四两拨千斤，加快出版进度。

本书的出版也是我研究生涯重要的里程碑，必将坚定我研究的决心和前行的步伐，是以为后记。

李玉新
2025 年 2 月